縄文語への道

古代地名をたどって

筒井功

河出書房新社

縄文語への道

古代地名をたどって

◉

目次

はじめに　11

第一章　青木、青島と縄文時代の葬地

第四章　「クシ」の語には岬の意味がある　118

第五章　縄文時代に列島へ渡来した民族の言葉だった　157

第六章　クシと家船《えぶね》と蛋民《たんみん》　189

装幀――山元伸子
カバー：五万分ノ一地形図「立串」より

縄文語への道

古代地名をたどって

はじめに

縄文語《じょうもんご》とは、縄文時代に日本列島で使われていた言葉のことである。縄文時代は、おおよそのところで一万五〇〇〇年ほど前から二八〇〇年ほど前までのあいだを指すと考えて大過あるまい。それは一万二〇〇〇余年の長きにわたっていた。

そのころ文字は、もちろんなかった。だから当然、文字資料も存在しない。そうである以上、縄文時代の言語を再現することなどできるはずがない、これがだれしもがまずいだく思いであろう。縄文語を正面から取上げた著述が皆無ではないにしても、ごく少ないのは、もっともなことだといえる。

しかし、縄文時代の文字資料はなくても、言語資料はいまもちゃんと残っている。大地に「きざまれ」て、用いつづけられてきた地名である。地名は過去のいずれかの時期に、そこで暮らしていた人びとがだいたいは無意識のうちに残した言葉の記録であり、その中に縄文時代に名づけられたことを実証できるものがあるとしたら、それは縄文語を少なくとも一つ発見できたことになる。こういえば、たいていの方が、

「それはそのとおりだろうが、どうやって証明するのか」

と、まず眉をひそめるに違いない。まことに無理もない疑念である。

だが、いささか口はばったい言い方ながら、証拠それも、おおかたの方が合理的な疑いをさしはさまない程度に確実な物的証拠を挙げることが可能である。本書は、それを示すことを目的にしている。とはいえ、ある種の幾何学の問題のように、一本の補助線を引けばばらりと解決できるといった単純な話ではない。人に納得していただくためには、詳細かつ丁寧な、ときに煩雑すぎる説明が必要である。その裏づけを見つけ出し、証拠として確かなものにしていくには、かなりの時間と労力がいる。これも縄文語、あれも縄文語と次から次へ事例を挙げていける性質のものではない。

本書で間違いなく縄文語だとして取上げる単語はアオ（青）、アワ（淡）、クシ（串、櫛）、ミ（数詞の三）、ミミ（耳）の五語にすぎないが、これらが縄文地名ではアオキ、アオシマなどの形をとっていることがあり、それゆえキ（現今の地名ではだいたい木、城《き》の文字を当てている。何かの構造物で囲まれた境域を指す）、シマ（島）もまた、縄文以前に成立した言語だということになる。

さらに、数詞ではミ（三）にかぎらず、少なくともトオ（一〇）までが縄文期までにできていたと、十分に合理的な推測を下すことが可能である。

そのようにして結局、本書では合わせて数十の縄文単語を再現している。

「たった、それだけか」

との指摘はあるだろう。しかし、これだけでも日本語の歴史を考えるうえで、きわめて重要な視点に気づかせてくれる単語もある。

例えばクシだが、この語は今日、竹串やおでんの串などの串および髪をすく櫛を指す共通語として、だれでも知っているありふれた日常語となっている。

クシは縄文時代そしておそらく弥生時代、古墳時代ごろまでは、ほかに「岬」をも意味していた。

それはクシの名が付いた岬が国内に一〇〇ヵ所以上もある事実によって立証される。ところが、この地名の分布は地域的に著しいかたよりを示しており、もとはある特定の言語グループが用いていた言葉であったことを強く示唆しているといえる。つまり、日本語は成立当初から一つの言語が一本調子で発展してきて「大和《やまと》言葉」になったのではなく、複数の異質の言語がまじり合ってでき上がったのである。

なお、右の複数の中にアイヌ語は含めていない。その理由は本文（第九章6〜9節）で詳しく触れるつもりだが、ごく簡単に記しておくと、アイヌ語は東北地方の南部より南では居住民族の言語として使われたことがないからである。いいかえれば、北海道と東北北部を除く地方での縄文語とは何の関係もないことになる。

これまでに述べてきたことだけでも、異論が噴出しそうな気がする。

「とにかく、その証拠とやらを早く見せてもらえないか」

との声が聞こえそうである。

だが、ここで本文へ移っても、いきなり細部にわたる話になって、理解しにくいと感じる方が多いかもしれないので、その前に本書の構成に沿って内容を要約しておいた方がいいと思う。

1 アオ（青）とアワ（淡）

ここでもまた、ほとんどの方にとって常識はずれの、とっぴょうしもない話から始めることになる。

アオ（青）という言葉は、『古事記』や『日本書紀』『万葉集』が成立した八世紀には、すでに色を表す語になっていた。ただし、必ずしもブルーの意味には限局されておらず、ときに緑、黄、灰色さらには黒や白を指すこともあった。要するに、きわめてあいまいな概念の語彙であった。

それは今日の青の使い方にもはっきりと残っていて、われわれは青信号（実際は緑色である）、アオシシ（カモシカのこと。体色が灰色っぽい）、顔が青ざめるなどと言っている。

ここまでのことなら、ちょっと詳しい国語辞書にはたいてい触れられているが、アオは縄文時代から弥生時代そしておそらく古墳時代ごろまでは葬送の地を指す言葉だったといえば、おおかたが、

「何を馬鹿な」

と舌打ちされるのではないか。

そんなことは、どんな辞書、事典を開いても載っていない（と思う）。研究者で、この語をその視点から取上げた人も沖縄民俗学・地理学の仲松弥秀《やしゅう》氏と民俗学・地名学の谷川健一氏、それに僭越ながら筆者を除けば、ほかにはいないようであり、まだ仮説としてもほとんど認知されていないからである。

近代に入ってからだけでも、国語学や日本古代史、民俗学などの分野で、いくたの碩学が現れているのに、右のような指摘がなされなかったのは、要するに、それをうかがわせる文献・文字資料が存在しなかったためにほかならない。しかし、アオが元来は葬送の地を意味していたことには揺るぎない証拠がある。例えば、

- 山梨県北杜《ほくと》市高根町青木の青木遺跡、宮城県登米《とめ》市南方《みなみかた》町青島屋敷（屋敷は、この地方では村の意）の青島貝塚などと縄文時代の葬地
- 島根県出雲市東林木《はやしぎ》町青木の青木遺跡、岩手県花巻市大迫《おおはさま》町のアバクチ洞穴遺跡（このアバはアワの訛りの可能性が高い。後述）などと弥生時代の墳墓および洞窟墓
- 岐阜県大垣市青墓町、宮崎県宮崎市青島、茨城県常陸大宮市花房町青木などと古墳時代の古墳（墳丘式の墓）および横穴墓

のあいだの密接なつながりを挙げることができる。

これらの青（一部はアバ）が付いた地名と、縄文―古墳時代の葬送の場が重なり合っていることは決して偶然ではない。しかし、それを立証するには前述のように、まわりくどい手順が必要である。それで、アオ、アワは大昔は葬地のことだったといっても的はずれの妄言ではないことを示すため、いまは「アラキ」の語を取上げるだけにしておきたい。

次は『万葉集』巻第十一の2839番（研究者たちが付けた整理番号）の歌である。

斯《か》くしてや　なほや守らむ　大荒木《おほあらき》の　浮田の社《もり》の　標《しめ》にあらなくに
岩波書店刊「日本古典文学大系」の『萬葉集』三（一九六〇年）では、「大荒木の」に「奈良県五条市今井の荒木神社のあたりというが不確実。オホアラキは崩御・薨去《こうきょ》の際新たに作る仮の墓所」の注を付したうえ、歌の大意を、

「こうして逢えないあの女をなお見守っていかなければならないのであろうか。私はあの大荒木の浮田の社の標でもないのに」

としている。「大荒木」を高位の人物が死去した際に設ける「仮の墓所」だと解釈しているのである。

右は原文でも「大荒木」の文字が用いられているが、同書巻第二の167番の長歌《ちょうか》に付いた詞書《ことば》きでは「殯宮」と書かれた文字に、校注者（高木市之助、五味智英、大野晋の三氏）は「あらきのみや」のルビを振っている。「殯《ひん》」はふつうは「もがり」と読まれるが、先の例などからアラキの訓を付したのであろう。

要するに、殯《もがり》の場をアラキと呼ぶことがあったのである。そうだとするなら、今日、各地に残る「荒木」の地名は、古代（縄文時代までさかのぼるかどうか、この場合ははっきりしない）の殯の場に由来すると考えても付会ということにはなるまい。いや、むしろおおかたが、これを通説としているの

ではないか。文献が存在する強みだといえる。もし、文献がなかったとしたら、荒木の地名と殯の場を結びつける指摘など一笑に付されるのが落ちであろう。

右のような事実がある以上、たとえ文字資料では裏づけられないにしても、やはり各地にいまなお散見される「青木」の地名は、はるか昔に葬送の地であったといっても、必ずしも荒唐無稽の僻説にはならないはずである。

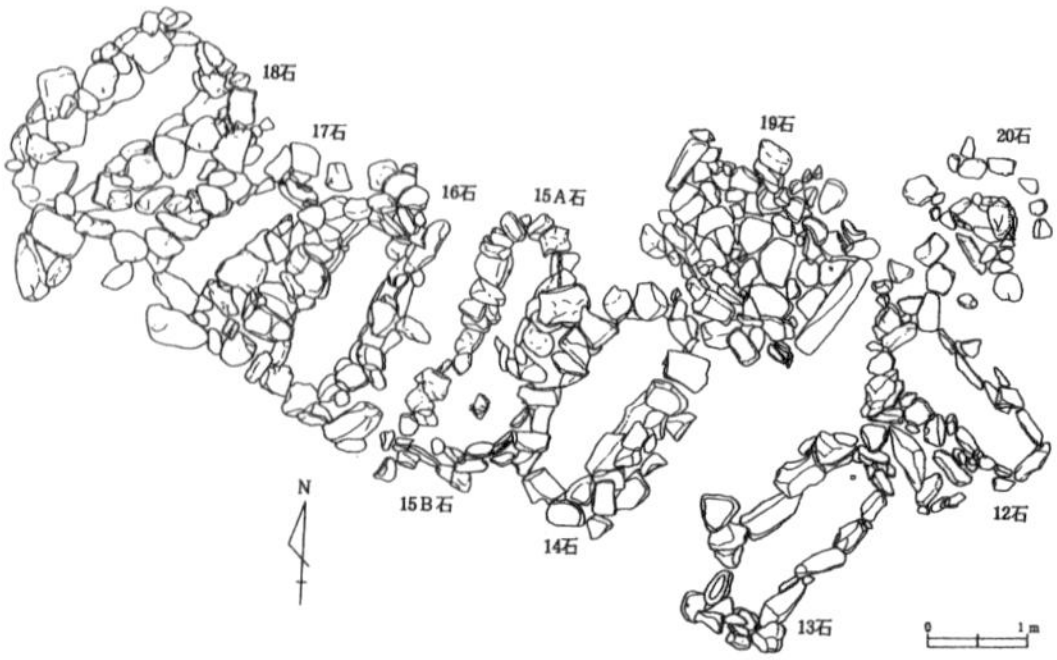

山梨県北杜市・青木遺跡の石棺群の模写図。密集して見つかった９基のうち６基が同じ向きに並んでいる。（発掘調査報告書より）

なお、モガリとは卑見では、人が絶息したあと白骨化するまでの過程のことである。それを生きている者たちがじっと見守ることは葬送儀礼の欠かせない一部をなしており、例えば古代の天皇の場合、その期間は短くて数ヵ月、長いと数年に及んでいた。なぜ、そんなことをしていたのかについては、後述にまわすほかないが、わたしがこれまでに使ってきた「葬送の地」の言葉には、殯の場と墓地との両方の意が含まれている。

アワ（淡）は、実はアオ（青）と同語源というより同一の語である。今日の使われ方にも共通点があり、もともとはやはり葬送の地を指していた。地名ではしばしば、両者は混用されたり、いつの間にか片方が他方へ変化したりしている。これについても、詳しくは本文（第二章）で説くことにしたい。

2　「クシ」には岬の意があった

串や櫛の語は、ほんの子供でもたいてい知っているはずである。この言葉には同義語がなく、別の語で言い換えることがむつかしい。だから、おおかたの方が純然たる固有語だと思っているのではないか。

だが簡単にそうとは、いいきれない。というより、何が「元来の日本語」か決すること自体が困難なのである。

クシには現今の二つの語義（竹串などの串と、髪をすく櫛）以外に「岬」の意味があった。これも、どんな辞書、事典にも載っていない（と思う）。だが、それにはっきりと気づいていた人はいた。例えば、日本民俗学の創始者、柳田國男である。柳田は『海南小記』（初出は一九二五年）の「六　地の島」の中で、

「クシは即ち亦岬の古語である」

と明記している。

これは、わが国にクシの名が付いた岬が軽く一〇〇を超す事実によって立証できる。その例は、のちにこれでもかというくらい列挙するつもりなので、いまは別の角度から見た証拠を挙げておくことにしたい。

朝鮮語の古語では串のことを「コッ（곶）」といった。その名残りは現代にも明瞭に認められ、あとにカム（柿）がつづくと、「串柿」の意になる。串柿は串に刺して日にさらす干し柿のことである。

現今のコッの語は普通の辞書には、だいたい「地名に付いて岬の意を表す」と説明されている。つまり、日本語とは逆に今日では串の義は失われ、岬を指しているのである。

一方、櫛は「ピッ（빗）」だが、『朝鮮語大辞典』（一九八六年、角川書店）によると、先のコッとよく似た音の動詞「コッ（꽂）」には、

①差す、突き差す　②突く、小突く　③（髷《まげ》を）結う

の意があるという。

厳密にいえば、動詞の語頭の音は濃音《のうおん》と呼ばれ、名詞とは少し音が異なる。しかし、それは長いあいだの音韻変化の結果であって、もとは同じ言葉だったと考えてかまうまい。すなわち、「差す」「突く」は串と、「（髷を）結う」は櫛とつながっているといえる。そうして、名詞のコッには岬の意がある。右の곶と꽂の音差は、日本語や英語などが用いている文字では書き分けることができないが、要するに、日本語のクシにも、朝鮮語のコッにも、「串、櫛、岬」の三つの意味があるか、あったのである。これが偶然であるはずがない。

日本語は、すべての単語のみならず音節までもが母音で終わる典型的な開音節系の言語であり、最後が子音で終わったり、朝鮮語のコッやピッのように声をのみこんで発しない言葉の発音が苦手である。いや、そのような言葉には無理にでも母音を付加しなければ日本語にはならない、といった方がよい。

だから、もしコッを朝鮮語から受け入れたのだとすると、何らかの母音を付け足したはずである。そうだとすれば、クシとコッとは現在の形以上に近い音の言葉だということになる。それが「i」であれば、コッの語末に付いた子音の性格から、「コッイ」ではなく「コシ」と発音されたろう。

この事実によって、わたしは日本語と朝鮮語が同系の言語だとする根拠の一例にしようとしているのではない。むしろ、話は逆である。

串の字が付いた岬は朝鮮半島にもたくさんあるが、その地域的分布は日本の場合と同じように著しいかたよりを見せている。日本では長崎県の五島列島や西彼杵《そのぎ》半島、熊本県の天草諸島、瀬戸内海の西部などに目立っており、朝鮮半島ではソウル西方の京畿湾（江華湾）沿いと、その周辺に極端に多い。一方、日本列島では東北地方や北陸地方には皆無のように思われ、朝鮮半島では東海岸にほとん

香川県さぬき市の大串岬（右側）と小串岬（2万5000分の1地形図「五剣山」より）。クシが岬を指すことをよく示している。

ど見当たらない。

これは何を意味しているのだろうか。おそらくクシもコッも元来は、クシ地名やコッ地名が偏在する地域に居住する海洋民族が用いていた言語の単語だったのが、のちに列島と半島の全域で使われるようになったのだと思われる。

この語族は、漁業とくに海にもぐってアワビやサザエなどを捕ることを得意としていたらしい。その原郷は中国南部の海岸べりにあった可能性が高い。彼らの出自がどこであったにせよ、その言語が日本語や朝鮮語に組み込まれ、それぞれの「祖語」の一部を形成したのではないか。

とにかく、日本語のクシには岬の意味があったことは、はっきりしている。ところが、数多いクシ地名の中には折りおり島の名に付いている例が見つかるのである。これは、どうしてかといえば、もと岬だった地形が、海面の上昇によって付け根のあたりが水没し、先端の高くなった部分だけが海上に残った結果に違いない。

・長崎県南松浦《まつうら》郡新上五《かみご》島《とう》町飯《い》ノ瀬戸《せど》郷（五島列島の中通《なかどおり》島）の串島

などが、それに当たることは、まず疑いあるまい。

旧石器時代の地球は現在よりずっと寒気が厳しく、北極と南極付近は厚く凍りついて、そのため海面が低くなっていた。二万年前―一万七〇〇〇年前ごろがどん底だったらしく、当時はいまより海面が一〇〇メートル前後も低かったとされている。

その後、地球は温暖化に転じ、一万年前には現在との高低差は五〇メートル以下に、五〇〇〇年前にはほぼゼロになっていたようである。むろん、それからも寒暖の繰り返しはあり、再び海面が何メートルか低くなったりしたこともあった。だが、その低下が数メートル以上になることはなかったらしい。

そうだとするなら、今日、「クシ」の名が付いている島と、本土とのあいだの海峡の深さが数メートルを超す場合、その命名は五〇〇〇年以上も前だったことになるはずである。すなわち、この一帯にクシの語を使用する民族が移住してきたのは、縄文時代か、それ以前だったといってよいことになる。

3 「ミ」は「神聖」なるものを指し、「ミミ」はそれを重ねた語であった

御霊（みたま）、御心（みこころ）、御仏（みほとけ）、御息所（みやすどころ）、御陵（みささぎ）……これらの言葉の語頭に付いたミ（御）は「神聖な」を意味している。のちにミは御足（みあし）、御杖（みつえ）、御馬（みま）などのように、どちらかといえば、尊称、美称に近い使われ方もされるが、元来はずっと重い感覚の語であった。

いまでは宮（みや）も岬（みさき）も一語のように感じている方が多いのではないかと思うが、その原義は御屋《みや》、御崎《みさき》（先）である。海に突き出した崎すなわち前述のクシが、なぜ神聖視されたのであろうか。

古代人は海を神の領域、浜を人間の側に属する生活圏と考えていた。海に突き出したミサキは、その中間の境界になる。人は死んだら、いったん境界にとどまり、やがてそこから神の世界へ去っていき、そののち彼ら自身も神になる。そのような信仰があったから、ミサキにかぎらず山と里との境、森と村との境なども祭祀の対象になっていたのである。

ミ（御）は、実は数詞のミ（三）と同じ言葉であったといえば、眉に唾をつける方が少なくあるまい。また奇説を弄するのかと反発される向きも多いことだろう。

しかし、六―八世紀ごろの日本人が八という数詞を神聖視していたことは、『古事記』『日本書紀』『万葉集』などに少しでも親しんだことがある者なら、だれでも気づいているに違いない。そのよう

な数字を「聖数」と呼び、民族によって異なっている。中国人が九をことのほか重要視することは、よく知られているのではないか。

わが国に文字が伝来して、そろそろ文献が現れるころの聖数は八であった。だが、それよりはるか前の縄文時代や、あるいはもっと前の旧石器時代には、三が聖数だったと考えられる。同じ音のミ（御）が「神聖な」を意味するようになったのは、そのころであったろう。

ミだけでも「神聖」を指すのだから、それが重なってミミとなれば、いっそうその意味が強くなる。「耳」の語源はこれだといったら、

「奇説の度がすぎる」

と叱られるかもしれない。

しかし、これにもいくつもの証拠がある。それらは本文（第七章）にゆずるしかないが、ここでは『古事記』に現れる神名、天皇名、皇族名のうちミミが付くものを登場する順に並べておきたい。

・正勝吾勝勝速日天之忍穂耳命（マサカツアカツカチハヤヒアメノオシホミミノミコト）・須賀之八耳神（スガノヤツミミノカミ）・布帝耳神（フテミミノカミ）・鳥耳神（トリミミノカミ）・多芸志美美命（タギシミミノミコト）・岐須美美命（キスミミノミコト）・神八井耳命（カムヤイミミノミコト）・神沼河耳命（カムヌナカハミミノミコト＝即位して第二代綏靖《すいぜい》天皇となる）・若狭耳別（ワカサノミミノワケ）・陶津耳命（スエツミミノミコト）・玖賀耳之御笠（クガミミノミカサ）・御鉏友耳建日子（ミスキトモミミタケヒコ）・耳王（ミミノオホキミ）・上宮厩戸豊聡耳命（カミツミヤウマヤドノトヨトミミノミコト＝聖徳太子のこと）

ちなみに、『古事記』では右のほとんどが神として扱われている。『日本書紀』でも、表記は少し違っても共通する例が多い。

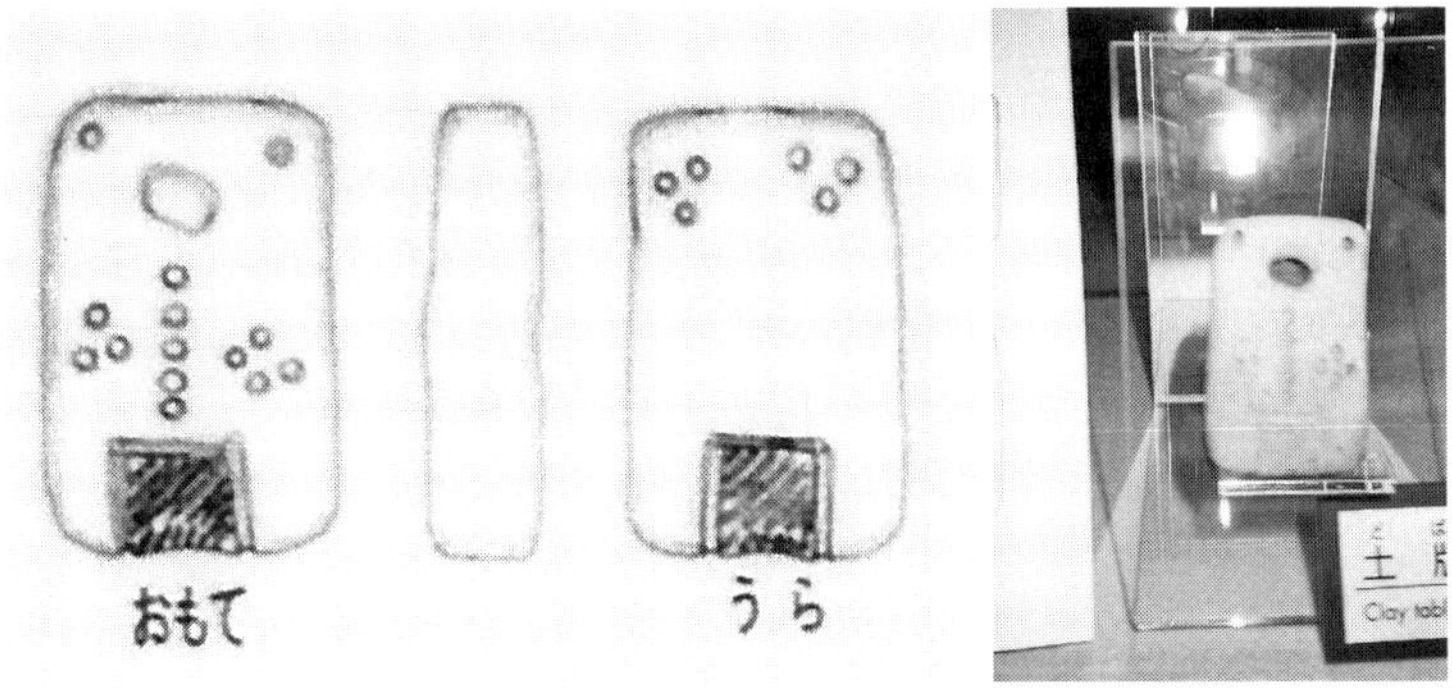

秋田県鹿角市・大湯環状列石で発見された「数字の表示のある土版」（大湯ストーンサークル館で）

とにかく、記紀（『古事記』と『日本書紀』、以下同じ）の時代、「ミミ（耳）」という言葉が何か聖なる意味を含んでおり、だからこそ神や皇族の名に使われていたのである。それは少なくとも弥生時代の末期か古墳時代の最初期にまで及んでいたことは、そのころの日本のことを記した中国の史書『魏志倭人伝』（遅くとも三世紀中に成立）に、

「（投馬国の）官を彌彌《みみ》と曰《い》い、副を彌彌那利《みみなり》と曰う」

のくだりがあることからわかる。

「投馬国」が日本のどこのことか諸説あり、その読みもトウマかツマか見方が分かれているが、同書では、「官」の語はその地方の支配者、「副」は次位の者を指しており、ミミやミミナリが高位の政治権力者を意味していたことは間違いない。古代、そのような事実を暗示するミミの付く人名は、ほかにもかなり挙げることができる。

右は、せいぜい二〇〇〇年たらず前の話だが、それよりはるか昔の縄文時代に、ミやミミの語がすでに存在していたことは、秋田県鹿角《かづの》市十和田の四〇〇〇年ほど前の遺跡「大湯環状列石」で発見された「数字の表示のある土版《どばん》」によって、ほぼ立証される。詳しくは後述することにして（第八章3節）、いまはその写真だけ掲げておきたい。

第一章　青木、青島と縄文時代の葬地

1　山梨県・八ヶ岳の山麓から

長野・山梨県境にそびえる八ヶ岳（二八九九メートル）の山頂から、ほぼ南方へ一五キロほど、山梨県北杜《ほくと》市高根町大字村山北割は、標高七〇〇メートル余りの高原に水田が広がる農村地帯である。村山北割には二〇の小字《こあざ》があり、そのうちの一つ青木は地内の南東部に位置している。青木は現行の行政区画では南北に細長い長方形をなしており、南北間は七〇〇メートルばかり、東西は南辺で二三〇メートル、北辺で三〇〇メートル前後であろう。

青木には、いつのころからか、今日に至るまで人家は一軒もない。道路、農業用水路、近年に建てられたシイタケの直売所などを除けば、みな田んぼである。田んぼは、いずれも一枚が三反（九〇〇坪）くらい、定規で引いたような長方形に区画されている。これは第二次大戦後の土地改良事業の結果で、その前にはずっと小面積の不整形な水田が不規則に並んでいた。

昭和五十六年（一九八一）の春、字青木の南寄り、いまシイタケ直売所が建つ場所から北東へ一〇〇メートルほどのところで、区画整理の造成工事をしていた作業員が妙なことに気づいた。重機で土を掘り起こしていると、やたらに大きな石が出てくるのである。だいたいが一抱えもあるうえ、人の手で整形されたように見えるものもあった。作業に当たっていた人びとの中には、その田んぼの地権者もいた。

「あそこは、うちが借りていた土地です。工事のとき何か出てきたら必ず連絡してほしい、と町の教育委員会から言われてましたのでね、すぐそうしましたよ。たしか、その年の夏から発掘調査が行われて、縄文時代の石の棺が続々と出てきましたねえ」

平成二十六年（二〇一四）の六月、わたしが青木のあたりを取材中、近くでたまたま会った男性（一九四〇年生まれ）は、そう話してくれた。

山梨県北杜市・青木遺跡の現場。前方中央に見える建物はシイタケの直売所

男性の家は西隣の横森にあった。横森の地名は少し東の大字箕輪にもあるので、村山北割の方は「西横森」と呼ぶことが多い。以下、本書も、この通称を用いることにする。現在、青木の水田を所有したり、耕作したりしている農民のほとんどは西横森に住んでいる。先の男性は、とても親切で、

「石棺《せきかん》は小学校に保存してあったが」

と言って、南方の県道沿いにある高根東小学校まで案内してくれたが、石棺はすでに、どこかへ移されていた。

のちに「青木遺跡」と名づけられる、この遺跡の発掘調査は、当時の北巨摩《こま》郡高根町（現在の北杜市高根町）教育委員会が主体となり、昭和五十六年八月一日から十月三十一日にわたって行われている。

その発掘調査報告書によると、ここからほぼ完形の石棺一七

基と、形は崩れているが石棺であることが確認できる遺構三基が出土したのである。その範囲は八〇〇〇平方メートルほどの調査地域の中央部に当たる東西八〇メートル、南北五〇メートル内に集中していた。八ヶ岳の山麓一帯には縄文遺跡が非常に多いが、このような例はほかに知られていない。青木遺跡は、疑いもなく縄文時代の大規模な墓地（正しくは、後述のように葬地というべきだが）だったのである。

そして注目すべきことは、ここからの出土遺物はすべて縄文時代後期（研究者によって差があるが、本書では四五〇〇年くらい前から三二〇〇年くらい前までとする説にしたがっておきたい）のものであって、弥生時代や、それ以後のものは含まれていないというところにある。いいかえれば、ここが葬地だったのは、縄文時代だけだったことになる。

しかも、もともとの青木は、その遺跡の付近を指す地名であって、それが現在のように南北で七〇〇メートル、東西で二三〇—三〇〇メートルもの、やや広域を含むようになったのは明治以後のことであった。すなわち、この遺跡で青木の地名と縄文時代の葬地がぴったり重なっているのである。

「それが、どうしたというのか。遺跡の場所の地名が青木だというだけの話のように思えるが」と反論される方がいるに違いない。もっともな指摘である。

右の事実が意味をもつには、「青」なる言葉がたしかに葬地を指していたことを証明しなければならない。それができて初めて、この語が生まれたのは縄文時代か、それ以前であったことを裏づける有力な証拠の一つになるといえるからである。

2　南島からの指摘

「青木」は各地にある地名で、いっこうに珍しくはない。日本人が用いている姓の種類は一五万とも二〇万ともいわれ、疑いもなく世界で最多級だが、その八割から九割は地名をもとにしている。そのうち青木姓を名乗る人は、周知のようになかなか多く、上から四〇番目くらいになるらしい。これは佐藤姓や鈴木姓などの場合と違って、青木地名の多さを反映していると思われる。

とにかく、青木はごくありふれた地名だが、その由来はいったい何だろうか。もっとも単純、安直な解釈は「青緑の木が生えたところ」のたぐいであろう。しかし、それを常緑樹の意味にとったとしても、対象となる場所はほとんど無数にあって、これでは地名の役を果たせまい。地名は、そこの何らかの特徴にもとづいて、ほかと区別するために付けられた記号だからである。

どんな根拠があってのことか、湿地を指すと説明している地名語源辞典もある。これも見当違いの僻説であることは、青木地名のいくつかを実際に歩いてみれば、すぐわかるに違いない。早い話、村山北割の青木は、乾燥した緩斜面に位置している。また、冬はとくに気候が冷涼で、「青緑の木」の生育には適していない。

わたしは半世紀も前から地名に関心をもちつづけているが、青木の由来については考えたことがなかった。地名として、あまりにも平凡すぎるためだったと思う。

それが突然、強い興味の対象になったのは、谷川健一『日本の地名』（一九九七年、岩波書店）を手にしたときからであった。同書第一章の「四　沖縄の青の島」の冒頭近くに次のような記述が見える。

「私が青という地名に関心を抱いたのは、沖縄本島とその周辺の島々に青という島名をもつところがあって、それは古代の葬所を示しているという仲松弥秀の説にうごかされたからであった。

沖縄本島とその属島には奥武《おう》という名のつく所が七つある。久米島に奥武という地先の小島があり、それは慶良間《けらま》島にもある。名護市の奥武島は明らかに墓地として利用されてきた。また沖縄本島の南部の玉城村《たまぐすく》には奥武島があり、北中城《なかぐすく》に奥武岬、那覇市に奥武山《おうのやま》公園がある。これらの岬や公園ももとは小島であったにちがいない。奥武《おう》島は『琉球国由来記』や『琉球国旧記』にアフ、アウ、アホと表記されていて、漢字では一部、阿《あ》烏《う》、阿符の字が宛てられるが、青という字を宛てるばあいがもっとも多い。そこで奥武の島はもと青の島ではないか、という考えが成り立つ。仲松弥秀が調べてみると奥武島は昔、死体をはこんで葬った島であった。沖縄では昔は死体を洞窟墓に風葬した。洞窟墓の中の死者の住む世界は、真暗でもなく、赤や白のように明るくもなく、その中間であるぼんやりした黄色な世界であることから、それを青と称したと仲松は考えた。沖縄では近代に入っても黄色という呼称はなく、黄色をアオと呼んでいた」

右の仲松弥秀《やしゅう》氏（一九〇八―二〇〇六年）は、沖縄本島中部の恩納《おんな》村生まれの民俗学者・地理学者であった。戦前の朝鮮や戦後の愛知県、東京都などで公立学校の教壇に立ったあと、五〇歳を過ぎて間もないころ沖縄へ帰り、琉球大学、沖縄国際大学で教鞭をとりつづけた。

同氏の研究手法が徹底したフィールドワークにあったことは、本人もそう口にしていたし、代表作の『神と村』の内容からも明らかである。同書は全く体裁を変えて三度、出版されている。初版が出たのは一九六八年で、勤務する琉球大学の沖縄文化研究所が版元になっていた。この本は全一六八ページ、印刷原稿をとじ合わせた、いわゆる冊子本であった。これが、南西諸島を主要な研究対象の一つにしていた民俗学者・地名学者、谷川健一氏（一九二一―二〇一三年）の目にとまる。

谷川氏は、この本はもっと広く読まれるべきだと考え、その推挙と編集者、林利幸氏の尽力で一九七五年、伝統と現代社から増補・改訂版が出された。ところが、この第二版を仲松氏自らが廃刊にしてしまう。同氏は、その理由を、

「その後の調査研究によって、この『神と村』の一部に欠陥があることを知るようになった」「欠陥

は数代にわたる先人たちの説に、何一つ疑うことなく追随したことによる」と述べている。

そこで前書を大幅に改訂して、一九九〇年に上梓されたのが第三版である。版元は梟社《ふくろうしゃ》（発売は新泉社）に変わっている。伝統と現代社が倒産していたためである。

『神と村』の中から、谷川氏の先の指摘にかかわる部分を抽出するとしたら、次の文章に要約されるのではないか。

「沖縄には『奥武《おう》』名のついた地先の小島が七つほど見出される。そのいずれもが無人の小島で、そこは古代の葬所となっていたと推定される島、あるいはニライ・カナイ（海のかなたの神の国の意で、南西諸島の信仰におけるもっとも重要な概念の一つ＝引用者）の神が来臨される島と思われてきたところである」（第三版一四一ページ）

「古代人は後生《ごしょう》やあの世、またニライ・カナイを『青の世』と見ていたのではないかと考えられる」（同一四四ページ）

要するに、仲松、谷川両氏とも、青の語は古代の葬所を指すと考えていたといえる。それを端的に裏づけているのは、仲松氏が宮古島で聞き取ったという、人が死ぬことを意味する、

「青の島へ行く」（同八一ページ）

との表現であろう。

わたしは、両氏の本に触発されて取材を始め、『「青」の民俗学　地名と葬制』（二〇一五年、河出書房新社）と題した小著を上梓している。そこで記したことは、細部はともかく大筋としては両氏の説と基本的に異ならない。

わたしが用いたのは、「青」の語が付いた地名、例えば青木、青島、青山、青野、青柳などと葬所

とのつながりを、できるだけ多く集める一種の統計的手法であった。それが具体的にどんなものだったのかは拙著に当たっていただくほかないが、本書では少し趣向を変え、対象の青地名の数を抑えて地名と葬地を結びつける揺るぎない証拠を挙げていく方法をとった。いわば例数より確実性を重視したことになる。

山梨県北杜市高根町の青木も、その一つであり、この地名がたしかに縄文時代の葬地によって付いたものであることを示すため、さらに詳しい説明をつづけたい。

3　青木は、もっと狭い範囲を指していた

北杜市高根町の青木が含まれる村山北割は、既述のように大字と呼ばれる地名単位である。現今の大字は、江戸時代末の村の名を踏襲したものだとされている。この村には、いわゆる本村のほか、枝村、出村などと称されていた、一般に本村より人口が少なかった行政区も入っているようである。柳田國男の『地名の研究』（初版は一九三七年）によると、明治十九年（一八八六）に内務省地理局が印刷した「地名索引」には、幕末に存在した一九万余の町村が列挙され、これがのちの大字に当たるとみてよいという。

内務省は、これより前の明治八年（一八七五）か同九年ごろ全国の自治体に、一分《いちぶ》一間《いっけん》すなわち六〇〇分の一の大地図を作ることを命じている。ちょっと大きな町村では、この地図はそのままだと、どんな大きなお寺の本堂にも広げられないほどになるので、多くのところで、それを小さく切った「切絵図」にして内務省に提出した。小さいといっても、正本は一枚が一辺二メートル近くあったらしい。これが自治体によっては何十枚もあり、それぞれに地内の大字や小字が書き込まれていたのである。

その膨大な資料は東京帝国大学の、ある大教室を倉庫代わりにして保管されていたが、大正十二年（一九二三）九月一日の関東大震災で、すべて焼失して原資料の全貌は、もはや不明となってしまった。新生の国民国家が総力を挙げて収集した地名集成は、本格的に利用されないまま失われたのである。ただ、その前に、これを閲覧することに努めていた人物が一人だけいた。日本民俗学の創始者であり、日本地名学の創始者でもあった柳田國男である。明治末年から大正初期にかけて内閣書記官記録課長の職にあった柳田は、いわば職権を利用する形で折りにふれて資料を手元に取り寄せ、目を通しつつメモをとっていたらしい。この「職権乱用」は、資料にとっても日本の地名学にとっても不幸中の幸いであったといえる。

とにかく、その概要の一部が前掲書に紹介されているが、そこで柳田は、大字内の小字の数を平均して五〇とし、二〇万弱の五〇倍だから全国の小字数を一〇〇〇万と計算している。これが、かつて国家によって把握されていた全国の小字（地名表記上は字《あざ》〇〇と書かれる）の概数だと考えて大過あるまい。

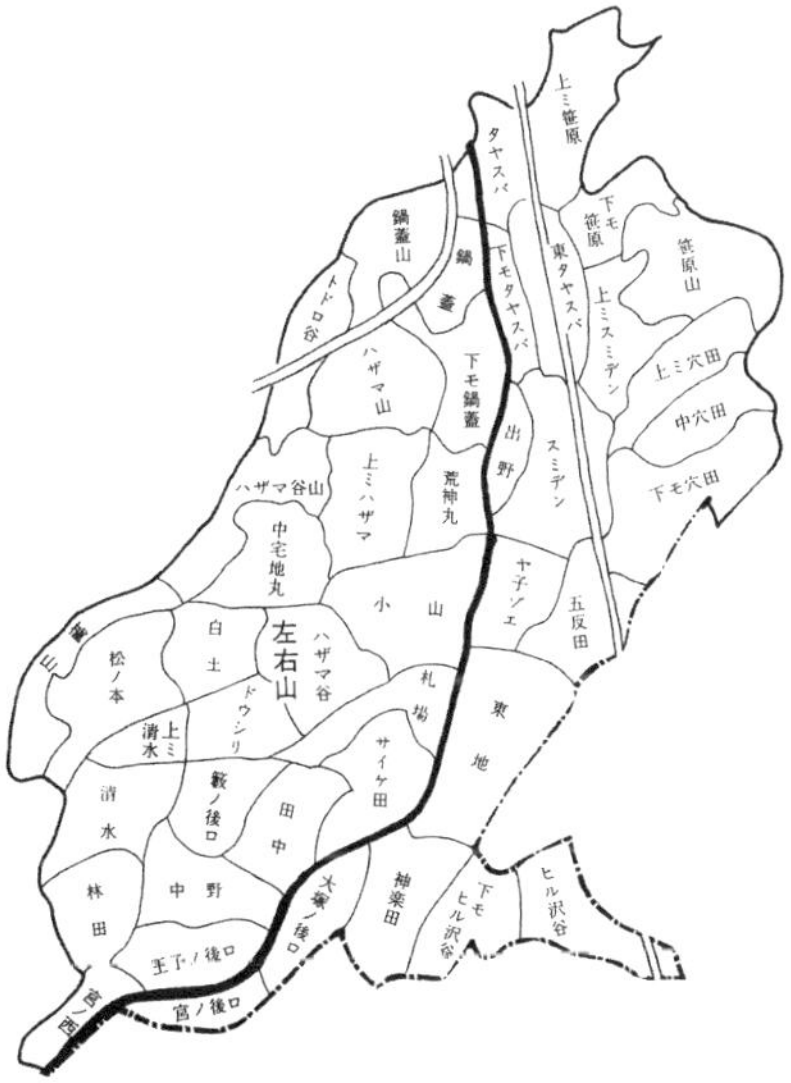

高知県南国市左右山（そうやま）の字図（あざず）

各地の自治体や法務局には、右の資料の副本や、その作成作業の基礎になったと推定される資料などにもとづいて作った字図（小字の位置関係を記した一種の地図）を所持しているところが少なくない。しかし、その閲覧、複写は、いちいち現地へ出向いていかないとできない。いま仮に、全国の青木地名の所在場所を知ろうとすれば、自治体や法務局を残らずまわらなければならないことになる。字図を調べるにも、相当の時間がかかる。要するに、それは現実には不可能に近いのである。

　そこで地名研究者や地名観察者たちがよく使っているのは、『角川日本地名大辞典』（一九七八―九一年、角川書店）である。この辞典は四七都道府県ごとに一巻ずつ（北海道と京都府だけは上下二巻）から成っており、各巻末尾に「小字一覧」が付いている。ただし、これには索引はなく、細かい字がびっしり並んだ中から目指す地名をさがしていくしかない。見つけたとしても、字図ではないから場所まではわからない。

　しかも、同辞典には大阪、新潟、愛知、福岡など七道府県で一覧を全く欠いているうえ、実用にはほとんど役立たないほど簡略な県も、いくつかある。そのような欠点はあっても、とにかくどこに、どんな小字があるのか、ある程度の時間をかければ目星をつけることができるのである。あくまで便法にすぎないが、一定以上の範囲にわたる小字調査には、ほかに有効な方法はいまのところないといってよいだろう。

　さて、ここでやっと高根町の大字村山北割（幕末の村山北割村）の話になるが、角川の小字一覧をめくると、そこには、

・社口（シャグチ）・山の神（ヤマノカミ）・常盤（トキワ）・横森（ヨコモリ）・旭西久保（アサヒニシクボ）・八ッ牛（ヤツウシ）・於小路（オコウジ）・大明神（ダイミョウジン）・月の木（ツキノキ）・持井（モチイ）・米田（ヨネダ）・旭東久保（アサヒヒガシクボ）・青木（アオキ）・当町（アタリマチ）・川小石（カワゴイシ）・上の原（カミノハラ）・大久保（オオクボ）・新井（アライ）・古城跡《（ママ）》（コジョウシ）・旭山（アサヒヤマ）

の二〇の小字が記されている（読み方は原資料による）。

しかし、これだけでは、その各々の小字が村山北割の、どこに位置するのかわからない。それを知るためには字図を見るしかないのである。

令和三年七月、わたしは青木再訪の際、北杜市を管轄する甲府地方法務局韮崎出張所に立ち寄るつもりで千葉県内の自宅を車で出た。ところが、途中の道が崖崩れのため大きく迂回することを余儀なくされ、官庁の執務時間中に出張所へ着けなかったのである。翌日となると、かなりの時間のロスになる。がっかりしながら、その日は青木の近くに停めた車の中で一泊した。

そうして、次の日、青木のあたりをひとまわりしたあと、何か字図に代わるものでもないかと思って、北杜市内の図書館を訪ねたのだった。あまり期待はしていなかったのだが、ここで想像もしていなかった好資料を館員に紹介された。高根町郷土研究会が編集した『高根町地名誌』（一九九〇年、同研究会発行）である。

この本には町内の字図どころか、各字内のさらに小さな地名を載せた地図まで付いていた。これは稀有のことで、わたしは町全体にわたって、このような地図をおさめた資料を目にしたことがなかった。何でも、

「地名は共有財産であるから子々孫々にまで伝えるべきものである」（中沢恒雄会長の「発刊のことば」から）

との志によって会員の協力のうえ取材、編集して町内全戸に配布したのだという。

『高根町地名誌』は、小字の下位の地名単位を「小名（こな）」と呼び、字青木の中には、

• 久岸田（古地図に見えるだけで、だれも読み方を知らないという）・中反（なかぞり）・持田（もちだ）・川天白（かわてんぱく）・鎌田（かまだ）・東田（ひがしだ）・かじ林（かじべーし）

の七つの小名があったとしている。

ここには小名としての青木は載っていない。青木は七つの小名を含む、より広域の地名単位だと考えたのではないか。しかし、その六八ページの次には「村山北割絵図」と題された古地図が付いており、かじ林を除く六つとともに青木もちゃんと書き込まれている。その地名の上には、みな「字《あざ》」の文字が冠せられているので、少なくとも絵図では青木もほかの六ヵ所も同じ小字単位の地名だとしていることになる。

柳田國男によると、現行の一〇〇〇万を数える小字は、先の「切絵図」に付けた表題であるといい、決して収集された小字の全部ではない。青木の場合も、まさしくそれで、もとは今日の青木分をおさめた切絵図の表題であったと推測される。

右の古地図がいつ、どんないきさつで作成されたのかの説明はないが、地名をペン書きしていることから考えて、江戸期以前ではなく、明治の大地図を作る折りだったらしく思われる。なお、そこに見えない「かじ林」は研究会の人びとが聞取りによって確かめた地名であろう。

とにかく、古地図によれば、そのころ（おそらく明治の初め）の青木は、現青木の南端部分の西側だけを指していたのである。それが絵図の表題にえらばれたため、のちにいまのような、やや広い範囲を含む地名になったといえる。

4　そこには**縄文時代**の**葬地**があった

『高根町地名誌』に載っている「村山北割絵図」は、印刷が不鮮明なうえ文字が小さすぎて、ここに複写・転載しても判読は困難なように思われる。それで、「青木遺跡発掘調査報告書」中の「遺跡位置図」と「絵図」をもとに、現行の青木地内の小名と遺跡の所在地を示す図を作成してみた。

ちなみに、字青木は、遺跡のすぐ東側を南北に走る道路、西方の西川（雲雀《ひばり》沢とも。釜無《かまなし》川水系塩川の支流）、南方を東西に通じる県道、遺跡の北五〇〇メートルばかりの途中で「く」の字形に曲がった農道を東西南北の境界としている。これはあくまで、いま行政が用いている区画であって、元来の地名にはどこからどこまでといった厳密な線引きはなかったのである。それは、どんな地名についてもいえることで、図の八つの小名もきっちりとした範囲を確定することはできない。

　ともあれ、ご覧いただくとわかるように、小名としての青木は遺跡の直近に位置している。それは東田やかじ林も同じだが、東田はおそらく「（青木の）東側の田んぼ」の意であり、青木という地名をもとにして付けられた可能性が高い。

　一方、かじ林の由来は、はっきりしている。近隣には、ここに昔、鍛冶《かじ》師たちが住んでいたとの言い伝えが残っていたといい、実際、圃場《ほじょう》整備の折り、金くそ（鍛造作業の際に出た鉄の滓《かす》）や鍛冶屋敷の跡と思われる遺構が発見されているからである。ほぼ同じ場所を「金山《かなやま》」とも呼んでいたらしい。つまり、かじ林は鍛冶林の義で、石棺群と結びつく地名ではありえないことになる。

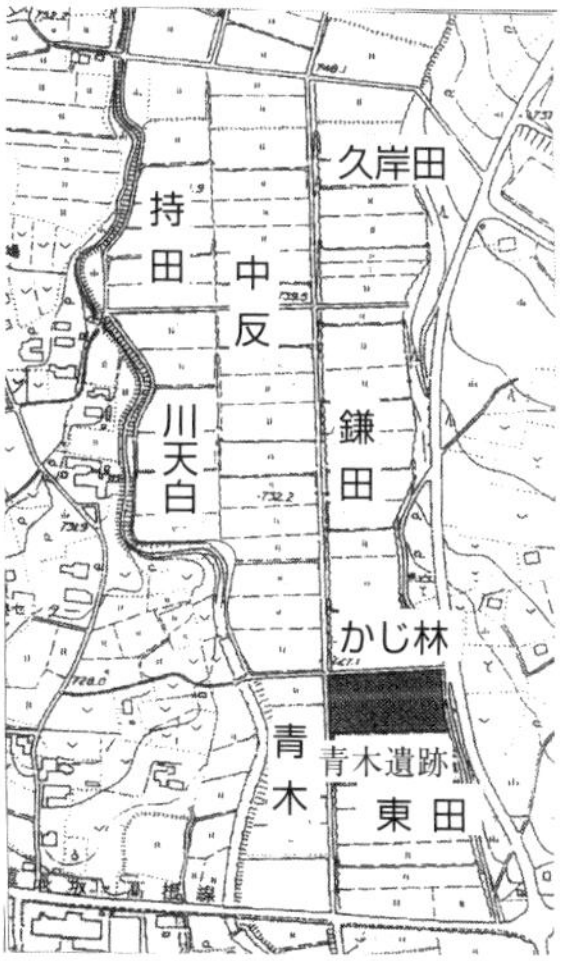

北杜市の字青木地内の小名（こな）の位置と青木遺跡の所在地

　地名は時代の経過とともに、その位置が少しずつ移動していく傾向がある。それで遺跡からはやや遠いが、ほかの五つの小名についても、どんな由来によるのか卑見を述べておきたい。

　右のうち、とくに「川天白（かわてんぱく）」とは、いったい何のことかと不思議に感じられる向きが多いかもしれないが、これはまず間違いなく天白信仰にもとづく地名だろうと思う。天白信仰の本質については、いろんな説が出されていて、必ずしも明確ではない。しかし、とにかく東日本とくに長野、静岡県を中心に信仰されており、しばしば水神に近いご利益が説かれてきた。愛知県名古屋市天白《てんぱく》区の名も、もとは地内を流れる天白川の河口にあった天白神に発していることが、ほぼ確実である。青木の川天白も、そばを流れる西川のほとりに祀られていた天白神の祠《ほこら》か何かに由来していると考えられる。

中反（なかぞり）のソリは一般に、焼き畑耕作地を指す言葉である。前記『高根町地名誌』には、

「（中反は）地味の至極《しごく》悪い土地」

だと記されている。だから、焼き畑くらいにしか使えなかったのではないか。

久岸田（これは何と読むのかも不明である）、持田（「持《もち》」は中世の土地所有形態の一種か）、鎌田（蒲《かま》すなわち植物のガマとかかわるか）の語源は、はっきりこうだということはむつかしい。ただ、いずれも「田」が付いていることから判断して、水田耕作が行われはじめて以後の命名だと思われる。語を替えていえば、縄文時代の地名ではないことになる。

結局、八つの小名のうち、石棺群にもとづく可能性を残すのは「青木」という、ごくありふれていながら、実は難解な地名だけだといえる。もちろん、だからといって、これだけですぐ縄文時代の葬地によって付いたとすることはできない。われわれが知らない、もっと別の由来があるかもしれないからである。

しかし、ここで青木なる地名と、四〇〇〇年ばかりも前の石棺群とが、不気味なほどあざやかに重なり合っていることは間違いない。本書では、このあと似たような例をさらに紹介していくつもりである。

5　石棺は、どのように使われていたか

青木遺跡からは、既述のように二〇基の石棺が発見されている。その作成は縄文時代の後期（本書では四五〇〇年ほど前から三二〇〇年ほど前までとする説にしたがっている）である。「青木遺跡発掘調査報告書」（一九九八年、高根町教育委員会。インターネットで閲覧できる）によると、東西八〇メートル、南北五〇メートルばかりの遺跡で、ほかに一四軒の住居址、三ヵ所の大型集石遺構（大小の石を敷き詰めるように並べてあり、祭祀の場だったと考えられる）、一個の土坑（この場合は楕円形。土を掘って作った穴）、石器、土器（大半は破片）などが出土している。時代が縄文後期と判断されたのは、主に土器の型式からであった。

これらについての考古学的な説明は報告書にゆずることにして、わたしがまず取上げたいのは石棺の数と、その使用形態のことである。石棺二〇基は、この周辺一帯では突出しており、全国的に見ても屈指であろう。それに比べて住居址一四はいかにも少なく、ここが葬地であったことは疑いない。大型集石遺構三ヵ所も、それを裏づけている。

石棺は大小の石（差し渡しが五〇センチを軽く超すものから一抱えほど、あるいはもっと小さなもの）を積んで、内側が長方形に近くなるように組まれていた。その多くが長軸は一・二―一・八メートル、短軸は三〇―九〇センチくらいであった。深さは四〇―六〇センチにすぎず、その下半分ほどを土中に埋めていたのである。逆にいえば、上半分は地上に露出していたことになる（もちろん当時の話である）。

これは今日いうところの棺（かん、ひつぎ）にしては、いかにも不自然ではないだろうか。いま普通に使われている棺の下半分だけ墓地に埋め、上半分は地上にさらしておく様子を想像すれば、それ

は容易にうなずけると思う。これでは「埋葬」とはいえまい。

青木遺跡を利用していた人びとは、何のためにそんなことをしていたのだろうか。わたしは、考えられることは一つしかないと思う。絶息したあとの遺体を石棺の中に置いて、それが白骨化するのを待っていたのである。すなわち、石棺は殯（もがり）用の施設であって、現代の棺とは用途が異なっていた。遺族は、ここに集まって、初めのころはほとんど毎日のように、時がたつとともに回数を減らしながら、死者を弔う儀式を行っていたに違いない。そうして、遺体が白骨化すると、それぞれの墓地へ持ち帰って埋葬したことだろう。

このような葬礼は「再葬」とか「二度葬」などと呼ばれている。なぜ、そんなことをしていたのかといえば、古代人は、死んだばかりの人間の魂は、まだそこら辺を漂っていて、この世でもあの世でもない世界をさまよっていると信じていたからである。そういう状態の魂を「荒魂《あらみたま》」（これは『日本書紀』などに見える言葉である）といい、その中途半端な状態のタマは肉体が白骨化して初めて「和《にぎ》魂《みたま》」へ昇華し、神の世界である「常世《とこよ》」に旅立つことができるという信仰にもとづいていた。これは現代人にはなじみにくい考え方で、にわかに信じられないと言う人も少なくないと思われるので、コラム①でもっと説明を加えることにしたい。

いまは青木遺跡にそくしていえば、調査報告書の「まとめ」のところに、

「祭祀遺物が散在するところから長期間にわたって何らかの祭祀行為が連綿と継続されたことが想定できる」

の一節が見える。

二〇基が遺体を埋葬するための棺だとしたら、近隣から運ばれてくる死者によって、せいぜい数年のうちに満杯になっていたはずである。長期間が具体的にどれほどの年月を指すのか、発掘関係者に

茨城県取手市小文間の中妻貝塚で発見された土坑。96体の全身骨が詰まっていた。（発掘調査報告書より）

もわからないと思うが、少なくとも数十年にはなるのではないか。つまり、ここの石棺は殯《もがり》用であって、それゆえ使いまわされていたのだと考えられる。

右の推測を裏づける興味ぶかい遺構が、ここから東へ一五〇キロばかり離れた茨城県取手市小文間《おもんま》の中妻貝塚で発見されている。同貝塚は、青木遺跡と同じ縄文後期か、それにつづく晩期の遺跡だとされているが、そこの「A土坑」（発掘関係者が付けた記号による名。直径二メートル、深さ一・二メートルの円筒形の穴）の中に、何と九六体の全身骨が、ぎっしりと詰まっていたのである。被葬者は老若男女を問わなかった。

この土坑に埋葬されていたのは、肉などの軟部組織が付いたままの遺体ではなかった証拠がある。全身骨の位置は一見、正常のように見えるのだが、専門家の観察では不自然なものが少なからずあった。部分的に左右あるいは上下が逆になっていたりしたのである。

これは、一度ばらばらになった骨を、もとの形にして並べたためだと思われる。すなわち、遺体が完全に骨化したあと、できるだけ本来の位置に合うようにしながら、順次、穴の中へ納めていったのである。ところが、その際、例えば第一肋骨の左右を間違えるといったことが起きたらしい。それが配置が不自然な理由であった。

要するに、青木遺跡は殯の場であり、そこで白骨化させた遺体を中妻貝塚のA土坑のような墓穴に埋めていたに違いなく、そう考えたとき初めて右に述べた事実を矛盾なく説明できるように思われる。

中妻貝塚の場合は大量の貝殻が土壌の酸性化を防ぎ、そのために人骨が何千年間も溶け去らずに残ったのだが、青木遺跡の一帯はそのような条件にはない。北杜市周辺では何十もの縄文遺跡が確認されているのに、人骨がほとんど発見されていないのは、おそらくそれが理由であろう。

6 「青木」は葬送の場を意味する言葉だった

山梨県北杜市の青木遺跡には小規模な配石や列石が数多く見られるが、大きなまとまりをなす集石遺構が三ヵ所あった。

集石遺構は配石遺構とも呼ばれ、簡単にいえば大小の石をある意図にしたがって敷き詰めた境域である。といっても理解しにくいのではないかと思うので、青木遺跡から四キロほど北西の同市大泉町谷戸《やと》字金生《きんせい》の金生遺跡公園に復元、展示されている集石遺構の写真を掲げておきたい。金生遺跡は、青木遺跡よりやや遅れる縄文時代後期（四五〇〇年前―三二〇〇年前）から晩期（三二〇〇年前―二八〇〇年前）にかけての祭祀遺跡で、国の史跡に指定されている。

青木遺跡の集石遺構のうち、第二号、第三号と名づけられた集石は、すこぶる興味ぶかい。前者では五×九メートルの範囲内に九基、後者では八×一二メートルの範囲に六基の石棺が集中していたのである（第一号については集石下部の調査が行われておらず、詳しいことは不明）。しかも、それらはだいたいが主軸方向をそろえていた。二号の六基などには、とくにその傾向が著しい。

これは何を意味しているかといえば、報告書も指摘しているように、それぞれが、あるプランにもとづいて構築されたからであろう。つまり、三つは集石、石棺（一号では未確認だが）が一体で葬地として造られ、その時期は異なっていたと思われる。いいかえれば、順次、拡大されたのである。

とにかく、そのような施設がアオキであった。この語のアオ（当時はアポと発音していたかもしれない。後述）は葬地を指していたが、語尾のキとは何だろうか。

キは、今日でも墓域を指して使われる「奥津城（おくつき）」のキという言葉と同じだと考えられる。「奥」とは、この場合、人が死んだあとおもむくところ、「津」は「天つ羽衣」「沖つ白波」などのツ、すなわち存在地や所有を表す助詞「つ」（現今の「の」に相当）の当て字である。

北杜市大泉町の金生遺跡公園に復元されている集石遺構。真ん中に石棺が見える。

「はじめに」でも紹介した『万葉集』巻第十一の2839番の歌、

斯《か》くしてや　なほや守らむ　大荒木《おほあらき》の
浮田の社《もり》の　標《しめ》にあらなくに

に見える大荒木（高位の者の殯の場）のキも、同様だといえる。

「浮田の社」にそれがあって、まわりを囲っていた何らかの構造物を「シメ（占《し》め＝占有の意）」と呼んでいたのである。これに「標」の字が用いられたのは、塀の役目とともに、標識をも兼ねていたからであった。

キは別に葬地のみに用いられるとはかぎらず、古代の新潟県や東北地方に置かれていた軍事・行政施設の「淳足柵」（ぬたりのき。現新潟市信濃川の河口あたり）や多賀城（たがのき。ただし、いまではタガジョウということが多い。宮城県多賀城市）などのキも、これである。その設置目的は、エミシ（蝦夷）にそなえたものだが、七世紀ごろには、キにもっぱら柵の文字が当てられていた。八、九世紀になると、城の字が多くなるが、柵も城もキと読むのが普通だった。

キは要するに、何かの構造物に囲まれた境域あるいは、その構造物を指していた。淳足柵や多賀城は、木柵をめぐらせて塀としていたから「柵」とも書いていたのであろう。一方、縄文時代や弥生時代のアオキが何をキとしていたのか、はっきりしない。おそらく、それには場所により、時代によっていろいろの様式があったと思われる。

しかし、例えば北杜市の青木では、右の集積遺構に相当する部分がアオキであり、石を敷き詰めた境域は、もとはまわりに木の塀か何かを立て並べていたのかもしれない。

いずれであれ、縄文後期に、この一帯で暮らしていた人びとは、いまの小名《こな》青木の殯の場を「アオキ」と呼んでおり、それがやがて地名として定着したのである。

7　この地名は、だれが今日に伝えたか

地名も原則として、もとは普通名詞であった。ある場所を、そこの特徴を示す日常語で呼んでいるうち、いつの間にか固有名詞になったのである。初めのころは、その意味は、だれにとっても自明であった。そうでなければ、地名として採用されなかったろう。

しかし、何百年、何千年と時がたつあいだに、語義が忘れられることも珍しくない。例えば、アオ

キはまさしくそれである。だが、いったん地名になってしまえば、それは一種の符号になり、意味はわからなくとも使いつづけられる。現在、日本に残る地名のざっと三分の一が、これかもしれない。日本には本当に由来不明の地名が多いというのは、内外の観察者のほぼ一致した感想であり、嘆息である。

北杜市の青木遺跡の「石棺」群は、かなりの長期間にわたって使用されつづけたあと放置されている。それがいつのことかはっきりしないが、出土する土器の型式から考えて、早ければ縄文後期の末、遅くとも縄文晩期ごろだったのではないか。少なくとも弥生時代には及んでいなかったろう。

理由は、むろんわからない。ただ、基本的には葬制の変化による可能性が高いと思う。長方形の石の中に遺体を置いて白骨化を待ち、そのあと墓地に納めるという葬儀文化がすたれたからではないか。といっても、殯《もがり》そのものがなくなったわけでは決してない。殯は奈良時代ごろにも禁止令が出るほど根強く行われつづけていた。いや、沖縄では、後述（コラム①）のように二〇世紀に入っても、なお見られたのである。

ともあれ、青木遺跡の石棺群はうちすてられたあとも、しばらくはそのままの姿を地上にさらしていたはずである。それは格好の目標物となり、人びとは石棺群と周辺をアオキと呼びつづけていたに違いない。

しかし、いつのころか不明ながら、石の構造物は形をくずしつつ少しずつ土砂に埋まっていく。やがて、すっかり地表から姿を消し、ただの緩斜面になっても、周辺の住民は、そのあたりをアオキと称することをやめなかったのである。

石棺群の埋没より前か後かわからないが、長い年月が経過するあいだに、住民はアオキが葬地を指すということも忘れてしまう。それでも、相変わらず石棺群があったあたりをアオキといいつづけて今日に至ったのである。

八ヶ岳山麓の考古遺跡としては、縄文時代のものが圧倒的に多い。平安時代がそれに次ぎ、ほかの時代はごく少ない。しかし、ないわけではなく、一帯には人間が中断することなく住んでいたのである。アオキの地名は、彼らによって四〇〇〇年後の今日まで伝えられたことになる。

この地名の由来について、ほかにもっと耳を傾けるに値する指摘があれば別だが、

「青々とした木が生えているところ」

といったたぐいの、安直かつ実際には意味不明の説明よりは、右のように考えた方がずっと納得しやすいと思う。

とはいえ、アオキと縄文時代の葬地がどんなにぴったり重なっているにせよ、たった一例では証拠として、もちろん不十分である。次からは、もっとほかの事例に話を移すことにしたい。

8　**宮城県・青島貝塚の場合は墓地**であった

仙台駅から北北東へ五〇キロほど、宮城県登米《とめ》市南方《みなみかた》町青島屋敷は、白鳥の飛来地として知られる伊豆沼や長沼に近い。

青島の下に付いた「屋敷」は、このあたりでは村、集落を意味する語である。近隣には戸根屋敷、松島屋敷、原屋敷、沢田屋敷、薬師島屋敷など、その例はいくらでもあって、これから述べようとする青と葬地との関係を考える際には問題にする必要がない。したがって、正規の行政地名では青島屋敷となっていても、以下では単に青島と書くことにしたい。これが、ここの本来の地名だったからでもある。

青島は、もとは名前のとおり、北上川の支流・迫《はさま》川の氾濫原に浮かぶ島であった。それは地内に残

る舟場の小地名からもうかがえる。

現在の青島は地図上で見た形が、いびつな正三角形に似ている。ただし、左辺の中ほどが内側へくびれていて、しいていえばそんな感じだというまでにすぎない。が、とにかく、三角形にたとえれば高さは四〇〇メートル、底辺が五〇〇メートルくらいになる。要するに、淡水中の小島であった。まわりは、ほとんどが水田で、その標高は三―四メートル、青島の最高所は二一メートル前後であろう。つまり、比高差は二〇メートルたらずしかない。

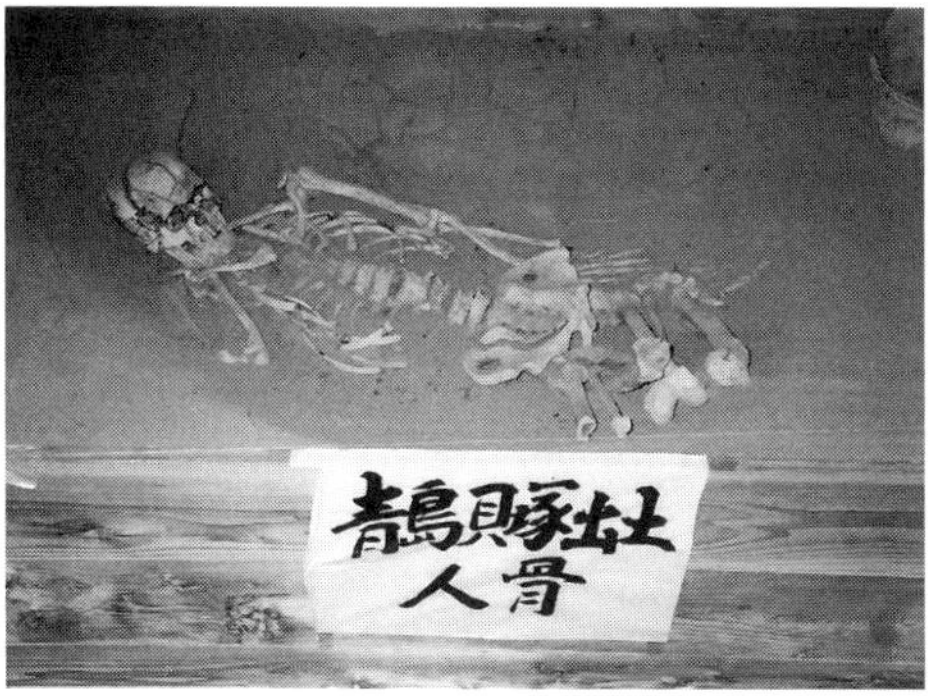

宮城県登米市・青島貝塚から出土した屈葬人骨（南方歴史民俗資料館で）

青島には近辺で屈指の規模の貝塚があり、そこから多数の縄文時代の埋葬人骨が出土している。貝塚の存在は古くから知られていたので、これまでに何度も発掘が試みられているが、今日、何らかの記録が残っていて、かつ人骨の発見をともなっていた調査が少なくとも四例ある。

- 明治四十二年（一九〇九）、郷土史家の高橋清治郎によって人骨が発見されたが、関係資料の多くが失われて、個体数などを含め重要なことが多く不明になっている。
- 大正八年（一九一九）、東北帝国大学の松本彦七郎講師（のち教授）らが本格的な発掘調査を行い、埋葬人骨一四体に加え、幼児骨を納めた「多数の」埋《う》め甕《がめ》（小さなバケツほどの大きさ）、縄文時代の墓地によく見られる犬の埋葬遺骨二三頭分などを発見した。人骨は、すべて膝を折り曲げた「屈葬《くつそう》」の形をとっており、土坑に入っていた。（この当時の報告書は、現在のような写真や模写図をふんだんに

使った厳密な様式とは違っていたため、詳しいことが不明な点も少なくない）
・昭和四十四年（一九六九）と同四十五年、当時の南方町の町史編纂に際し、宮城教育大学の平重道教授らが貝塚を発掘、新たに人骨九体と、それぞれに胎児骨が入った小型の甕二個を発見した。人骨はやはり、みな屈葬であった。
・平成二十一年（二〇〇九）、マンホール設置工事に先がけて、登米市教育委員会が発掘を行い、新たに人骨三体を検出した。このときの調査範囲は、わずか三八平方メートルにすぎなかったのに、そこから三体もが出土したのである。

右の発見人骨を合計すると、明治のそれが一体だったと仮定しても二七体になる。ほかに胎児、幼児骨を入れた甕も「多数」見つかっている。さらに、縄文人の墓地に特徴的な犬の埋葬遺骨が二三頭分も確認されている。これだけそろえば、青島が墓地であったことは疑いようがあるまい。

しかも、平成の発掘は本来なら、もっと広げておかしくない範囲を縮小して行われたのである。大規模な発掘は住民の生活に不便をもたらすうえ、ここの地山は二・五―三メートルと深く、作業に手間がかかるなどの事情が考慮されたらしい。そうして、

「青島では、人骨が出て当たり前でもありましたしね」（当時の発掘関係者）

ということも理由の一つだったようである。

ともあれ、青島全域を掘りつくしたら、もっと多数の埋葬人骨が出てくる可能性は十分にあるといえる。

すでに調査された墓地は、大きく二つに分かれていた。より多くの人骨が残っていたのは、三角形の頂点に近い右側（東側）で、いま「青島貝塚」の説明板が立っているあたりである。そこは数軒の人家とビニールハウスなどに囲まれている。もう一ヵ所は頂点の左側（西側）で、二つのあいだには

低い丘陵がはさまっている。

人骨は既述のように、すべて屈葬であった。それが土坑（土の穴）の中に埋まっていたのである。胎児、幼児の甕を別にすれば、棺に当たるものはなかった。だからといって、遺体が土坑の中にじかに置かれていたとはかぎるまい。何かに入れていたか、くるんでいたことも考えられる。

しかし、いずれであれ、それは埋葬であった。軟部組織が付いたままの遺体の膝を、かなり強く折り曲げ（そして、おそらく何かで縛ったうえで）土坑の底に安置したのである。この点では、山梨県北杜市高根町青木の石棺群における葬送儀礼とは決定的に違っていたことになる。

ただし、膝を曲げて縛るのは、死者（の霊魂）が立ち上がって、生者に悪さをするのを防ぐことを目的にしていた可能性があり、そこには死んだばかりの人間の霊魂（荒魂《あらみたま》）は残された者たちに祟るという古代人の信仰が反映されているのかもしれない。もし、そうだとするなら、宗教観念としてはモガリ（殯）に通底するところがあるといえる。

ところで、三〇体近い人骨は、いつごろのものだろうか。はっきりしたことはわからないが、縄文時代中期の半ばごろから後期の初めごろだとされているようである。その実年代についても諸説あるものの、いちおう四〇〇〇―五〇〇〇年前、少なくとも四〇〇〇年ばかり前と考えて大過あるまい。

9　青島の名は縄文時代に付けられた

もし本書が仮定しているように、アオが大昔の葬地を指す言葉であるとしたら、青島は「葬送の島」の意になるはずである。

宮城県登米市の青島は、その解釈を裏づける格好の一例だが、それのみならず、ここの場合は命名が縄文時代までさかのぼることを示す証拠にもなっている。青島では、これまでに知られているかぎり、ほかの時代の墓地は見つかっていないからである（むろん、近世や近代、現代のそれは含めていない）。

　考古遺跡には何千年といった長期にわたるものが珍しくない。例えば、青島から五キロほど南西の長者原貝塚（南方町長者原、沼崎、大埣《おおぞね》に所在）である。ここは縄文時代前期（七〇〇〇年前―五五〇〇年前）から奈良、平安時代までのざっと五〇〇〇年間の遺物残存地である。だから、仮にここの地名にアオが付いており、かつ人骨がまとまって発見されたとしても、それが長期に及ぶものであれば、いつの時代の墓地によって名が付いたのか決定できない。いいかえると、アオの語が葬地を指していたのは弥生時代よりもあとだったかもしれないことになる。

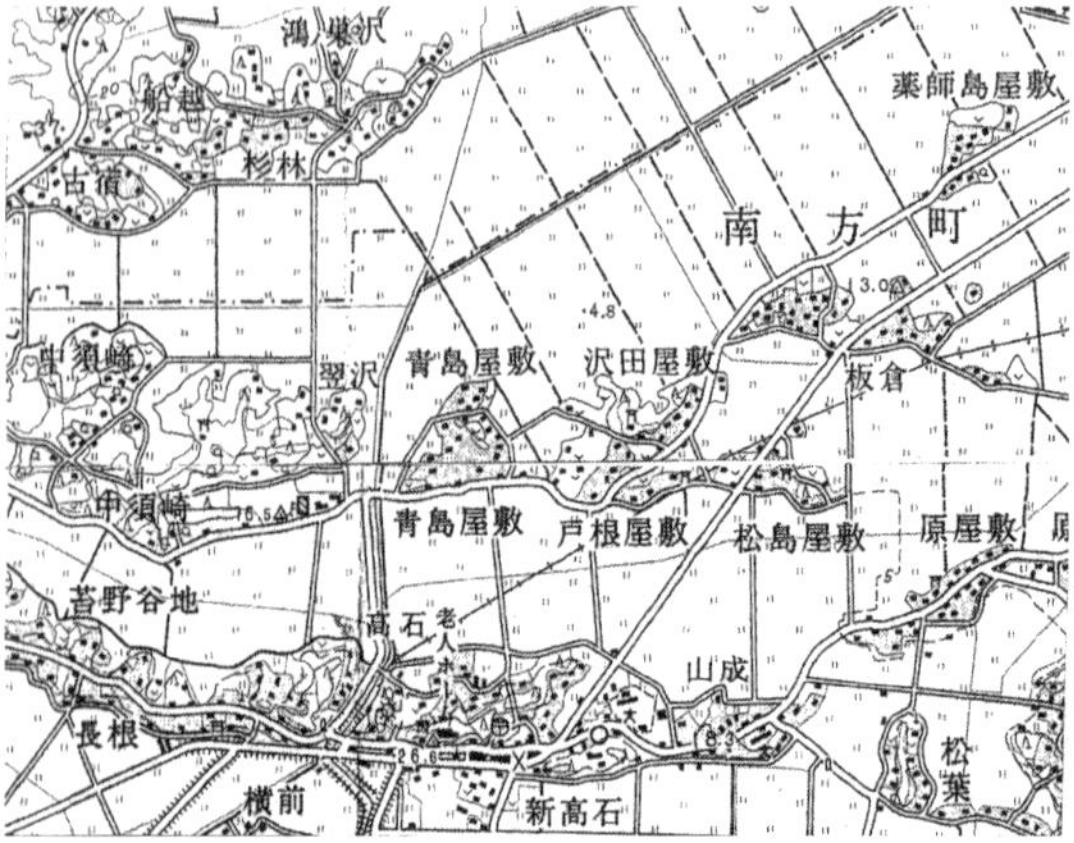

登米市南方町青島屋敷近辺の地形図（5万分の1図「若柳」と「涌谷」より）

　その実例として、鳥取県の西部、米子市青木の青木遺跡を挙げることができる。

　同遺跡は縄文時代晩期から奈良時代にわたる墳墓、集落遺跡で国の史跡に指定されている。ここでは縄文時代の土坑、弥生時代の方形周溝墓、古墳時代の古墳が合わせて一〇〇基以上も確認されている。つまり、アオキの地名が葬地によるとしても、それがいつ付いたのかまではわからないのである。

　このような遺跡は非常に多いが、登米市の青島貝塚には、そういうあいまいさがない。さらに、ここは前述のように、上から見た形が三角形に近く、高さは四〇〇メートル、底辺は五〇〇メートルばかりの小島である。とはいえ、その地名がアオキ、アオヤギなどであれば、そのどこかに墓地があった場合でも、ただちに二つを結びつけることには問題があることになる。それは北杜市の青木で説明したとおりである。

ところが、青島はあくまで小さな島の名であり、当時の人びとが島をひとまとまりの地域と見て葬送の島すなわちアオシマと呼んだと考えても、何ら付会ということにはなるまい。そうして、それが四〇〇〇―五〇〇〇年くらい前のことだったとすることにも十分な理由があるとしてよいと思う。ただし、繰り返しになるが、これはアオとはもともと葬地を指していたとの前提が証明されて初めていえることである。いま、ここで指摘しておきたいのは、右が正しいのであれば、葬地を意味する「アオ」なる言葉の発生は少なくとも縄文時代までさかのぼるということである。

*

コラム① 殯（もがり）―死臭漂う魂の昇華儀礼

わが国の葬制と、その沿革を理解するうえで、モガリという言葉と概念は、きわめて重要な位置を占めている。ただし、それについて記録した文献は、そんなに多くはない。いや、ごく少ないといってよいだろう。比較的よくわかっているのは古代の天皇の場合と、近代になって観察された沖縄での例である。ここでは、その二つを中心にモガリのあらましを述べておきたい。

●古代の天皇のモガリ

これについては、七二〇年成立の『日本書紀』（以下、書紀と略）に、かなり詳しい記録が残っている。そのうち、三〇代の敏達《びだつ》以後は崩《ほう》（死去）と葬《そう》（埋納）の期日を含め、だいたいは信用できると思う。なかでも四〇代の天武《てんむ》の殯は精密かつ具体的に記述されているうえ、書紀の編纂に当たった人びとにとって、ほぼ同時代のできごとであるから、細部はともかく大筋としては事実とみなしてかまうまい。その崩から葬に至るまでの過程は、おおよそ次のようなものであった。

六八六年九月九日　天武、飛鳥浄御原宮《あすかのきよみはらのみや》で崩御。通説では五六歳。

同年九月十一日　はじめて発哭《みねたてまつ》る。「ミネ」とは、人の死を悲しんで大声を発して泣くことである。この日から皇居の南庭に殯宮《もがりのみや》の建設を始める。

同年九月二十四日　遺体を殯宮に移す。

同年九月二十七日　はじめて奠進《みけたてまつ》り、また誄《しのびごと》たてまつる。「ミケ」は死者への供え物、「シノビコト」は死者を慕って述べる言葉であり、すなわち今日の弔辞に当たるだろう。

六八七年一月一日　皇太子（草壁皇子《くさかべのみこ》）、公卿・百寮人らを率い、殯宮にもうでて慟哭《どうこく》する。この慟哭も「ミネたてまつる」と同義である。

同年八月五日　殯宮に嘗《なふらひ》たてまつる。「ナフライ（ナオライ、直会）」は平常にかえるための会食である。書紀は、これを「御青飯《あをきおもの》」というとしている。この語は葬地を意味するアオとの関連で注目される。のちに詳しく取上げたい。

同年十月二十二日　皇太子、はじめて大内陵《おほちのみささぎ》を築《つ》く。「はじめて築く」は、檜隈《ひのくま》大内陵の築造開始（鍬入れ式）を指しているらしい。

六八八年一月一日　皇太子、殯宮にもうでて慟哭する。

同年十一月四日　殯宮で楯節儛《たたふしのまひ》（武装して舞う儛）を奏する。

同年十一月十一日　大内陵に葬る。

以上は書紀から要点だけを抜き出したもので、このあいだにもさまざまな葬送儀礼が繰り返されている。

その細部に触れることはひかえておくが、ここでまず指摘しておきたいのは、天武天皇は死去から埋葬までに二年二ヵ月を要していることである。当然、遺体は完全に白骨化していたろう。それがモガリの、もっとも重要な目的だったのである。

天武のモガリは、とくに長かったわけではない。敏達などの葬は、崩から実に六年後のことであった。

ほぼ史実と認めうる場合で、歴代の最短のモガリは三六代、孝徳《こうとく》の二ヵ月半、平均すれば一年半くらいになる。ただし、三二代の崇峻《すしゆん》は崩後すぐに葬されている。モガリが行われなかったのである。これは崇峻が当時、政治の実権をにぎっていた蘇我馬子を誅《ちゆう》しようとして、逆に馬子のために殺されたことと関係しているに違いない。罰としてモガリが省略されたのではないか。

七世紀ごろには、庶民もモガリを行っていた。大化二年（六四六）三月二十二日に発せられた、いわゆる大化の薄葬令には、

「凡《おほよ》そ王《おほきみ》より以下、庶民《おほみたから》に至るまでに、殯《もがりや》営《つく》ること得ざれ」

のくだりが見える。

王（皇族）から庶民に至るまで殯屋を造営してはならないとの命令は、そのような習俗が存在したことを裏づけている。

彼らは、なぜモガリにこだわっていたのだろうか。その理由は、近代の沖縄におけるモガリからう

かがうことができる。

●近代沖縄の葬制

「沖縄学の父」と呼ばれる伊波普猷《いはふゆう》の「南島古代の葬制」が、雑誌『民族』に発表されたのは一九二七年である。これは短いながら、わが国葬制史研究に大きな示唆を与えた論文であった。そこには本島中部、沖縄市の南東一二キロほどに浮かぶ津堅島《つけん》で、一九世紀末ごろに行われていた注目すべき葬制の記録が見える。やや長くなるが、関連部分のほぼ全部を引用しておきたい。

「二十余年前、沖縄島の中部の東海岸を少し沖に離れた津堅島で暫《しば》らく教員をしてゐた知人が、彼が赴任する十数年前までは、同島で風葬が行はれてゐたといふことを私に話したことがあつた。其処《そこ》では人が死ぬと、蓆《むしろ》で包んで、後生山《ごしょう》と称する藪の中に放つたが、その家族や親戚朋友たちが、屍が腐爛して臭気が出るまでは、毎日のやうに後生山を訪れて、死人の顔を覗《のぞ》いて帰るのであつた。死人がもし若い者である場合には、生前の遊び仲間の青年男女が、毎晩のやうに酒肴や楽器を携へて、之を訪づれ、一人々々死人の顔を覗いた後で、思ふ存分に踊り狂つて、その霊を慰めたものである。これは『書紀』の『天稚彦《あめわかひこ》が死《みまか》りし時、その親族等集ひて、喪葬の式を行ひ定め日八日夜八夜《ひやかよやよ》の間、遊びたりき』といふ記事を連想させるものである。私も数年前この小島に講演しに行つた序《つい》でに、所謂《いわゆる》後生山のあとを見たが、島の西北部の海岸に沿うた藪で、昼だに薄暗い所であつた。其処では風葬の関係上、古来犬を飼はないことになつてゐた」

次は那覇市の北西六〇キロばかり、粟国《あぐに》島の例である。

「私の知人から聞いた話であるが、彼の家で使つてゐた粟国島生れの下女は、夫が死んでからまる一週間、一日も欠かさず故人の顔を見に出かけたが、親戚の者等から、それ位つゞけていつたら、亡夫も満足するだらうから、もうやめたらよからう、との忠告を受けたので、不承々々にその日から断然いかなくなつたとのことである。そして日毎《ひごと》に死体が変化して臭気が益 甚《ますますはなはだ》しくなつても、彼女には穢《きたな》いとか怖いとかいふ情は少しもおこらなかつたといふことである」

夫の遺体がどこの、どんな場所に置かれていたのか文章からははっきりしないが、おそらく粟国島の「後生山」に当たるところであったろう。「下女」は、伊波の知人に故郷での思い出を語ったのではないかと思われる。

伊波は大正十二年（一九二三）春、津堅島から南南西へ八キロほどの久高島に数時間だけ滞在した折り、島の北西岸の「後生山」を訪ねている。そこで区長から、

「夏の暑いさかりなどこの附近は非常に臭くて、到底寄りつけない。洗骨《せんこつ》は十二年に一回一斉に行ふのであるが、棺柩《かんきゅう》や遺物はすつかり焼払ひ、遺骨は奇麗に洗つた上で、共同の巌窟に放り込むのである」

旨の話を聞いている。

すなわち、白骨化した遺体は後生山に放置しておくのではなく、きれいに洗ったうえで共同の墓地に葬っていたのである。本章5節で紹介した、

・茨城県取手市小文間《おもんま》の中妻貝塚A土坑

に、ぎっしりと詰まっていた九六体の縄文人骨は、そのようにして埋納されたものだったろう。いずれも、モガリにつづく次の段階の葬送にほかならなかった。

沖縄のモガリでは、藪の中の後生山ではなく、もっときちんとした施設を置いているところもあった。例えば、現名護市の久志《くし》では一九世紀末ごろまで、次のような小屋が利用されていた。

「右の図は国頭《くにがみ》郡の久志村の山中にあつたもので、島袋《しまぶくろ》源七君が現にそれを見たことのある土地の老

人に根掘葉掘り聞きながら画《えが》き、其人《その》が実物に近いといふまで、修正したものである。この図では小屋の壁の二面だけは棺柩の這入《はい》つたのを見せるために、故更《ことさら》にあけておいた。それから其周囲の木の枝などには、洗骨した髑髏《どくろ》が袋や芭蕉布で包んで、沢山つるしてあつたとのことである」

沖縄生まれの民俗学者、島袋源七（一八九七―一九五三）がこの聞取りをしたのは、一九二五年前後だったらしい。

このような小屋を「モヤ」と呼んだとの記録が別にあり、それはまさしく喪屋《もや》＝殯屋《もがりや》そのものであった。

ここで軟部組織の付いた遺体を白骨化させるわけだが、いきなり土葬せずに、わざわざそんな手順を踏んだのは、死んだばかりの人間の魂は「荒魂《あらみたま》」といい、生きている人間に祟る、悪さをすると信じられていたからである。だから、残された者たちは死臭が漂うなかで、長い期間にわたり故人をいたんで慟哭し、その人柄をなつかしむ言葉を並べ、供物をささげたり、歌をうたって慰めたりしながら、遺体が徐々に白骨化していくさまを見守りつづけたのだと思われる。

やがて、完全に白骨化してしまうと、死者の霊は「和魂《にぎみたま》」へ昇華することになる。ここで初めて、死者は神の世界へ旅立っていくことができるようになり、骨は墓地に埋葬されるのである。

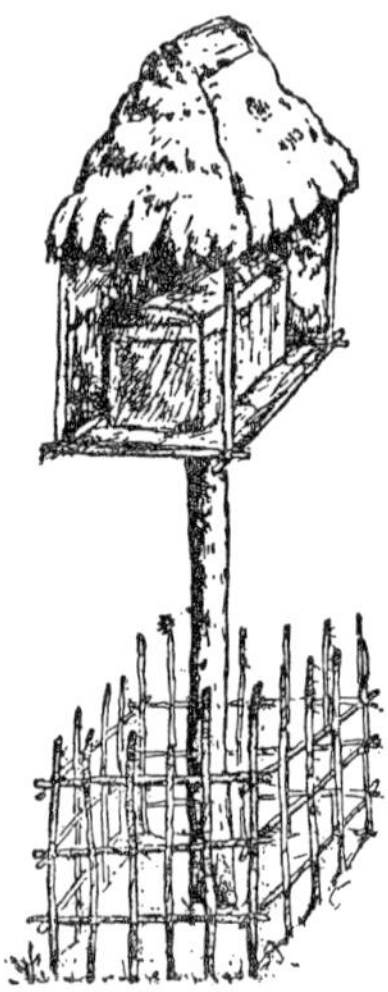

久志村にあった喪屋。柱の上に置いてあるのは、野犬などの害を避けるためらしい。
（伊波普猷「南島古代の葬制」より）

第二章　弥生・古墳時代の葬地とアオ地名

1　島根県出雲市青木の弥生時代の墳丘墓

山梨県北杜《ほくと》市高根町の青木遺跡は圃場《ほじょう》整備の工事に際して発見されたが、島根県出雲市東林木《はやしぎ》町字青木の青木遺跡は国道431号のバイパス敷設に先立つ事前調査で見つかっている。

北杜市の青木遺跡で青木の地名と縄文時代の葬地がぴったりと重なっていたように、出雲市の青木遺跡では青木の地名と弥生時代の墳墓とが、きれいに重なり合っていた。

東林木町は出雲大社の一〇キロほど東、宍道《しんじ》湖に注ぐ斐伊《ひい》川の左岸（北岸）に位置する田園地帯である。角川書店刊『日本地名大辞典32　島根県』末尾の小字一覧によると、東林木町には、

・堤外（テイガイ）・三蔵（サンゾウ）・東山・西山・馬渡（マワタシ）・浜田・登立（ノボリタテ）・青木・大寺谷（オオテラダニ）・畑谷（ハタダニ）・大谷・門善谷（モンゼンダニ）。現在は門前谷と書く）・鳶ヶ巣（トビガス）

の一三の小字があるという。

青木遺跡は、一畑《いちばた》電鉄大寺駅の一五〇メートルばかり北を中心にした地域に広がっている。遺跡名は、どこによらず原則として所在地の小字の名を付けることになっており、ここの場合もそれに漏れ

ない。すなわち、遺跡は字青木にあることになる。

ただし、この遺跡の様子は、北杜市の青木遺跡とはかなり違う。北杜市のそれは縄文時代後期の葬地（おそらくモガリの場）であったが、出雲市の青木遺跡は弥生時代の中期から古墳時代、奈良・平安時代、中世、近世に及ぶ長期間の複合遺跡なのである。だから、遺跡と地名とが関連していたとしても、ただちに弥生時代の墳墓と結びつけることはできないと、いちおうはいえる。

だが、ここに墓地が設けられていたのは、あくまで弥生時代であって、それがずっとのちまでつづいていたわけではない。

青木遺跡で、いままでに発見されているのは四基の四隅《よすみ》突出型墳丘墓《ふんきゅうぼ》と八基の貼石墓《はりいしぼ》および一三体の人骨である。

四隅突出型墳丘墓は、方形（正方形と長方形）の四隅がヒトデの「腕」のように突き出した墳丘型の墓であり、山陰から北陸にかけてと岡山県北部に分布している。貼石墓は、やはり盛り土の墓で、その緩斜面に大小の石を「貼るように」敷き並べたものを指す。両方とも外観は方墳に近いが、そう呼ばないのは築造時期が弥生時代にまでさかのぼるからである。

ご存じの方が多いと思うが、考古学でいう古墳とは単に「古い墳墓」のことではない。それは、古墳時代（諸説あるが、おおむね三世紀半ばから七世紀末ごろに至るあいだとの説にしたがっておく）に築造された盛り土の墓にかぎった呼称である。

青木遺跡の四基の四隅突出墓と八基の貼石墓は、弥生中期の、いまから二一〇〇年くらい前から、弥生後期の一八〇〇年くらい前にかけての築造らしい。しかし、貼石墓のうちの一基は古墳時代の最初期に入ってから造営されたと推定されているようである。

四隅突出型のうち最大のものは、方形部分の長辺が一四メートル以上、短辺が八・八メートル以上、

島根県出雲市青木の遺跡現場に復元されている四隅突出型墳丘墓

突出部分の長い方の区間が一九・四メートル、短い方が一五・二メートルである。あとは、それよりいくぶん小さい。貼石墓は崩れていたものが多くてはっきりしないが、全体に四隅突出墓より小さいようである。

ともあれ、ここに弥生時代の中、後期に地方権力者たちの墓地が造成されていたことは疑いない。そうして、そこの地名を今日なお、青木と呼んでいることになる。ただし、山梨県北杜市の青木遺跡のように、地名と遺跡の重なり具合に一分の隙もないほどではない。東林木町の青木遺跡は、バイパスの建設が急がれたことや、すぐ北側に民家が迫っていることなどのため全体が発掘されたのではなかった。そのうえ、青木地内の小地名を北杜市の場合のように把握できる資料もないからである。

ここの青木遺跡は既述のように、古墳時代以後の遺構と遺物を含んでいる。ただ、そのころには祭祀・信仰の場になっており、葬地としての性格は失っていた。

葬送の地が時をへて聖地に転化することは、古代にあっては少しも珍しくなかった。むしろ、ごく一般的だったといえる。葬地は、先祖を常世《とこよ》（死後の世界であり、神の国でもある）へ送り出す場所だから、のちには聖地になりやすいのである。死と穢れを結びつけるのは中古以来の考え方であり、古墳時代ごろまでの人間にとっては、墓地が聖地の対極にあったわけではない。

2　青木と葬地がつながる、そのほかの例

これまでに青木地名が二つ出てきたが、ここでこの地名と葬地がつながっている、ほかの例をいくつか挙げておきたい。

・島根県松江市八雲町西岩坂字青木の青木横穴《よこあな》墓群

ＪＲ松江駅の南方六キロくらいに位置する。横穴墓は、古墳時代に営まれた防空壕のような形の墳墓で、青木には二基あったらしい。うち一基は昭和五十二年（一九七七）の調査時点で、すでに消失していた。これより前、近くにできたニュータウンの造成工事に際して破壊されたといわれる。二つとも古くから開口していたようであり、遺物などは全く見つかっていない。そのためもあって、ほとんど注意されることもなく、記録と呼べるものも残っていない。わたしが取上げたのは、ここで青木の地名と古墳時代の墓地が重なっているからである。

・島根県松江市玉湯町玉造字青木原の古墳群、横穴墓群、土坑墓

山陰地方屈指の温泉街・玉造温泉の中央東部の丘陵上に出雲玉造史跡公園がある。このあたりには弥生時代から平安時代まで、勾玉《まがたま》や管玉《くだたま》を製造する工房が、いくつも並んでいた。玉造の地名が、それによることはいうまでもない。公園は、主にその関連の史跡を復元、保存するために設けられたものである。

中央部に記加羅志《きがらし》神社跡が残っており、その北側の小字を宮垣、東側を向原、南から西にかけてを青木原という。ただし、現在では小字名が使われることは、まずない。また、地名のもつ性質から考えて、それぞれの範囲がどこからどこまでと問うてみても意味はないといえる。とにかく、いまの公園の一角に「青木原」と呼ばれる地名があった。

そうして、記加羅志神社は実は六世紀後半の築造と推定される直径一四メートルほどの円墳の上に建っていたのである。古墳の上に神社が祀られる例は非常に多く、ここもその一つになる。まわりには、土坑墓五基もあった。

南西側の青木原にも古墳、横穴墓、土坑墓があったことが知られているが、古墳の一基を除いて、ことごとく消滅してしまっている。

ここの場合、例えば山梨県北杜市のように青木地名と葬地がぴたりと重なるわけではない。しかし、玉造職人たちの墳墓があったところを「青木原」と称していた可能性はかなり高く、参考までに挙げておいた。

島根県松江市玉湯町の出雲玉造史跡公園内に残っている記加羅志神社跡古墳

・鳥取県米子市青木の青木遺跡

ここは広大な規模の遺跡で、日野川と、その支流の法勝寺《ほっしょうじ》川にはさまれた丘陵上に四〇ヘクタールにもわたって広がっていた。

そこからは昭和四十六年（一九七一）―同五十二年の発掘調査で掘立て柱建物、竪穴式住居、貯蔵穴、落とし穴、古墳、周溝墓、土坑墓など九九五の遺構と、土器、石器、金属器、玉類など数万点の遺物が検出された。その年代は縄文時代晩期から中、近世にまで及んでいる。しかも、範囲が広いだけに、現行の住居表示では大字青木と東隣の大字永江にわたっているのである。つまり、ここの青木は既出の小字青木とは違って、もう一つ上位の地名単位を指していることになる。

このような場合、葬地と地名との関係をうんぬんすることは一般にむつかしい。ただ、発掘時に「H地区」と名づけられた区域からは集落跡のほか、方形周溝墓（周囲を溝で画した墳墓で、弥生時代から古墳時代初めにかけて築造された）三四、前方後円墳二、円墳一〇が確認されており、青木遺跡内の代表的な墓域だと考えられている。

H地区は現在は大字永江に属するが、すぐ西は大字青木である。墓域の西二〇〇メートルほどには青木神社も鎮座する。いちおう、青木地名と葬地とが重なる例に数えてもかまうまい。

右のような場所は、もちろん山陰地方にかぎったことではない。

・岐阜県可児《かに》郡御嵩《みたけ》町比衣《ひえ》字青木の青木横穴墓群

東海環状自動車道の可児御嵩インターチェンジの一キロばかり北、自動車道の直下東側に、かつて少なくとも五基の古墳時代の横穴墓があり、これを所在地の小字名をとって青木横穴墓群と呼んでいる。

この穴には第二次大戦中から戦後にかけて、近くの亜炭坑で働く労働者たちが住んでいたが、その後の開発で、平成十二年（二〇〇〇）に町が調査したときには一基しか残っていなかった。さらに、横穴があった小山がサバ（凝灰質砂岩のこと。陶磁器の原料に用いる）の採取のため削り取られて、現在はその一基も消失した。

横穴があった青木は、ごく狭い範囲を指す地名で人家は一〇軒たらずしかない。つまり、ここで青木地名と古代の葬地が、きれいに重なり合っているといえる。

・茨城県桜川市青木の青木古墳群

ここの青木は、鳥取県米子市青木と同じく大字であって小字ではない。だから、地内にいくつかの古代の墳墓があったとしても、ただちに本書がいうアオ地名だといえない。しかし、ここには青木の地名と葬地とを結びつけたくなるだけの古墳が分布している。

まず、青木の南部に位置する青木古墳群では一五基の円墳が確認されている。同古墳群は、筑波山（八七七メートル）の北一二キロくらい、県道（通称・羽田《はねだ》街道）西側の小丘陵上に広がっているが、道路をはさんだ東側には円墳三基からなる白山古墳群があったことが資料に見える。ただし、その三基は、すでに消失しているようである。

青木の北部、村の鎮守の青木神社背後には青木神社裏古墳群があった。これも石室一基だけを残して、あとは破壊されてしまったらしく、いくつあったのかわからない。

青木の南隣の大字は羽田といい、ここの鎮守の羽田神社南東側にも羽田古墳群があって、やはり円墳一五基が確認されている。ここは青木との境界に近い。

また、青木の東隣で現今の住居表示上は大字犬田《いぬだ》に属する場所に大神田古墳群（円墳三基）が現存する。ここも青木との境界に接している。

要するに、いまの大字青木の地内と隣接地には少なくとも数十の古墳が散在していたのである。とすれば、ここらあたりの古墳墓帯を指して当時、「青木」と呼んでおり、それが今日の大字名として残っていると考えることができるのではないか。

3　茨城県常陸太田市花房町字青木の場合

アオ地名と葬地とが一見したところではつながっていないようでありながら、実は深く関係していることもある。その例として、JR水郡線の常陸太田駅から西へ六キロほど、茨城県常陸太田市花房町字青木を紹介したい。

平成三年（一九九一）、同市松栄《まつざか》町字善光寺で、久慈川沿いの県道と、支流の浅川沿いとを東西に結ぶ道路を敷設中に横穴墓が発見された。横穴墓にしては珍しく、そのときまで開口しておらず、翌年の発掘調査で七―八世紀前半の築造と推定される七基の横穴が確認され、刀子《とうす》（今日のナイフに当たる小型の工具）や金属製耳飾り、メノウ製勾玉などが出土している。ここが当時の墓地であったことがわかったが、その所在地自体にはアオの付く地名はなかった。

ところが、ここから三〇〇メートルくらい北に青木山、その北隣に青木の地名（ともに花房町内の小字）が存在するのである。むろん、三〇〇メートルはぴたりと重なるというには離れすぎている。

平成二十六年（二〇一四）夏、わたしは、そこら辺のことも含めて確かめてみたいと思い、現地を訪れた。その折り、青木に住む昭和十一年（一九三六）生まれの男性から、

「字青木山の南西の山腹にも、善光寺のような横穴が四つほどあった。たぶん、古代の墓だったと思う。昔はサツマイモなどを貯蔵するのに使っていた。穴はいまもあるが、里山の手入れをしなくなったので、まわりはボサ（藪）だらけになってしまい、行ってもわからないのではないか。穴を発掘調査したことはない」

という話を聞けたのだった。

茨城県常陸太田市の青木山近くで発見された善光寺横穴墓群の一つ。

現在の青木山は平坦地の小字名で、そばに鎮守の天満宮があることや、「青木山」という銘柄の清酒を造っていた村一番の旧家のK家も、ここに屋敷を構えていた（すでに同地を引きはらっている）ことなどから考えて、一帯ではもっとも早く開けた場所だったと思われる。

前面（南側）は東西に細長い（全長で三〇〇メー

トルばかり）ヤチ田になっている。ヤチ田とは、里山のような丘陵に囲まれた袋状の低湿地に開かれた水田のことである。水を管理する技術が未発達だった弥生、古墳時代のころには、広大な平野より早く水田化されることが多かったらしい。

それはさておき、平坦地を「青木山」と称するのは不自然である。元来の青木山は、ヤチ田の南西側の丘陵を指していた可能性が高い。その北側斜面には、調査をされたことがない横穴墓とおぼしき穴が四つほど現存する。そうして、その反対側（南）の山腹には、工事中に見つかった横穴墓七基が位置している。

さらに、善光寺横穴墓群の三〇〇メートルたらず西には二階横穴群（破壊されて基数不明）があった。ここは丘陵の西端に当たる。

これらを合わせ考えると、ヤチ田の南西側の小高い丘は古代の墓地であり、だからこそ当時の人びとは「青木山」すなわち「墓の山」と呼んでいたのではないか。その麓には今日も、三つばかりの青木村民の墓地群がある。

4 「アオキ」の語義

類似の事例の列挙が、だいぶんつづいた。そろそろ話を次に移したいが、その前に青木という地名と、古代の葬地とが結びつく可能性がかなり高いように思われる、そのほかの場所のリストを示しておきたい。いずれも、わたしが訪ねていって、そう感じたものにかぎっている。

・熊本県玉名市青木

少なくとも三つの横穴墓群が至近距離に存在する。

・福岡県福岡市西区今宿青木

全長六二メートルの前方後円墳、鋤崎《すきざき》古墳が地内にある。
•長野県上田市蒼久保《あおくぼ》字下青木
直径一五メートルほどの円墳、下青木吉田原古墳があり、横穴式石室が残っている。
•群馬県高崎市箕郷《みさと》町下芝字谷ツ《やつ》（通称を青木という）
ここに方墳の下芝谷ツ古墳があり、金メッキされた銅製の靴が出土した。
•千葉県富津《ふっつ》市青木
四八基の古墳が確認されている内裏《だいり》塚《づか》古墳群の中心域の地名が青木、大堀である。
•福島県河沼郡会津坂下《ばんげ》町青木
ここの西隣の青津に、全長一二七メートルの前方後円墳、亀ヶ森古墳、同五五メートルの前方後円墳、鎮守森古墳および男《お》壇《だん》古墳群（五基）が現存する。
•宮城県白石市福岡深谷字青木
弥生時代中期の埋葬遺構が検出されている。
このような例をいくら並べてみても、すべて偶合にすぎないとする人も、あるいはいるかもしれない。しかし、その人びとも、
「それでは、アオキとは何のことですか」
との問いには、おそらく答えられないのではないか。むろん、
「青々とした木が茂ったところ」
といったたぐいの、安直で実は意味不明の解釈は別にしてのことである。
前にも述べたことだが、わたしはアオキのアオは葬地（墓地とモガリの場）の意で、キはオクツキ（普通は奥津城と表記する）などのキを指していると思う。オクツキのオクは人が死んだあとおもむ

くところ、ツは現今のノ（所有、所在などを示す助詞）に当たる語である。

キは今日、日常語ではほとんど使われなくなっているが、

「ある構造物で囲まれた一定の地域、範囲または、その構造物」

のことだと定義しうる言葉である。したがって、奥津城の「城」も、これまでに挙げてきた青木の「木」も、当て字になる。ただし、城郭は防御用の壁なり柵なりをめぐらせていたはずだから、キの一種だったことは間違いない。古代から、しばしば右の意のキを城と表記してきたのは、城郭が代表的なキだったためであろう。

また、原初のキは一般に木材を用いていたかもしれず、あるいは境域を指す「キ」の語源は木（き）であることもあり得る。もし、そのとおりだとすれば、青木の「木」は、意に沿った文字だといえる。

七世紀後半から九世紀初頭にかけて、中央の政権が対蝦夷《えみし》用に新潟県や東北地方に置いた軍事・行政施設は、もっぱら「キ」と称されていた。その文字表記には、淳足柵（ぬたりのき。現新潟市信濃川の河口のあたり）などの「柵」と、多賀城（たがのき。宮城県多賀城《たがじょう》市）などの「城」の二種類がある。後者の場合、現在はジョウと読むことも多いが、もとの読みは、あくまでキであった。

蝦夷にそなえたキには、実際に木の柵を立て並べていたようであり、とくに八世紀前半までのキが原則として柵と書かれていたことは、そのせいかもしれない。要するに、これらのキは、先の定義にぴったりと合っていることになる。

ここでいったん、青木の話を切上げるに際し、その語源を考えるうえで参考になりそうな、ある地名を紹介しておきたい。

- 岩手県釜石市橋野町青ノ木

は北上山地の脊梁に近い、どちらを向いても山また山の中に位置する集落の名である。ここは隣の

岩手県釜石市青ノ木の橋野高炉跡の発掘調査現場。野生のシカがよく出入りするという。

坂元と並んで、いまではその体をなさないほど過疎化が進んでいる。しかし、地内にあった日本初の洋式高炉「橋野高炉」の跡が平成二十七年（二〇一五）、世界遺産の構成資産の一つに指定されたことから、近ごろでは訪れる人が少なくない。

令和三年秋、わたしがここに立ち寄ったのは、安政四年（一八五七）に建造されたという高炉跡を見学するためではなく、「青ノ木」の地名にひかれたからであった。青木なら、「青々とした木が茂ったところ」式の解釈も、ことの当否は別にして、可能かもしれないが、青ノ木では、そうはいくまい。この場合の「青」は名詞のはずだからである。

もし、青ノ木に古代の葬地があれば、卑見にはまことに都合がよいことになる。そんなことを考えながら、高炉跡の発掘調査に当たっていた責任者に声をかけたら、次のような答が返ってきたのだった。

「この一帯の土の中には、縄文土器のかけらが、よく混じっています。つまり、遺物散布地になります。幕末に高炉を造る際、縄文遺跡を削って平坦にしたような感じで出てくるんですよ。隣の坂元には、縄文遺跡がありますしね」

青ノ木に葬地があった証拠はない。だが、ここらあたりには縄文人が住んでいた。山梨県北杜市の青木遺跡がそうであったように、釜石市の青ノ木も、そのころの葬地によって付いた名であったことは十分にあり得ると思う。

青ノ木には、北杜市の青木遺跡や島根県出雲市の青木遺跡のような偶然のめぐり合わせが、なかっただけのことかもしれないからである。

5　青山と墓地

アオが、たしかに葬地を指すものだとすれば、青山は「墓地の山」「葬送の地」の意になるはずである。これを裏づける例が、はたして人を納得させるだけあるのかどうか。ここでは、それについて取上げることにしたい。

香川県丸亀市・宇多津町境の青ノ山の頂に残る古墳。これは１号墳と名づけられている。

これまでに、わたしが気づいた中で、もっともぴたりと右に当てはまる山は、

・香川県丸亀市土器《どき》町東と同県綾歌《あやうた》郡宇多津町青の山との境にそびえる青ノ山（二二四メートル）

である。

同山は、瀬戸内海の埋立て地に臨んで建つＪＲ予讃線宇多津駅から、南東へ一キロほどしか離れていない。まわりの市街地は、おおむね標高数メートルか、それ以下であり、しかもこの山は独立峰である。つまり、平野の中に屹立している。

その山頂と周辺に九基もの古墳があった。うち一号墳と名づけられた方墳は、最高所に良好な状態で現存している。全長六メートルくらいの横穴式石室をはじめ、墳丘の石垣などに巨石を豊富に用いており、おそらくもっと下から持ち上げてきたのであろう。ほかにも二基ほど石室が確認でき、山麓

の分を合わせたら十数基をかぞえる青ノ山古墳群を形成していた。

古墳が小高い丘の上に営まれていることは珍しくない。しかし、比高差で二〇〇メートル以上もある山上に築かれているところは、めったにないのではないか。巨石は山麓ではなく、山腹にあったのかもしれないが、それにしても山頂まで運び上げるには、ずいぶんと難儀したに違いない。

青ノ山古墳群の造営にかかわった人びとには、どうしても立地がここでなければならない理由があったのだと思われる。とにかく、ここの「青ノ山」は、まさしく「墓の山」であった。

•大阪府藤井寺市青山の青山古墳群

青山二丁目に、全長七三メートルの帆立貝式前方後円墳、青山古墳がある。このすぐ南隣で五基、東側で一基の古墳が確認されており、合わせて青山古墳群と呼ばれている。

ここから一キロばかり北東には応神天皇陵とされる巨大古墳が、その方向へさらに三〇〇メートルくらいのところに全長二二五メートルの前方後円墳、墓山古墳がある。ほかにも、一帯には古墳が多く、その中に青山の地名があったとしても、これをそう重視することには問題があるかもしれない。ほかの古墳所在地に、なぜアオの付く地名が見られないのかという疑問が残るともいえるからである。

ただ、青山古墳には「青塚古墳」の別称があり、この事実は青が葬地を指すとの前提に立てば、すっきりと理解できることになる。

•愛知県西春日井郡豊山町《とよやま》青山の稲荷古墳

青山字北浦の日吉神社境内に稲荷古墳があった。そのすぐ南に大山の小字があるが、オオヤマはアオヤマの訛りかもしれない。このあたりは、べったりした平野で、少なくとも現状によるかぎり山といえる高みさえないからである。

ついでながら、稲荷古墳から南東へ二キロほど、同町豊場《とよば》字青塚屋敷には青山古墳とは別に青塚古墳が、いまはそっくり富士神社となって残っている。

・茨城県東茨城郡城里《しろさと》町上青山の上青山古墳群

城里町役場の二キロばかり西に鎮座する延喜式内社、青山神社の境内と、その周辺に四十数基の円墳からなる上青山古墳群がある。

同神社は、一〇世紀前半成立の『延喜式』神名帳に載っていることから考えて、少なくとも一一〇〇年くらい前すでに、ここらあたりを「青山」と呼んでいたことがわかる。そうして、そこにまとまった数の古墳が存在していることになる。

ここから北へ最短で五〇〇メートル前後の雑木林の中には、春園古墳群（一五基）があった。また、神社の一キロほど東の石塚にも三基の古墳があったが、ほかに一帯では古墳は全く確認されていない。すなわち、青山神社の近辺は、この地方の古墳集中地域だった可能性が高い。青山の地名と墓地とが結びつくことを示す有力な事例の一つだといってよいだろう。

・宮城県大崎市三本木坂本字青山の青山横穴墓群

東北自動車道三本木PAの北西一・五キロくらいの南北に細長い丘陵上に、九基の横穴からなる青山横穴墓群がある。

この丘陵は、真ん中あたりが国道4号のバイパス敷設のため削り取られており、もとはもっと多くの横穴があったかもしれない。だが、とにかく青山という名の付いた丘に、ややまとまった古代の墓があったのである。

ただし、この一帯で横穴墓が確認されているのは、青山だけではない。一キロほど東の同市三本木蟻《あり》ケ袋《ふくろ》字山畑の横穴墓群には二六基、その南隣の蟻ケ袋字混内山《こんないさん》の混内山横穴墓群には一一基の横穴があったことがわかっている。ほかにも近くに横穴があったことが知られており、東西一キロ、南北五〇〇メートル前後にわたる地域に墓が集中していたのである。それでいて、いま青山の地名が付いているのは、ほんの一部にすぎない。

これでは、青山と墓地がぴったり重なっているとはいえないことになる。その理由として、かつては墓が散在する広い山地全体を「青山」と称していたが、のちに指す範囲が狭くなったということはあり得る。地名は拡大することもあれば、逆に縮小する場合も珍しくないからである。しかし、ここで地名の縮小が起きたかどうかはわからず、起きていたとしても証明する方法がない。

右に挙げた五例では証拠として十分ではないが、青山の地名が青木などにくらべて格段に少ないことを考えれば、アオとは葬地を指すとの理解をいちおうは裏づけているとしてよいのではないか。

6 「青山」余談

全国でもっとも知られた青山地名は、東京都港区の青山（現今の住居表示上は南青山と北青山となっている）かもしれない。

現南青山の青山墓地（正式名称は青山霊園）には、多数の著名人が葬られている。青山と墓地と聞いて、まずここを思い浮かべる人も多いことだろう。この青山も葬送の地に付いた地名だろうか。

ここに墓地が開設されたのは明治五年（一八七二）のことで、ごく新しい。したがって、いまの墓地によって付いたのでないことは、はっきりしている。地名の由来について、最有力の説は天正十八年（一五九〇）、江戸へ入部直後の徳川家康が譜代の家臣、青山忠成に現青山を含む広大な土地を与えたことから、のちその一角を青山の名で呼ぶようになったとするものである。

だが、すんなりそうともいえない事実も指摘できる。やはり家康の重臣であった内藤清成の日記とされる『天正日記』に、青山氏の土地拝領前に青山の地名が存在した旨の記述が見えるからである。

ただし、『天正日記』は偽書だとする説があり、全幅の信頼はおけない。

ところが、これから全く離れても、なお気になることがある。吉田東伍『大日本地名辞書』（初版は一九〇〇―一九〇七年）の「青山練兵場」の項で次のように述べられている。

「昔この権太原《ごんたがはら》（青山墓地に近かった＝引用者）の西に、六道《ろくどう》の辻と字《あざな》する町ありて六条の巷路此《ここ》に分れたり、今は悉皆《しつかい》掃除せられて、一面の平原となりぬ」

吉田は「六道の辻」を六本の道が交差するところとしているが、六道の辻は通常は墓所を指す言葉である。京都の有名な葬地「鳥辺野《とりべの》」の近くには「六道の辻」と呼ばれる場所があった。

さらに、六本もの道が合する町場が、ことごとく取り払われて一望の「平原」になったりすることが、本当に起きたのかという疑問も残る。

一般に、墓地は用地があるからといって、どこにでも設けられるものではない。地形・地勢上また信仰上から、それなりの理由がある立地がえらばれるのが通例であろう。青山にも、明治になって霊園ができる前から古い墓地があり、それによって地名が生まれていた可能性もあるかもしれない。もし、そのとおりだとすれば、一六世紀末、青山の姓を名乗る人物が青山の地を拝領したのは、偶然にすぎなかったことになる。ただし、家康が遊び心で青山忠成に青山を与えたのかもしれず、あるいは青山氏の拝領地とここことは関係がなく、地名を同氏と結びつけたのは、ただの伝説だったこともあり得るのではないか。

7　岩手県花巻市大迫《おおはさま》町のアバクチ洞穴遺跡

洞窟内に遺体を置く、すなわち洞窟を墓地とした例は、すこぶる多い。これまでに紹介してきた古墳時代の横穴墓も、その一種だといえる。横穴は人工の洞穴だが、それ以前の葬送では自然のものを利用することが普通だったようである。洞窟葬については、本章末のコラム②で改めて取上げることにしたい。

東北新幹線の新花巻駅から東北東へ一五キロほど、岩手県花巻市大迫町外川目《そとかわめ》字大倉掛は、北上川水系稗貫《ひえぬき》川の支流、八木巻川沿いに位置する山間地である。ここの八木巻川の右岸（北岸）に、アバクチ洞穴遺跡が残っている。洞穴は、道路より五メートル余り高い山腹に開いており、入り口は横に細長く、ごく大ざっぱな概数で幅二〇メートル、高さ二メートル、奥行きは一〇メートルくらいであろう。

平成七年（一九九五）から同十二年にかけて、東北大学と慶應義塾大学が共同で発掘調査を行った結果、性別は不明ながら三―四歳と推定される幼児のほぼ完全な全身骨が発見された。遺骨は、膝を折り曲げた屈葬の形であったため、その葬法が広く見られた縄文時代のものではないかと初めは考えられたが、詳しく調べたところ歯や頭骨の特徴によって弥生系（渡来系）の可能性が高いとされている。

弥生人骨は、その前の時代の縄文人骨より残存数がはるかに少ない。縄文時代は盛んに貝塚が形成され、そこに埋葬された人骨は、貝殻のカルシウム分で骨の酸性化つまり溶解が起きにくいのに、弥生遺跡には、そのような条件がとぼしいからである。

ところが、アバクチ洞穴のあたりは石灰岩質で、土壌のアルカリ性が強く、そのため人骨が、ほとんどそっくり残ったらしい。この幼児は東北地方で発掘された初の弥生人の全身骨になるという。遺体は貝珠《かいだま》（貝製のブレスレット）を付けていたこと、屈葬の姿勢であったことから、埋葬されたものに、まず間違いあるまい。また、この洞穴からは一二体分を超すクマの骨も検出されている。何らかの祭祀の場を兼ねていたと思われる。

人骨はほかには出土していないが、これはもとからなかったというより、消失したのかもしれない。

それが証明できない点に多少の問題があるものの、洞穴が弥生時代の墓地だったことは、ほぼ確実としてよいのではないか。

注意すべきは、いつとも知れないころから、この穴を「アバクチ」と呼んでいることである。いったい、アバクチとは何のことだろうか。クチは漢字で書けば「口」の意に違いない。外に向かって口を開けているから、そう言いはじめたのである。

問題はアバである。わたしは、このアバはアオと同語源の言葉だと思う。これを理解していただくには、日本語の音韻について少し説明しておく必要がある。

いま、青はふつうアオと表記している。これが歴史的仮名遣い（古文献を規準にした仮名表記）ではアヲであった。現代人は、もうア行のオとワ行のヲを区別しなくなった、というよりできなくなっている。しかし、平安時代ごろまでは明確に使い分けていて、ヲは「ウォ」といった感じの音であった。

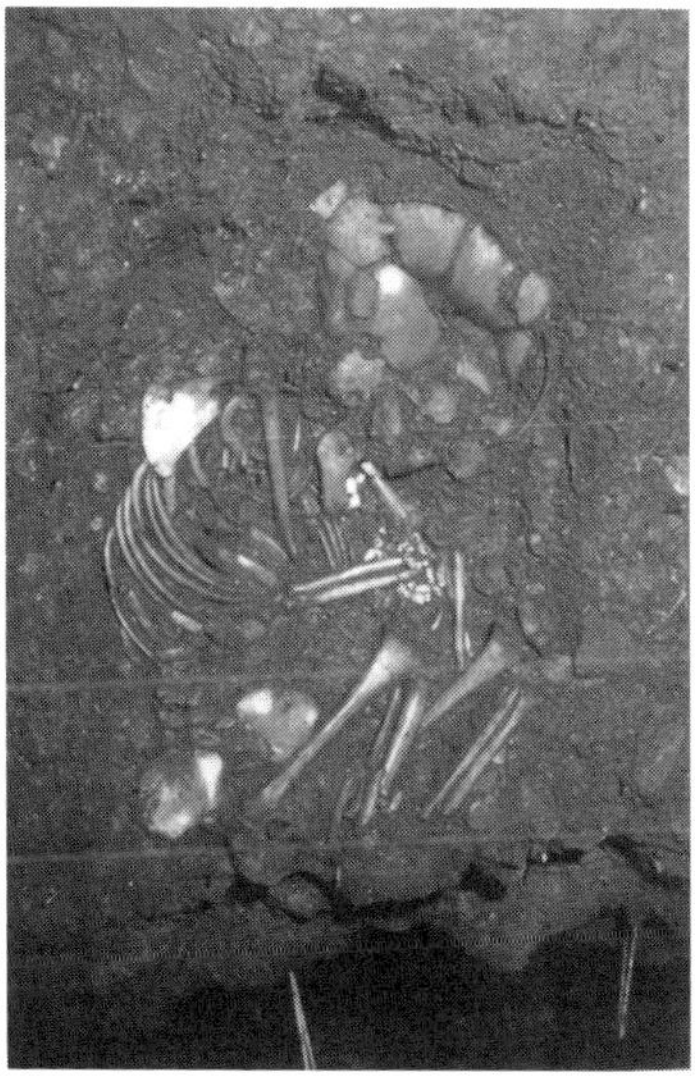

岩手県花巻市大迫町のアバクチ洞穴で発見された幼児の全身骨。弥生人の特徴をそなえていた。

そうして、その前にはアヲはアフォと発音していた。アフォがアフに変化したのである。このファ行（現今のハ行）の音をワ行の音で発音するようになった現象を「ファ（ハ）行転呼」と称している。今日でも、

「わたしは近く北海道へ行く予定です」

の「は」をワ、「へ」をエと発音しているのは、その名残りである。

アフォは奈良時代以前には、アポであっ

た可能性が高いとされている。

　右を要するに、青の音はアポ→アフォ→アヲ→アオと変化してきたことになる。

　一方、アバの第二音節は濁音になっているが、日本語では清音と濁音の差は決定的ではない。いや、むしろいたって融通無碍であり、例えば「高橋」は地方によってタカハシともタカバシとも、「大島」はオオシマともオオジマともいっている。とすれば、アバとアハとは同じ言葉だと考えても、とくに不自然ではあるまい。

　日本語には元来はハ行の子音はなく、もとからあったファ行の音をハ行で発音するようになったのは、室町から江戸時代にかけてのことだったらしい。だいぶんややこしい話になったが、青の以前の音はアフォで、アハ（アバ）はアファであった。つまり、両語は第二音節の母音が違っているにすぎない。

　日本語には母音が揺れる現象が普遍的に見られ、それを母音交替と呼んでいる。これを意図的に行い、それによって重要な共通点を残しながら意味を少し変えることもあれば、単に言葉が訛ってそうなるだけのこともある。

　前者の例として、

- ヒジ（肘）とヒザ（膝）、イシ（石）とイソ（磯）、ウナギとアナゴ、クロ（黒）とクラ（暗）とクレ（暮）

などを、後者の例として、

- ハゼとハジ（ともにウルシ科の落葉樹）、ハケとハキ（二つとも崖の意）、フトコロとフツクロ（いずれも懐のこと）

などを挙げることができる。

今日でこそ、アオとアバとは全くの別語のような感じを受けるが、もとはアフォとアファであり、母音が交替しているだけである。そうだとすれば、青とアハ（アバ）は同語か、少なくとも語源が同じだといっても、付会ということにはなるまい。

そこで、次にはアハ（アバ）の語と古代の葬地との関係を取上げてみたい。

8　言語資料に現れるアバ

八世紀後半に成立した『万葉集』の第七巻の挽歌に次の歌が見える。

鏡なす　わが見し君を　阿婆《あば》の野の　花橘《はなたちばな》の　珠《たま》に拾《ひり》ひつ　（1404番）

周知のように、『万葉集』はすべて漢字で書かれている。それをどう読むかは研究者によって異なることがあり、右は「日本古典文学体系」（一九五九年、岩波書店）版にしたがったものである。同版は、その大意を、

「鏡のようにいつも見ていたあなたなのに、今日は、阿婆の野の、花橘の珠として（火葬したあなたのお骨を）拾いました」

としている。

この歌に対しては、右と大きく違った解釈はないようである。要するに、夫なり恋人なりを亡くした女性が、いつも鏡のように輝かしいと感じていたあなたが今日は骨になってしまったという悲痛の思いを詠んだ挽歌（人の死を悼む歌）であろう。

女性は、その骨を花橘の珠のごとくいとおしみながら拾ったとうたったのである。タチバナは年中、濃い緑の葉を茂らせており、ほとんどの植物が枯れたような姿になってしまう冬に直径三センチほどの黄金色の実をつける。そのため強い生命力をもつと信じられ、実は紐でつないで邪気をはらう飾り

としていた。それが「花橘の珠」である。

そのあたりのことはともかく、女性が骨を拾った火葬の場が「阿婆の野」と呼ばれていたことがわかる。そこは、おそらく現在の奈良市のどこかだったと思われるが、どの解説書も詳しくは不詳としている。

阿婆の野は、すでに地名になっていたらしいが、たとえそうであっても、もとは普通名詞だったに違いない。すなわち、葬送の地をアバと称していた実例の一つになる。

次は方言の話である。

橋口満著『鹿児島県方言大辞典』(高城書房)には、

「アバ　唖者《あしゃ》、おし、口がきけない人」

とあり、黒木弥千代著『かごしまの方言集』(春苑堂書店)には、

「アバ　唖《おし》、聾者《ろうしゃ》」

と見えている。

同県のほかの方言集にも「アバ」が立項され、いずれも「唖者」の意だとしている。

死者は、もちろん口をきかない。その点では唖者に近い。この方言は、もとは葬地を指していたのではないか。それが葬地→死者→唖者と意味がずれてきた可能性は十分にあると思う。

人と別れるときに使う「アバよ」も、考えてみれば妙な言葉である。これは、いまではかなりぞんざいな言い方になっているが、元来は死者に対するお別れの表現だったのかもしれない。

証明がむつかしいが、方言や俗語の中には、とんでもないほど古い語の名残りをとどめていることが、ときどきあるらしい。

わたしは十代の終わりまで高知市に住んでいた。そこでは、子供でも日常的にモガル、モガリとい

う言葉を使っていた。モガルとは「しぶとく粘る」ことであり、モガリは、そういう性向の強い人間のことである。いずれにも、かなり強い否定・非難のニュアンスがこもっていて、「そんなにモガルなよ」

といえば、「いいかげんで非を認めて自説を撤回したらどうか」といったほどの意味になる。

この語のよってきたるところは、前章末のコラム①で取上げた葬送儀礼のモガリにあるのではないかと、わたしは考えている。このモガルは、なかなか白骨化せず、いつまでも腐臭を発しつづける死体の状態を暗示しているような感じがする。「そんなにモガルなよ」には、まわりで辟易している者たちの困惑と嘆息がこめられている気がするのである。モガリは、とくに死者との縁が深くない人びとにとっては、迷惑で難儀な儀式だったのではないか。

『広辞苑』の「もがる」の項には、「やきもきする」「言い分をこしらえてゆする」の解説が見えるが、これも結局は土佐方言のモガルと根は一つであろう。

9　埼玉県神川町の阿保（あぼ）

埼玉県の北西端、神流川《かんな》をはさんで群馬県に接する児玉郡神川町には、二八〇基ほどの古墳からなる青柳古墳群がある。

この青柳は、本書でいうアオ地名ではない。古墳群が点在する旧青柳村は明治二十二年（一八八九）、五ヵ村が合併して成立した際、全く新しく採用された村名だからである。しかし、これとは別にアオ地名の可能性が高い地名が存在する。神川町内の大字元阿保《もとあぼ》である。

ここには青柳古墳群の元阿保支群があり、すでに消滅したものを含めて二六基以上の古墳があった。元とは「古い」「本来の」の意で、ここが阿保という地名が起こった場所であることを指していると思われる。地内に、阿保を名字の地とした阿保氏の館跡が残っているほか、そばに阿保神社があることが、それを裏づけている。ちなみに、阿保氏は武蔵七党の丹党《たんとう》に属する豪族で、鎌倉幕府の有力御家人であった。

アボは前述のアバの母音が交替しただけの言葉だとみることもできれば、またアオ（アホ、アフォ）が訛ったのだとも考えうる。どちらにしても結局は同じことだが、ここの場合、古くは「青」と表記していたらしい証拠がある。

『延喜式』は延喜五年（九〇五）、醍醐天皇の命によって編纂が始まり、二二年余りのちに完成した一種の法典、制度集である。そこには「神名帳《じんみょう》」なるものが含まれ、三一三二座（大が四九二、小が二六四〇）の神社が記載されている。その神社を式内社と呼び、それらは少なくとも一一〇〇年の歴史をもつことになるから、いわば神社の格としてとらえられることが多い。ただ、それが現今のどの神社に当たるのか、しばしば決しがたいこともあって、式内社論争が起きることも珍しくない。

「神名帳」の武蔵国賀美郡《かみ》には、四座の式内社（いずれも小）が載っている。賀美郡は現在の児玉郡上里町《かみさと》の全部と同神川町の北東側半分ばかりを郡域としていた。要するに、青柳古墳群は旧賀美郡に位置しているのである。その郡内の四座の名は、

- 長幡部《ながはたべ》神社
- 今城《いまき》青八坂《あおや》稲実《さかいなみ》神社
- 今木青坂稲実荒御魂《あらみたま》神社
- 今城青坂稲実池上神社

である。

このうち、長幡部神社が現在の上里町長浜の同名社に当たることについては異論がない。しかし、

埼玉県神川町中新里（なかにいさと）の諏訪山古墳。280 基ほどからなる青柳古墳群のうちの 1 基である。

あとの三座には比定社が五つも六つもあって、どれが式内か決定が困難である。ただし、いま本書が扱っている問題を考えるうえで、その辺は必ずしも重要な意味をもつわけではない。

長幡部以外の三社には、一見してすぐ気づく名義上の特徴がある。いずれにも、イマキアオサカ（アオヤサカ）イナミが付いていることである。うち一社の「荒御魂」は、のちの八幡神社に対する若宮、熊野神社に対する王子のように、いわゆる子神《こがみ》の観念を反映したものかもしれない。その場合は、右の共通名だけの神社（列挙した二番目）が親神《おやがみ》すなわち「和御魂《にぎみたま》」と考えられていたのではないか。池上神社は摂社（有力な末社）のようなものだった可能性がある。

いずれであれ、三社の祭神の性格は共通名によって表現されているのであろう。その後半の「稲実」は、農耕の神の意に違いない。それでは、イマキアオサカとは何か。

「イマキ」の語は『日本書紀』などにも見える。例えば「今来《いまき》の才伎《てひと》」といえば、朝鮮半島などから「新たに渡来した技術者」のことである。つまり、「今来」は「近ごろ来た」を指す言葉ということになる。だが、それが神社名に付くとなると、意味がとれない。

わたしは、このイマキは「新たなキ」の義ではないかと思う。キとは、既述のアオキやオクツキのキで、要するに「墓域」のことである。アオサカのアオは、本書が仮定している葬地だと考えることができる。

一方、サカとは死後の世界と、この世との境のことではないか。坂はいまでは、もっぱら傾斜した道や傾斜面にのみ使われる語だが、もとは境を指していた。山は死者が行く場所であり、里とのあいだが元来のサカであった。そこは坂になっているので、のちに意味の転化が起きたのである。

ヤサカのヤは、イヤのつづまった語ではないかと考えられる。イヤが葬地を指すことは、香川県の西部などでは、いまも人が死ぬことを、

「イヤダニ（漢字では祖谷《いやだに》と書くことが多い）へ参る」

と言っていることからもうかがえる。

また、本間雅彦『縄文の地名を探る』（二〇〇〇年、高志書院）には、

「佐渡（新潟県佐渡島のこと＝引用者）方言では、『いやヶ沢』は『ヤンソウ』の訛音として、村によっては今日でも古い墓地の名で通用しています」（一四二ページ）

と述べられている。

香川県西部や新潟県佐渡島などには、葬地を意味する「イヤ」という言葉が方言として残っているのである。すなわち、イマキアオサカ（アオヤサカ）は「新墓地」のことになる。

この解釈が誤っているとしても、埼玉県神川町元阿保のあたりで、アオとアボと、かなり大規模な

古墳群が重なり合っていることに変わりはない。

＊

コラム②　洞窟葬と根の国

●「夢に見れば死ぬ」黄泉《よみ》の穴

八世紀に成立した『出雲国風土記』の出雲郡の項には、「脳の磯《なづき》」の西方にあった「窟戸《いわやど》」のことが見えている。そこは次のようなところだった。

「高さと広さがそれぞれ六尺（およそ一・八メートル）ばかりで、その窟の内にさらに穴がある。人は入ることができない。奥がどれくらい深いかわからず、もし夢で窟のあたりへ行けば必ず死ぬ。それで住民は昔から、そこを黄泉の坂・黄泉の穴と名づけていた」（引用者の理解にしたがって現代語に訳してある）

脳の磯は、現島根県出雲市猪目《いのめ》町の海岸に比定するのが、ほぼ通説となっている。

夢は古語で「いめ」といい、「寝《い》の目」の意だと考えられるが、これは現在の地名の「猪目」によく対応している。『風土記』の夢にうんぬんは、おそらくこの地名によって生まれた俗信を伝えたものであろう。猪目は当時、井呑《いのみ》と表記されていた。イノミなる地名の由来は、はっきりしない。あるいは、伝説にもとづいて付いたということもあり得るのではないか。

猪目の西の海べりには実際に岩屋があり、その奥は深い洞窟になっている。ただし、岩屋の大きさは『風土記』が述べるように、高さ幅とも六尺どころではない。それぞれ、その十数倍はある。六尺は六丈の誤記か、編者の誤聞の可能性がある。

八世紀に「黄泉の穴」と呼ばれていた猪目の岩屋からは、第二次大戦後の発掘調査で一三体の埋葬人骨が発見されている。縄文時代には生活の場として利用され、そのあと弥生から古墳時代には葬所になっていたらしい。昭和三十二年（一九五七）、国はここを「猪目洞窟遺跡」の名で史跡に指定している。

一三体の中には、「南海産ゴホウラ貝製の腕輪をはめた弥生時代の人骨」「舟材を用いた木棺墓に葬られた古墳時代の人骨」が含まれていた。

発掘で猪目洞窟が墓所であったことが明らかになったわけだが、一三〇〇年前の人びとは、その事実を知っていたと思われる。だからこそ、夢に見れば死ぬと語り伝えてきたのであろう。

洞窟を墓所にしていた例は、縄文から弥生にかけてのころには、いくらでもあった。その風習は地方によっては二〇世紀に及んでおり、とくに沖縄の洞窟葬はよく知られている。そこでは、遺体を白骨化させたあと、きれいに洗った髑髏《どくろ》を特定の洞窟内に整然と並べる葬送が、かなり広い範囲で行われていたのである。

洞窟葬が遅くまで残っていたのは、沖縄にかぎらなかった。次は山陰における、その名残りだといえる。

●蜘戸《くもど》の岩屋

猪目洞窟から東へ五〇キロ余り、同じ島根県の松江市美保関町雲津《くもづ》は、島根半島の東端近くに位置して日本海に臨んでいる。

集落の北端の海べりに、高速道路のトンネルくらいの大きさの岩陰があり、それを土地の人びとは「蜘戸の岩屋」と呼んでいる。雲津は、『出雲国風土記』島根郡の項に出てくる「久毛等《くもと》の浦」に比定されており、「クモヅ」「クモド」「クモト」は、みな同じであろう。

平成二十一年（二〇〇九）の春、わたしが別の取材でここを訪ねた折り、たまたま出会った地元住民の舛岡安登《ますおかやすのり》さん（一九二八年生まれ）から、この岩屋で現在も行われている珍しい葬送儀礼のことを教えられた。

舛岡さんは、その話をしながら、わたしを岩屋へ案内してくれたが、岩陰の壁に数十枚の布製のお札が貼り付けてあった。どれも長さ一五センチ、幅三センチほどの大きさで、そこに墨で「南無阿弥陀仏」と書かれていた。

これらの六字名号《みようごう》の札を付けたのは雲津の住民ではない。半島の南側、美保湾に面した美保神社周辺（関と通称されている）で死者が出た家の人びとや親族らが葬式のあと、ここへ車でやってきて足の達者な何人かが、浜より一〇メートルばかり高い岩屋へ登って貼ったのである。

島根県松江市雲津の蜘戸の岩屋と、そこの壁に貼られた「南無阿弥陀仏」の名号札

これが、かつての洞窟葬の名残り、代替行為にほかならないことは、まず疑いあるまい。ここには、そう遠くないころまで、遺体または遺骨を葬っていたのではないか。そのような葬送が廃されてのち、名号札の貼付《ちようふ》でその代わりとする簡略化に移ったのだと思う。

もし、実際の洞窟葬の廃止が何百年も前であったとしたら、岩屋を儀礼の場として葬礼の度ごとに遺族らが、ここを訪れる習俗が今日までつづくことはなかったのではないか。その前に葬地であることが忘却される方が自然だからである。

●記紀に見える死後の世界

『古事記』（七一二年）や『日本書紀』（七二〇年）では、人が死んだあとにゆく世界のことを「根の国」「根の堅州国《かたす》」「底根の国《そこつね》」「黄泉の国《よみ》」「常世の国《とこよ》」などと表現している。

これらのうち、とくに初めの三つには「地下の世界」の意味が込められているようである。それは、洞窟葬と深く結びついていると思われる。イザナギの妻イザナミが死んだあと、イザナギが妻を追って黄泉の国へ行った折りのエピソードなども洞窟葬を前提にしていることは、まず間違いあるまい。

『古事記』によると、イザナミは火の神カグツチを産んだため陰《ほと》（女陰）が焼けて死んでしまう。イザナギは妻のことが忘れられず、これを黄泉の国へ追っていく。イザナミに会えて葦原《あしはら》の国（生者の世界）へ帰ってほしいと頼むと、妻は黄泉神《よもつかみ》に相談してみるからしばらく待ってもらいたい、そのあいだ自分を見ようとしてはいけないと言いおいて「殿の内」へ戻った。だが、いつまでたっても現れない。イザナギは我慢しきれず、髪に差していた櫛の歯を一本折り、それに火をともしてのぞくと妻の体には蛆《うじ》がたかって、あちこちに合わせて八柱の雷《いかづち》の神が生じていた。

イザナギは妻の変わりはてた姿に恐れをなして、葦原の中《なかつ》国へ逃げ帰ろうとする。イザナミは、

「わたしに辱《はじ》をあたえた」

と言って、「黄泉醜女《よもつしこめ》」「黄泉軍《よもついくさ》」を遣わせて夫を追わせる。

イザナギは何とか生者の世界へたどり着くが、それまでに「黄泉比良坂《よもつひらさか》」と「阿波岐原《あわきはら》」を通ったとされている。

全体として、この逸話の舞台は大きな洞穴に設定されている印象が強い。そうして、モガリが物語の柱にすえられていることは明らかである。

既述のように、モガリは遺体を白骨化させる儀式だから、途中で肉体の腐敗が進行する。初めは皮膚が黒ずみ、すさまじい臭気を発し、ほどなく体に蛆（うんと短いミミズのような白い虫）がわいてくる。そのころには見るのも恐ろしく、においをかぐのも耐えがたい状態になっている。イザナギは、そのときのイザナミを目撃したのである。

もし、これが実際の葬送儀礼を忠実に踏まえたものだとしたら、洞窟葬というより洞窟内のモガリを想起する方が適切かもしれない。わたしは、それに当たる実例を挙げることができないが、行われていた可能性は十分にあると思う。

なお、右の「阿波岐原」については、のちに改めて取上げたい（第三章9節）。

第三章　青島を訪ねて

1　海上の青島と内陸の青島

本書に目を通されていて、例えば「青木」という地名は、「全国で、いったいどれくらいあるのか」

との疑問を抱かれた人は少なくあるまい。

これまで、青木と古い時代の葬地とが大なり小なり結びつく例を一〇いくつか挙げてきたが、それが単なる偶合ではないとするためには、できることなら右の問いに答えられる方が望ましい。

仮にそれが一〇〇か二〇〇ほどだとしたら、その中の一五、一六はかなり高い比率になる。遺跡は、既述のように土木工事などで、たまたま発見された場合が多く、逆にたまたま発見されていない遺跡が相当あるに違いなく、それを考えると一〇〇や二〇〇に対する一五は、とても偶然とはいえないからである。

しかし残念ながら、青木にかぎらず、特定の地名が全部でいくつくらいあるのかは、だれにもわからない。大字（基本的に幕末の村の名を踏襲している）なら数えることも可能だが、小字や、それより下位の地名単位は数えようがないからである。そもそも、その全体は把握さえされていない。というより、地名とりわけ小地名は、もともとそのような性格のものである。

ただ、青木については少なくとも数百、小字以下の地名まで含めれば、おそらく数千になるのではないか。これは、あくまでわたしの推測で、その証拠を示すことはできない。いずれであれ、分母を確定しえないので、青木の地名と葬地とが重なり合う比率は計算できないことになる。

ところが、これが「青島」だと、事情がだいぶん違う。青島は地名というより島の名であり、そうやたらにあるわけではない。わたしがこれまでに気づいたかぎりでは、二九ヵ所になる。

これらには、東京都八丈島南方の青ヶ島や、北海道石狩市厚田区の日本海に面した青島などは含めていない。前者は気になる島名ではあるが、いまは分母をさだめるために除いておいた。後者はアイヌ語アオシュマの音訳らしく、本書でいうアオ地名には当たらないと思われるからである。

二九ヵ所のうち一六ヵ所は海上に浮かぶ島であり、一三ヵ所は内陸部に所在する。内陸は湖中の島か、もとは川の中洲であったと考えられるところが多い。第一章で紹介した、
・宮城県登米《とめ》市南方《みなみかた》町青島屋敷
は、北上川の支流・迫《はさま》川の氾濫原に浮かぶ島であったが、いまではただの地名のようになっている。

本書では右のうち、海上の青島一六ヵ所のみを取上げることにしたい。内陸の島は、しばしば地形が大きく変化して、その範囲もぼやけているのに対し、海上の島は古来、姿をほとんど変えておらず、境界もはっきりしており、その特徴をつかみやすいからである。それに、内陸の青島の中で最重要の登米市の青島については、すでに言及ずみだということもある。

2　海の青島のリスト

話を、それぞれの青島に移す前に、まず一六ヵ所のリストを掲げておきたい。付け加えてある数値

は初めの方が周囲の長さ、そのあとが陸または近くのもっと大きな島からの距離である。ただし、それは大ざっぱなもので、かなりの誤差を含んでいる。

これを付したのは、青島という名の島は、ごく一部を除いて、どれも小さく、かつ地先に位置していることをわかっていただくためである。卑見では、それは青島のもつ重要な特徴で、古代人の聖地や葬送の地に対する観念と深くかかわっている。これについては、改めて後述することにしたい。

①岩手県大船渡市赤崎町の青島　周囲一〇〇メートル未満、対岸から五〇メートル。
②宮城県本吉郡南三陸町戸倉の青島（椿島とも）　一キロ、六〇〇メートル。
③宮城県塩竈市浦戸寒風沢《さぶさわ》の青島　五〇〇メートル、二〇〇メートル未満。
④新潟県佐渡市米郷《よなごう》の青島　三〇〇メートル、四〇〇メートルたらず。
⑤石川県鳳珠《ほうす》郡穴水町志《し》ヶ浦《うら》の青島　五〇〇メートル、一五〇メートル。
⑥石川県七尾市中島町の青島　二〇〇メートル未満、四〇〇メートル。
⑦福井県小浜市加斗《かど》の蒼島《あおしま》　六〇〇メートル、一キロたらず。
⑧京都府与謝郡伊根町亀島の青島　一キロ、一〇〇メートル余り。
⑨島根県松江市美保関町雲津《くもづ》の青島　三〇〇メートル、二〇メートル。
⑩島根県松江市美保関町七類《しちるい》字惣津《そうづ》の青島　六〇〇メートル、一〇メートル未満。
⑪岡山県瀬戸内市牛窓町牛窓の青島　二キロ余り、四〇〇メートル。
⑫徳島県阿南市豊益《とよます》町の青島　一キロ余り、一・五キロ。
⑬愛媛県大洲《おおず》市長浜の青島　四キロ、一四キロ。
⑭宮崎県宮崎市青島の青島　一・五キロ、干潮時には陸地とつながる。
⑮長崎県松浦市星鹿《ほしか》町の青島　三キロ余り、一キロ。

⑯長崎県壱岐市芦辺町の青島　一・五キロ、三〇〇メートル。

3　宮崎市青島と対岸の古墳群

宮崎市の青島。典型的な地先の小島である。「青島歴史文化の里」の展示写真より。

日南海岸の地先に位置する宮崎市の青島（リストの⑭）は、よく知られた観光地である。昔から干潮時には浜と地つづきになったが、いまでは橋がかかっていつでも歩いて渡れる。この島は、いろいろの点で、各地の青島にしばしば見られる特異な性格を典型的にそなえている。

　島の中央の青島神社には、末社の一つの御祖《みおや》神社があり、氏子すなわち近隣住民の祖霊および戦病死者の霊が祀られている。つまり、墓地の島だといえるのである。これが特徴の一つ目になる。

　ただし、そこは久しい以前から、すでに現実の葬送の場ではなかった。観念的な「墓の島」であった。そうして、いつのころからか、ことのほか穢れを嫌っている。牛馬の渡島さえ厳禁されていたのである。すなわち、聖なる島であった。

墓の島であったことと、のちに神聖視されるようになったこととは、決して矛盾しない。葬地は祖先の魂が常世《とこよ》（死後の世界、神の国）へ旅立っていったところだから、ときをへて聖地に転化した例は、いくらでもあった。死を穢れとする考え方は中古以来のもので、縄文時代や弥生時代には全くなかったと思う。

神聖視は当然、立ち入りの制限、禁止をもたらす。その結果、植生が原始のまま保護されることになる。ここが「青島亜熱帯性植物群落」として国の特別天然記念物に指定されているのは、そのためであろう。

はるか遠海ならともかく、すぐ地先にありながら、濃密な原生林を残している、これが二つ目の特徴である。

ところで、青島はいつ聖地に変わったのだろうか。むろん、たしかなことはわからないが、想像のよすがはある。この島の対岸、近辺ではもっとも青島を望むのに適した標高九――一〇メートルの丘に円墳五基からなる青島古墳群があった。四基はほぼ消滅し、やや保存状態のよい一基が「青島歴史文化の広場」という公園の一角に、わずかに姿をとどめている。それは石室の一部で、そういわれなければ気づかないほど傷みが激しい。

しかし、とにかく青島を遥拝する位置に、古墳が築造された事実は確認できる。これはおそらく、葬所が聖地に転化したあと、そこを伏し拝める場所に新たな墓地を設けた結果ではないか。こういえば、飛躍だとされる向きも少なくあるまい。だが、青島という名の島の対岸に古墳がある例は、偶然とは考えにくいくらい多い。これが特徴の三つ目である。

前記のように、この青島は周囲がわずか一・五キロしかない。対岸までは一五〇メートルほどである。「地先の小島」これが四つ目と五つ目になる。

なお、青島は古くは淡島ともいった。ここで、アオ（アフォ）とアワ（アファ）が重なっているのである。これについては、のちに取上げるつもりである（本章8節）。

4　舟屋《ふなや》の里の墓の島

丹後半島は京都府の最北部にあって日本海へ突き出している。急崖つづきの半島東海岸の中ほどで、馬蹄形の小さな湾が南へ向かって口をあけている。

与謝《よさ》郡の伊根は、その湾沿いに並ぶ漁村の総称であり、「舟屋の里」として知られている。舟屋とは、海ぎわに建つ二階家の一階部分が「駐船場」になっている家屋のことで、伊根にはざっと二三〇軒が現存する。

湾口の半分ばかりは青島（リストの⑧）によってふさがれている。だから伊根湾は、地形的には湖に近い。日本海に面していながら、いつも波静かなのは、そのためである。

青島は現在は二つの島のようになっているが、これは戦後、二つの山のあいだの低いところを重機で掘り下げて水を引き入れ、いっときハマチなどの養殖場にしていたからである。そこは、もとは平坦な小石まじりの砂浜であった。

青島は、いつとも知れないころから伊根の住民たちの葬場であり、墓地であった。葬場といっても、べつに何かの施設があったわけではない。右の砂浜に浅い穴が掘られていただけである。そこに薪《たきぎ》を積んで棺を置き荼毘《だび》に付す。要するに、野天の火葬場である。

この方式の葬法を行っていたのは、伊根湾沿いの漁民だけであった。つまり、舟屋を構えていた人びとだといえる。内陸部の住民は、みな土葬であった。

島での葬送には、古い時代の習俗の跡がはっきりと残っていた。このあたりの漁船には二つの種類があった。トモブトとチョロである。トモブトは名前のとおり艫《とも》（船尾）の幅が広く、船首が尖った、やや大きな舟である。数人が乗れる。チョロはもっと小さく、よく公園に浮かんでいるボートほどしかない。

もと伊根町教育長の石野渡さん（一九四七年生まれ）によると、

「遺体はトモブト二艘をロープできっちりとつないだ上に乗せ、青島へ運んでいくことになっていた」

という。

京都府伊根町の伊根湾沿いに並ぶ舟屋

トモブトには棺の一つくらい十分に乗せることができるのに、わざわざ二艘をつないでいたのである。この風習の起源は遠く、かつ深い。訃報の伝達や葬儀の準備は、もとは必ず二人が一組で行う習俗が全国的に見られ、それを「二人使い」などと呼んでいた。舟二艘は、それに通じる習慣だと思われ、例えば、愛知県津島市の東海地方きっての盛大な祭礼「津島祭」が終わってから行われていた「御葭《みよし》流し」の神事にもあった。

これは深夜、櫓舟二艘に、祭神牛頭《ごず》天王の神体とされるヨシの束を積み込んで天王川を下っていき、所定の場所に着くと舟を横に並べる。そうして、並べた舟の舳先《へさき》に竹を渡して、その上に御葭の束を積み上げる。祈禱のあと舟を左右に漕ぎ

伊根の青島。いまは二つに分かれたようになっている島のあいだの砂浜に、野天の火葬場があった。

分けて、あいだの御葭を水中に落下させると、一同は後ろを振り返らず漕ぎ帰ってくるのである。これが古い時代の水葬の名残りであることは、まず間違いあるまい。

伊根に話をもどすと、青島で遺体を焼却していたのは、二〇世紀の前半ごろにかぎっていえば、伊根に住みついた他地域生まれの男性であった。

遺体は夕方、島へ運ばれ、その男性が一人で一晩かかって焼いていた。遺族は翌朝、骨をひろいに行き、遺骨は本物の蛸壺に納めて砂浜のすぐ東側の墓地に埋葬していたのである。それが、はるか昔から昭和十七年（一九四二）十月までの伊根漁民の葬儀であった。

古来のこの葬送がやんだのは、伊根の人たちの自由意志によるものではなかった。前年の十二月に太平洋戦争が始まっていたが、これに先立つ日中戦争のあいだに青島には魚雷艇の発進基地が置かれていた。戦火の拡大とともに島全体が国有化され、住民でも立入りが禁止されたためである。

青島は、そのずっと前から女人禁制の地であった。それは今日でも変わらない。島の東部の山上には蛭子《えびす》神社があるが、女性が参詣することはまずない。

平成二十二年（二〇一〇）十二月、わたしが伊根で出会った女性（一九三三年生まれ）の妹は、昭和十五年の秋に死去した。赤痢だったらしいが、まわりからは柿を食べすぎて亡くなったとうわささ

れていた。この幼い死者の遺体も、むろん青島で焼かれた。右の女性は、

「あそこは女人禁制でしたから、わたしは妹の葬式のときにも島へは行っていません。わたしは青島へは一度も渡ったことがないんです」

と話していた。

青島は伊根のほんの鼻先にありながら、もとは女性にかぎらず、男性でもめったに行かないところであった。禁足地に近かったのである。この島がスダジイなどの原生林にみっしりと覆われているのは、それゆえに違いない。

青島の対岸にも二ヵ所に古墳がある。

一ヵ所は、青島にもっとも近い亀島地区の耳鼻《にび》で、昭和六十年（一九八五）に径八メートルばかりの円墳が発見されている。所在地は標高三九メートルほどの、青島を目の前にした山の斜面である。中に箱型の石棺二基が残っていた。小字名からカルビ古墳と名づけられた。

もう一ヵ所は現在、火葬場が設けられている平田地区の大浦である。昭和五十五年に府道のバイパス工事をしていた際、径一三メートルくらいの円墳が見つかり、中尾古墳と名づけられている。ここも標高二七メートル前後の、青島を真正面に望む山腹である。

その所在地は、いまは畑になっているが、昔は鬼門の地として耕作は行わなかったといわれている。昭和の初めまでは人家もなかった。

リストにも記しておいたように、伊根の青島は周囲が一キロほど、陸地から一〇〇メートル余りしか離れていない。

要するに、ここの青島も宮崎市の青島と同じように、①葬送の地である　②手つかずの原生林が残っている　③対岸に古墳が存在する　④小島である　⑤地先に位置する——の五つの特徴をすべて

そなえていることになる。

5　徳島県阿南市のヒョウタン型の島

青島の名が葬地によって付いたとしても、そうであった形跡を今日まで残しているとはかぎらない。とくに海上の青島では、そこで行われていたのは水葬だったかもしれず、その場合は、いっそう残存の可能性は低いことになる。

先に挙げた一六ヵ所のうち、わたしがほんのわずかでも葬送とのかかわりがあるらしいと気づいたのは、上述の宮崎市と京都府伊根町の例を除けば、次の三ヵ所しかない。

- 石川県鳳珠《ほうしゆ》郡穴水町志ヶ浦の青島（リストの⑤）　昔、志賀浦村（現在の志ヶ浦）と、その東側の新崎《にいざき》村とのあいだで争いがあり、そのとき死んだ者たちの遺体を埋めたため、幽霊が出るという伝説があった。
- 島根県松江市美保関町雲津の青島（同⑨）　実は、ここから四〇〇メートルばかり西にもっと小さな小青島がある。そうして、この三〇〇メートル余り南に、前章末のコラム②で紹介した蜘戸《くもど》の岩屋が位置している。岩屋の前の海岸を、地元の人たちは「サイノカワラ」と呼んでおり、葬式のあとやってきた遺族らだけでなく、雲津の住民も盆の十七日に、ここで小石を積む習慣があった。サイノカワラ（賽の河原）は、かつての葬地に付く名である。
- 島根県松江市美保関町七類字惣津の青島（同⑩）　八世紀成立の『出雲国風土記』には、「粟島」と記されている。島には無縁墓地があって、漂着死体を葬っていた。南側の海ぎわに洞窟がある。証拠を挙げることはできないが、古い時代、この洞窟が葬所だったかもしれない。

これらと墓地との結びつきが、伊根の青島のように明瞭であれば、たとえ合わせて五ヵ所であったとしても、その比率はかなり高いとしてよいだろう。おそらく、どんな名の島をえらんでも、かつて墓地であったと推測される島が一六分の五にもなることなど決してないと思う。

しかし、穴水町の青島以下の三例については、なお疑問が残ると感じる方は少なくあるまい。今日から見て、何千年も前に葬地だったかもしれない直接的な痕跡を示すことは、そう簡単ではなく、これから先は状況証拠をさがしていくことになる。

• 徳島県阿南市豊益町の青島（リストの⑫）

も葬送の地であったとしうる。どんな事実にも、わたしは気づいていない。

この青島は淡島とも呼ばれ、現に、もっとも近くの陸地に位置する通称色見山《いろみ》（魚見山《いおみ》の訛りであろう）の北端に淡島神社がある。境内からは青島が真正面に望めることから考えて、もとは青島の遥拝所ではなかったか。

神社の沖には青島、中津島、烏帽子島、丸島の四つの小島が浮かんでいる。その中では青島がいちばん大きく、ほかとくらべて陸に近いわけでもない。つまり、先に挙げた「地先の小島」の条件には合わないのである。それなのに、どうしてそこに青島の名が付いているのだろうか。

現地に立ってすぐ思い浮かぶのは、この島の特異な形状である。典型的なヒョウタン型なのである。それは前方後円墳に似た形だともいえる。

日本独特の前方後円型の古墳は、壺の形を模倣したものだという人もいる。それを立証することも否定することも、結局はむつかしい。だれにも反論できない証拠など、見つかるはずがないからである。ただ、壺は縄文時代から棺に使われていた。とくに子供の骨を納めた例は豊富に知られている。壺をまねたとする指摘は、決して突飛なものではない。

青島は、現在の海岸からは一・五キロくらい沖に位置するが、この一帯の海沿いは古くは海であったらしい。そうだとしたら、色見山は島だったことになる。あるいは、この島ももとは、もう一つの「青島」だったのかもしれない。

淡島神社の二キロほど西に、王子山という標高三六メートル前後の丘陵があり、その山頂には円墳三基からなる王子山古墳群がある。これも青島か、淡島神社が建つ丘（もとは島で、おそらく神聖視されていた）の対岸の古墳と考えてよいのではないか。

一六ヵ所の中に、ヒョウタン型の島がもう一つある。

・長崎県松浦市星鹿町の青島（同⑮）である。

この島は、一六の青島のうちでは、愛媛県大洲市長浜町の青島（同⑬）に次いで二番目に大きい。まわりには、もっと小さな島が三つほど浮かんでいる。地先の小島ということになれば、東側の鷹島沖の魚固島《おごのしま》や、南側の星鹿半島とのあいだの松島が、その条件により適合している。

これは、阿南市の青島と同じように、葬地（のちの聖地）として「地先の小島」より、ヒョウタン型の形状を重んじた結果かもしれない。

なお、ほかの青島がすべて無人島であるか、遅くまでそうであったのに、松浦市の青島だけは有史以来、一貫して人が住み、いまも二〇〇人以上が暮らしている。島内には旧石器時代や縄文時代を含む青島遺跡や段ノ上遺跡がある。それと青島の名と

徳島県阿南市沖の青島。形がヒョウタンに似ている。

が、どのように関係するのか、しないのか全くわからない。

6　青島と古墳と原生林

新潟県佐渡島の真野湾は、島の西側で北東から南西に向かって口を開いている。真野湾は口の幅が五キロ、奥行きが七キロほどで、かなり大きい。しかし、湾内には岩礁は別にして島らしい島がない。湾の西側で南へ突き出した半島の先端、台ヶ鼻をまわりこんで一キロばかりのところに初めて島が現れる。それが、

・新潟県佐渡市米郷《よなごう》の青島（リストの④）

である。

この青島は周囲三〇〇メートル、陸からの距離四〇〇メートルくらいで、型どおりの地先の小島である。形は楕円に近く、標高はわずかに八メートルばかり、いわば何の変哲もない。葬送とのかかわりを示すどんな事実も、わたしは確認していない。

だが、対岸には古墳が二つある。一つは、一キロ余り東の台ヶ鼻突端の台ヶ鼻古墳である。佐渡では最大、最古であり、真野湾や日本海を一望できる景勝地に位置している。もう一つは、二キロたらず北西の長手岬の橘古墳である。標高一六メートル前後の丘上に立地し、見晴らしのよさでは台ヶ鼻に劣らない。

青島の後背の浜を七浦海岸と呼ぶが、二つの古墳は、その両袖にあって青島を見はるかしていることになる。

玄界灘に浮かぶ長崎県壱岐島の東側に、内海湾《うちめ》がある。東西三キロ、南北一キロほどで、東に向かって口を開いている。その口近くで湾をふさぐような場所に、

・長崎県壱岐市芦辺町の青島（同⑯）

がある。この立地は、伊根湾と青島との関係によく似ている。

青島から湾の最奥部まで二キロくらいあるが、そこからさらに一キロばかり内陸の標高七四メートルの丘陵に、壱岐では最古とされる大塚山古墳がある。距離はやや離れているものの、ここからは青島を真正面に望むことができる。対岸の古墳の一例とみなしてもよいのではないか。

・岡山県瀬戸内市牛窓町牛窓の青島（同⑪）

についてはやや、ややまわりくどい説明がいる。

牛窓の前面は幅三キロ、奥行き一キロ前後の南に向かって開けた湾になっている。これだけだと、口の方が広すぎて湾とはいいにくいが、東側の半分ほどが前島、黒島の二つの島によってふさがれており、これで風波はかなり防がれるようである。

前島は東西四キロ弱、南北一キロたらずで、そう小さくはない。陸からの距離は三〇〇メートルくらいになる。この前島の四〇〇—五〇〇メートルほど地先に、東から青島、黄島、黒島という三つの小島が浮かんでいる。

牛窓湾沿いには、古墳がなかなか多い。東から逆時計まわりに挙げると、天神山、波歌山《はかやま》（すでに消滅）、鹿歩山《かぶやま》、二塚山古墳が湾を見下ろすように点在している。さらに黒島にも黒島古墳がある。これらはみな大型の前方後円墳だが、ほかに天神山のすぐ北西に五〇基以上の小円墳からなる阿弥山《あみやま》古墳群がある。

このうち、とくに注目されるのは黒島古墳である。黒島は湾口のほぼ中央にあって、いわば風波を防ぐような場所に位置している。それは、伊根の青島や壱岐の青島などと似た立地だといえる。そうして、黒島は墓の島でもあった。

前島周辺には、色を名にした小島が三つ並んでいる。だから、それぞれ見た感じによって名を付けたと即断しがちだが、必ずしもそうとはいえない。地元の人たちの話では、どの島も色は別に変わらないらしいからである。

それでは名前の違いは何によるのだろうか。まず黄島である。キシマ、イキシマ、カシマの名の島は各地に少なくない。だいたいは神聖視されていたようで、キ、イキ、カの語にはそのような意味があると思う。そうだとすれば、黄島の「黄」は当て字になる。

黒島は墓の島であったから、この名は死のイメージと結びつけて付けられたのかもしれない。葬所に付く名が常に「青」だともかぎらなかったろう。

青島には古墳もなければ、葬送との関係もわたしは全く確かめていないが、それは痕跡が残っていないだけのことで、ほかの青島と同じ意味だと考えることができるのではないか。

ただし、ここに関しては、島の与える外観上の印象から青島、黄島、黒島と名づけられた可能性がないとはいえない。

次は、その植物群落が国の天然記念物に指定されている青島の話になる。

宮城県南三陸町の志津川湾は東西六キロ、南北四キロくらいで東側に口が開いている。口近くに、

・宮城県本吉郡南三陸町戸倉の青島（椿島とも、同②）

が浮かんでいる。

この青島と葬送とのつながりは確かめられないが、ずっと昔から神聖視されてきたことは間違いない。

島は一五〇〇本のタブの巨木におおわれている。タブはイヌグスともいい、クスノキに似た芳香（樟脳のにおい）をもつ暖帯性の照葉樹である。しばしば神社の神木とされ、民俗学者で歌人の折口

信夫などは、古代の榊はこの木のことであったとしていた。東北地方では一般に大きくならないのに、巨木が林立するのは保護されてきたためであろう。その樹叢は現在、「椿島暖地性植物群落」として国の天然記念物に指定されている。

・福井県小浜市加斗《かど》の蒼島（同⑦）

にも、国の天然記念物に指定された「蒼島暖地性植物群落」がある。

福井県小浜市荒木のあたりから蒼島を望む。

この樹林にはナタオレノキ（鉈《なた》折れの木の意）が含まれており、島はその木の日本海側の北限になっている。ナタオレノキは名前のとおり非常に堅い木で、これがまとまって生えているところは、めったにないらしい。

なお、蒼島を真正面に望む、陸地では島にもっとも近いあたりの地名を荒木（小浜市飯盛《はんせい》字荒木）という。アラキは、「はじめに」や第一章6節で、『万葉集』巻第十一の歌、

斯《か》くしてや　なほや守らむ　大荒木の
浮田の社《もり》の　標《しめ》にあらなくに　（2839番）

を引用して説明したように、モガリの場に付いた可能性が高い地名である。蒼島と荒木の、この位置関係は偶然ではないように思われる。

ともあれ、一六ヵ所の青島（蒼島）に、国指定の（特別）天然記念物の植物群落が、宮崎市の青島を加えて三ヵ所あることになる。これは比率として決して低いとはいえまい。

新潟県糸魚川市能生の弁天岩。ここが能生白山神社の発祥地であった。

7　地先の小島について

日本の海岸沿いを訪ね歩いていると、ほんの目と鼻の先の小島が聖地とされている例がおびただしくあることに気づく。あまりにも多くて、その中からいくつかをえらんで紹介しても意味がないほどである。とはいえ、ぴんと来ない人もいるかもしれないので、全く無作為に三つくらい取上げておきたい。

・新潟県糸魚川市能生《のう》の弁天岩

車がひんぱんに往来する国道8号の一〇〇メートルばかり沖の岩礁である。現在は橋で陸地とつながっており、頂上に灯台が建っている。

この小さな岩山は、二〇〇メートルくらい南東に鎮座する、民俗芸能の舞楽《ぶがく》で知られる大神社、能生白山神社の元宮すなわち発祥の地である。灯台の直下には岩窟があって、そこに厳島《いつくしま》神社の祠が祀られている。

能生白山神社では六〇年ごとに本開帳、三〇年ごとに中開帳と称する神事が行われ、その折り、いつもは本殿に坐《ま》す神体（弁財天像）が厳島社に遷されて開帳される。これは本来なら毎年の御《ご》幸《こう》が、時の経過とともに間遠になった結果であろう。原初のころには、この岩礁が神であり、現社地は遥拝所であったと思われる。その時代には、弁財天《べざいてん》（弁天）も、能生白山社の祭神布川《ぬながわ》姫命も、厳島社の祭神市杵《いちき》島《しま》姫命も、まだ存在せず、ここは海民たちが祀る「海の神」の鎮座地であったに違いない。その神には名前などなかったはずである。

今日、弁財天（市杵島姫命の本地仏＝仏教上の名。要するに、ともに水の神）の名が付く拝所に、橋がかかっていることは少なくない。それは、おおかたが地先に位置するからこそできたのである。

・茨城県日立市東町の虎磯《とらいそ》

虎磯は、太平洋に突き出した鶴首《つるしゅ》岬の五〇〇メートルたらず沖で、常に波をかぶっている岩礁である。能生白山神社前の弁天岩は島と呼べないこともないが、こちらはどうひいき目に見ても岩礁以上ではない。

それでいて、虎磯は岬の北西一・五キロほどの神峰《かみね》神社の発祥の地だとされている。同社の社伝によると、祭神のイザナギ、イザナミ、クマノクスビ三柱の神は昔、虎磯にまず上陸し、そのあと現神社から北西五キロばかりにそびえる神体山、神峰山（五九八メートル）へ移ったという。

鶴首岬、現在の神峰神社、神峰山の三点は、わずかのずれもなく一直線上に並んでいるが、これは偶然ではあるまい。社殿をそのような位置に設けたのである。そうして、社地を神体山の遥拝所にしたのだといわれている。

一方、鶴首岬には、神社の潮垢離《しおごり》所だとされる浜の宮がある。これが、もとは虎磯の遥拝所だったと考えられる。とにかく、虎磯は神峰神社にとって、それほど大事なところであった。

・富山県下新川郡朝日町宮崎の辺《へた》ノ島、中ノ島、沖ノ島日本海に面した朝日町宮崎に鹿島神社があり、後背に広がるシイ、タブ（イヌグス）、カシなどの原生林は国の天然記念物に指定されている。

神社の地先から辺ノ島、中ノ島、沖ノ島と呼ばれる小島というより岩礁が、ほぼ一直線に沖へ向かって延びているが、沖ノ島でも陸地から八〇〇メートルくらい、辺ノ島はわずか一〇〇メートル余りしか離れていない。

社伝によれば、この三つの岩が鹿島神社の元宮だとされている。しかし、それらは小さすぎるうえ、いつも波をかぶっているので、社殿を建てることはもちろん、上陸して神事を行うこともむつかしかったろう。つまり、岩礁は現社地のあたりから遥拝される対象であったに違いない。その点では、能生の弁天岩や日立市の虎磯と異ならなかったと思われる。

このような例は、前述のように挙げていけばきりがないくらい多い。

地先の小島を神聖視する、これが日本人にのみ見られる特徴であったのかどうか、わたしにはわからない。また、その理由についても、いま一つはっきりしない。ただ、宗教観念というものは、しばしば地球的な広がりをもつものであり、ほかの民族にも共通している可能性は低くないと思う。そのよって来たるところを知るには、もっと大きな視野が必要だが、わたしにはその用意がない。

8　四国・吉野川の粟島と水葬

青島をアワシマ（表記は淡島または粟島）とも呼んでいた例は、対象を海の青島一六ヵ所にかぎっても三ヵ所もある。もう一度、記しておくと、

⑩島根県松江市美保関町七類字惣津の青島　八世紀の『出雲国風土記』には「粟島」と書かれている。

⑫徳島県阿南市豊益町の青島　淡島の別称があり、対岸には淡島神社が祀られている。

⑭宮崎市青島の青島　古くは淡島ともいっていた。
である。

これはアオとアワが音は少し違っていても、それは転訛の結果であって、もとは同じ言葉だったことを示唆しているといえる。古くはアオはアフォ、アワはアファであり、第二音節の母音が交替しているにすぎない。既述のように、母音の交替は日本語に広く見られる音韻通則の一つである。

ここで、右の指摘を裏づけると思われる川の中洲を紹介したい。

「四国三郎」の異名をもつ吉野川の下流域の粟島は、徳島県吉野川市と阿波市にまたがっている。この中洲は長さ七キロほど、主要部の幅一・五キロ前後とかなり大きいが、いまは一望の耕地で人家は全くない。

吉野川下流・粟島の南側対岸に鎮座する川島神社境内に、もとの島民が建てた「移転之碑」

しかし、天正十七年（一五八九）の検地の際には一二戸、明治末ごろには六〇〇戸ばかりの住民が暮らしていた。彼らは年中、水害に苦しんでいた。吉野川は後背に、雨量の多い四国山地をひかえているからである。それで明治四十五年（一九一二）、政府は全島を収用して全戸を島外に移したのだった。その中には、北海道や朝鮮へ移住した人びともいた。

退去から九年ほどたった大正十年（一九二一）、有志が南の対岸の川島神社境内わきに建立した石製の「移転之碑」が残っている。和製漢文でつづられた碑文の中に、次のような注目すべき一節が見える。

「西有極楽壙朴葬不用浮屠無塚墓死者則投葬干此」

これは、

「西に極楽壙という穴がある。（島の）飾りけのない葬送は浮屠《ふと》（仏教の僧侶）を用いず、塚墓《はか》がない。死者は極楽壙に投げ込んで葬る」

といったほどの意味であろう。

文中の「西」が「島の西部」を指すか、「浮島八幡宮の西側」のことか、碑文からは判然としない。同八幡宮は、もとは川中の岩の上にあったといわれ、のち移転して現在の川島神社になった。いずれであれ、粟島の住民は死者が出た場合、遺体を極楽壙に投げ込んでいたとしていることに変わりはない。だが、ここに一つの疑問がわく。同島は、しょっちゅう水につかっていた。とすれば、穴があっても、すぐ土砂で埋まってしまわないか。また、それらしい遺構も存在しない。そのあたりのことを確かめようとしても、今日、島での葬送について何らかの伝承を語れる人は、すでに一人もいなくなっている。結局、どんなことが行われていたのか、具体的に明らかにすることはむつかしい。

卑見では、極楽壙と呼ばれていたところに別に穴があったわけではなく、単に葬送の場を意味していたのではないかと思う。島のどこかに、そのような場所があり、そこから遺体または遺灰を川に流していたのではないか。すなわち、水葬である。

水葬は古い時代には、ごくありふれた葬法であった。いや、二〇世紀になっても一部の地域ではつづけられていた。その実例は本章末のコラム「日本水葬小史」にゆずることにして、いまは「アワ」という語について、もう少し記しておきたい。

小学館の『日本国語大辞典』によると、アワ（泡・沫）を方言で、

・アオ（徳島県、香川県、山口県周防大島など）
・アバ（島根県、香川県など）
と発音する地方があるという。

これも、先のアオシマ＝アワシマの例と並んで、アワ・アオ（それにアバ）が元来は同音の言葉であることをうかがわせる、もう一つの証拠だといってよいだろう。

そうして、アオイ（青い）とアワイ（淡い）とのあいだには、意味の上でも重要な共通点がある。既述のように、青は古代には緑色、黄色、灰色などをも指していた。これは現代でも、そう大きくは変わっていない。つまり、赤、黒、白のようなはっきりした色ではない中間色の意に用いられていた（あるいは、いる）のである。一方、「淡い」は、うすぼんやりした、やはり中間の色合いを表す語で、これはいまもそのままである。要するに、アオとアワは語源をひとしくする可能性が高いことになる。

そうだとするなら、
・京都府与謝郡伊根町亀島の青島
・徳島県吉野川市と阿波市境の粟島
の二つは、実は同じ名前だと考えることができる。

伊根の青島は前記のように、二〇世紀の半ばごろまで葬送の島であった。

吉野川下流の粟島も、二〇世紀の初めに全戸が離島するまで、その痕跡を残していたといえる。粟島では、僧侶が葬送に参与することがなかった。墓もなかった。死者が出れば、遺体または遺灰を「極楽壙に投げ込んで」（実際には、おそらく川に流して）、それでおしまいであった。これは幕末ないし明治初めの葬式としては、きわめて異例であった。

粟島には、一六世紀末ごろで一二戸の住民がいるだけだった。それが三〇〇年余りのあいだに六〇〇戸くらいへ急増している。外部から入植したのである。彼らが島に住みはじめて、右のような特異な葬法を新たに採用したわけではあるまい。

それは一六世紀より前からつづいていたはずである。そのころ、島で一種の放置葬に付されていた死者は、島内のわずかな居住者にかぎらなかったと思われる。確実な証拠を示すことはできないが、古代から中世にかけての時代、粟島の周辺住民たちは死者が出たら粟島へ運んで、ある特定の場所から遺体または遺灰を吉野川へ流していたのではないか。

入植者のほとんどは島の近くの出身だったに違いない。そうだとしたら、従来、彼らが行っていた古式の葬法を移住後もつづけていたにすぎなかったことになる。そうして、その旧習を守って明治に至ったのではなかったか。死者を「投葬して」、墓もつくらないなどといったことは、どう考えても中世以前の風習だからである。

粟島が伊根の青島と同じように、いつとも知れない昔から「葬送の島」であったことは間違いないと思う。この推測が当たっているとすると、二つの島は、アオもアワも古くは葬地を指す言葉だったことを裏づける証拠の一つになるだろう。

これは全くの想像だが、天正検地に見える一二戸のうち、少なくとも一部は、その葬送にかかわる仕事を生業としていたかもしれない。

9　青の語と葬地の関係を文献にさぐる

これまでは、主に地名を通じて、アオ、アワ、アバの語が元来は葬地を指していたことを立証しようとする試みをつづけてきた。それが成功したかどうかは、目を通していただいた方の判断にゆだねるしかない。

もし、さらに文献によって、これが補強されるのであれば、わたしの言わんとしていることは、いちじるしく信憑性が高まることだろう。しかし残念ながら、ことはそう簡単ではない。おそらく、アオ（アワ、アバを含めて。以下、同じ）の語と葬地との関係を直接つなぐような古代の文字記録は存在しないのではないか。だからこそ、二〇世紀に至るまで仲松弥秀《やしゅう》、谷川健一両氏をわずかな例外として、ほかに右のような指摘をした人が全くいなかったのであろう。

『古事記』や『日本書紀』『万葉集』『風土記』などは、奈良時代の八世紀の成立である。しかも、その記述には六世紀ごろからの記録や伝承が少なからず用いられている。六世紀、いや七世紀でも考古学の年代区分では古墳時代に入る。古墳と横穴墓の分布地にアオの地名が付いた例が少なくないことは、すでに本書で述べたとおりである。つまり、この当時はアオが依然として葬地を意味していた可能性が高い。そうだとしたら、古墳時代の後期の記憶をとどめている記紀万葉などに、それをうかがわせる記事があって不思議ではないはずである。

ところが、そのような視点で記紀万葉の語句の解釈をした研究者は、ほとんどか全くいないのではないか。たとえ妙に気になる個所に気づいたとしても、そんなことはあまりにも常識を外れており、たくさんの例数があればともかく、一つか二つなら、そのうち忘れてしまったのかもしれない。

しかし、この一点に的をしぼって古文献をさぐってみると、それらしいくだりは、いくつかは見つかるようである。以下に、それを個条書きにしてみる。

• 『日本書紀』によると、四〇代の天武天皇は六八六年九月九日、飛鳥浄御原宮《あすかのきよみはらのみや》で崩御している。通説では五六歳であった。コラム①でも述べたように、このあと二年二ヵ月にわたってモガリがつづくが、崩後一年ほどのちの六八七年八月五日に嘗《なふらひ》（ナフラヒすなわち現今のナオライ）が行われている。ナオライは平常にかえるための会食である。『書紀』は、その嘗を、

「殯宮《もがりのみや》に嘗《なふらひたてまつ》る。此を御青飯《あをきおもの》と曰《い》ふ」（読みは岩波書店「日本古典文学大系」版による）と記している。オモノは貴人にたてまつる食事のことである。葬送儀礼の一環であるナオライにおける会食を「アヲキオモノ」と称していたことになる。これは、すこぶる奇妙な表現ではないか。

　御青飯を「菜飯」「魚肉類を使わない精進料理」だとする指摘もあるが、ナオライは忌《い》みから日常へ移る行事なので、これに際し「精進落し」をするならともかく、忌みに入るときのように精進料理をとるのは不自然ではあるまいか。

　アヲキオモノは、「モガリの場での食事」の意だと解する方が、ずっと合理的だと思う。

●『古事記』の応神天皇条の末尾近くに、

「この竹の葉の青むが如く、この竹の葉の萎《しな》ゆるが如く、青み萎えよ」（読みは岩波文庫版による）

　の一節が出てくる。

　これは「詛《とこ》ひ」（国語学者、土橋寛氏の定義では、相手に不吉な結果をもたらす暗黒呪術）の一部だが、その呪術の対象となった秋山の下氷壮夫《したひをとこ》は、

「八年《やとせ》の間、干萎《ひしな》え病み枯れぬ」

　状態になってしまう。

　ここでは「青む」と「萎ゆる」が同じ意味に使われている。つまり、竹が枯れることを青むといっているのである。

●『万葉集』巻第七の挽歌（1404番）、

「鏡なす　わが見し君を　阿婆《あば》の野の　花橘の　珠《たま》に拾《ひり》ひつ」（鏡のようにいつも見ていたあな

たなのに、今日は、阿婆の野の、花橘の珠として〈火葬したあなたのお骨を〉拾いました。読み、大意とも「日本古典文学大系」版による)

で、アバの語と火葬の場とが重なっていることは、すでに述べたとおりである。

・やはり『万葉集』の巻第十六の末尾(3889番)には、

「人魂《ひとだま》の　さ青なる君が　ただ独り　逢《あ》へりし雨夜の　葬《はぶ》りをそ思ふ」(人魂となって青く光っているあなたと、ただ一人で逢った雨の降る夜の葬式を思う。読み、大意とも右に同じ)

の歌が見える。

当時、ヒトダマの色は「青い」と考えられていたことがわかる。わたしなどが子供のころも、ヒトダマは青いと聞かされていた。大真面目で、その目撃談を語る者もいたくらいである。少なくとも一三〇〇年前の宗教観念が、共同幻想の形で生きていたのであろう。

・時代はやや下って、一二世紀前半成立の『今昔物語集』巻第十七の第十七話には、冥途《めいど》の死者が「青い衣」を着ていたことが見えている。

東大寺の僧、蔵満は三〇歳の四月に「中風」のため死んでしまう。そうすると、「其ノ時ニ、青キ衣ヲ着《ちゃく》セル官人両三人来《きたり》テ、大キニ嗔《いかり》ヲ成シテ、蔵満ヲ捕フ」挙に出たのだった。官人とは、ここでは蔵満を冥途へ連れていくための使い役のことである。それが「青い衣」を着ていたというのだから、青は死の世界を象徴していたといってよいだろう。おそらく、今日の青いヒトダマと同じように、すでに半ば共同幻想になっていたのかもしれない。

・『古事記』上巻のイザナギ・イザナミ神話に見える黄泉《よみ》の国の話は、前にもコラム②で取上げた。そこで、イザナギは死んだ妻イザナミの体に蛆《うじ》がたかっているさまを目にして恐れをなし、生者の世界へ逃げ帰ってこようとする。イザナミは、

「わたしに辱《はじ》をあたえた」

と言って、「黄泉醜女《よもつしこめ》」「黄泉軍《よもついくさ》」を遣わせて夫を追わせる。

イザナギは何とか生者の世界へたどり着くが、それまでに「黄泉比良坂《よもつひらさか》」と「阿波岐原《あはきはら》」を通ったとされている。つまり、「アハキハラ」が死後の国として表現されていることになる。この神話は明白にモガリを前提にしており、いいかえればモガリの場をアハキハラと呼んでいるのである。アハキハラは「青木原」と書いて、少しもおかしくない言葉だといえる。


『日本書紀』などでは、右の「アハキハラ」は「檍原」と表記されている。巻第一のイザナギ・イザナミ神話を語った一書《あるふみ》の第七には、

「檍、此をば阿波岐と云ふ」

と、わざわざ注記を加えている。

「日本古典文学大系」版の『日本書紀　上』九五ページの頭注は、中国の字書『説文《せつもん》』（紀元一○○年の成立）などに、

「（檍《おく》の）大なるものは棺槨《かんかく》となすべし」

とあることを紹介している。

檍なる木は、ふつうはモチノキ（鳥もちの材料になる木）のことだとされるが、必ずしもそうとも言いきれないらしい。つまり、はっきりしないのである。しかし、とにかく大木は棺槨（槨《かく》は棺の外側を覆う、いわゆる外棺《そとがん》を指す漢字）に用いる木であったことがわかる。

好んで棺に使う木は民族によって決まっていて、日本ではクスノキがもっとも珍重され、コウヤマキがこれに次いでいた。中国では、それが「檍」だったということであろう。

檍《おく》の字は元来は、アハキ（アオキ）と読むべき理由がない。なぜ、そんな読み方をしたのだろ

うか。考えられることは一つしかないと思う。

『書紀』か、そのもとになった記録の編者が、アハキとはモガリの場を意味することを知っており、それを表記する文字に、中国で棺椁の材料とされている檍の文字を当てたのである。

わたしが、いま引用できる文献は、右に挙げた程度しかない。この方面にもっと詳しい人なら、「そういえば、あれも」と思い起こせることがさらにあるのではないか。

ただ、わずかとはいえ、アオとはもとは葬地のことであったとの前提に立って初めて、よく文意が通じる記事があることは間違いないように思う。


「アオ」をめぐる問題については、これまで三章をついやして記してきた。そこでの卑見を次にまとめておきたい。

アオが、縄文時代から古墳時代ごろまでにかけて葬地を意味する言葉であったことは、まず確実である。そうだとするなら、少なくとも、

・山梨県北杜市高根町村山北割字青木のアオキ
・宮城県登米《とめ》市南方町青島屋敷のアオシマ

の地名は、縄文時代にはできていたことになる。両所には縄文時代の遺跡があって、そこが当時の葬送の場だったことが、はっきりしているからである。しかも、ここには近世や近代の墓地を除けば、葬地が設けられていた形跡がない。前者の場合など、縄文期以外に墓地があったことは、全く確認できないほどである。

アオキ、アオシマの地名が付けられたのが縄文時代だとすると、アオ（これと、もとは同音であったアワ）、キ（ある境域および、そこを画する構造物の意）、シマ（島）は、その時代に話されていた

言葉すなわち縄文語だったことになる。

なお、青の付く地名と葬地との関係を語るには、
・岐阜県大垣市青墓《あおはか》町
・島根県浜田市三隅《みすみ》町岡見字青浦
・山口県下関市豊浦町の青井浜
など、まだまだ取上げたいところがあるが、あまりにも紙数が多くなりすぎるので、これらについては既刊の拙著『「青」の民俗学　地名と葬制』（二〇一五年、河出書房新社）にゆずりたい。

＊

コラム③　日本水葬小史

『古事記』には、イザナギとイザナミが産んだ第一、第二子のことが次のように述べられている。

「（最初の）水蛭子《ひるこ》。この子は葦船《あしぶね》に入れて流し去《う》てき。次に淡島《あはしま》を生みき。こも亦《また》、子の例《たぐひ》には入れざりき」

『日本書紀』の「一書」では、右に該当する部分は、

「先ず蛭児《ひるこ》を生む。便《すなは》ち葦船に載せて流《ながしや》りてき。次に淡洲《あはのしま》を生む。此《これ》亦児の数に充《い》れず」

となっている。

つまり、双方に基本的な違いはない。ともに、ヒルコは葦舟に乗せて（おそらく海のかなたに向け）流しすてたとされているのである。

ヒルコは卑見では、流産した子のことだと思う。アハシマ（本書でいう青島の擬人化）は、この場

合、不吉な死を象徴している。具体的には死産児のことではないか。そう考えて初めて、第一子がヒルのようにぬめぬめした、だが人間であり、第二子が島であるという、ちぐはぐな比喩の意味が理解できる気がする。

これは通説でもなく、それを裏づける証拠を挙げることもできないが、とにかく「葦船に載せて流しやる」が水葬を指していることは、まず間違いあるまい。

『続《しょく》日本後紀』承和九年(八四二)十月十四日条には、東西悲田院の乞食らに料物を給して、平安京の嶋田川と鴨川の河原から「髑髏《どくろ》」合わせて五五〇〇余をひろわせ、「焼斂《しょうれん》」させた旨の記事が見える。また、同月二十三日には鴨川の髑髏を「聚葬《しゅうそう》」させているが、いくつかは記していない。嶋田川は、現京都市右京区を流れる御室《おむろ》川の旧称だと考えられている。

九世紀のころ、平安京をはさむ二つの川には、死体をそのまま投げ込んでいたに違いない。そうでなければ、何千もの髑髏をひろえるはずがないからである。髑髏は字義どおりには白骨化した頭部のことだが、ほかの部分の骨も聚葬(聚は集めるの意)したのではないか。いずれにしろ、二つの川は水葬の場であったことがわかる。当時の鴨川や嶋田川のほとりは年中、激しい臭気がただよっており、伝染病の発生源にもなっていたと思われ、遺骸、遺骨の聚葬は定期的に実施していたのかもしれない。

一二世紀前半に成立した『今昔物語集』巻十六の第二十九話には、平安京に住んでいた貧しい生《なま》侍《ざむらい》が、ある夜、路上で出会った検非違使《けびいし》庁の放免《ほうめん》(もと罪人で、のちに犯人の追捕・護送などに従った者)に捕えられ、大内裏《だいだいり》の跡地で死んでいた一〇歳くらいの少年の死体を、

「此レ、川原ニ持行《もちゆき》テ棄《すて》ヨ」

と命じられたことが見えている。

川原とは、鴨川の河原のことである。『今昔物語集』はフィクションだが、平安後期になっても鴨

川に人間の遺体を投棄することが、まだ行われていた事実を踏まえたうえでの話に違いない。

江戸前期ごろの紀伊（和歌山県）熊野の海岸では、遺体を海へすてていたとする文献がある。江戸時代の神道家、増穂残口《ますほざんこう》の『神路手引草《かみじのてびきぐさ》』（一七一九年）に次のように述べられている。

「今も熊野の浦人なんどが、海へ死骸を捨て、鯛に成《なり》て御《お》入来《じゃれ》と呼《よん》で葬るは、是往古《いにしえ》の遺風なり」

どうやら、当時、熊野の漁民のあいだには、水葬と呼ぶほかない葬送を行っていた人びとがいたらしい。

文献による江戸期以前の「水葬」の紹介はこれくらいにして、わたしが聞取りで知りえた二〇世紀の水葬について次に記しておきたい。

今日でも墓のない地域がまれにあるが、

・鳥取県東伯《とうはく》郡湯梨《ゆり》浜《はま》町の浅津《あそうづ》（住居表示上は上浅津と下浅津に分かれている）

は、その典型である。

浅津は平成二十年（二〇〇八）現在で三〇〇戸ほどであり、そのうち古い時代の大地主の家四戸を除いて全く墓がなかった。ただし近年、墓をつくる家がわずかながら現れており、いまでは以前とはいくぶん違っているかもしれない。それでも、ほぼ全戸が檀家となっている浄土真宗本願寺派の香宝寺には、墓地というものが存在しない。ここでは、どんな葬送が行われていたのだろうか。

同寺の住職、上杉正之《しょうし》さん（一九四六年生まれ）によると、上と下とに一ヵ所ずつ野天の火葬の場があって、遺体はそこで焼いたうえ、近くの東郷池に注ぐ小川にまいていたという。昭和四十年（一九六五）代までのことである。

下浅津の葬送の場は、香宝寺から東へ三〇〇メートルくらい、湖の手前一〇〇メートルほどの小川（住職も名を知らない）の横にあった。そこには四本の短い脚が付いた長テーブルのような自然石の台が据えてあり、この上に棺を置く。藁や薪《たきぎ》を載せて火をつけ、一晩がかりで遺体を焼いた。

翌日、のどぼとけなど少部分の骨だけを竹筒に納め、これは遺族が持ち帰る。残りは鍬で細かく突き崩したあと前の小川へまき散らすのである。一連の作業には、地域にいくつかあった葬式組の青壮年たちが当たっていた。

このあたりでは、メダカのことを「ネンブー」と呼ぶ。念仏の意である。砕いた遺骨を川に流すと、メダカが集まってきてついばむことから、そんな言い方が生まれたらしい。

いつのころからか、あいだに火葬がはさまるようになっているが、ここで二〇世紀の半ばすぎまで行われていた葬送が、水葬の遺習であることは明らかであろう。

鳥取県湯梨浜町浅津のかつての葬送の場。写真中央の左寄りにあった。遺骨を砕いて、前の小川に流していた。

第四章　「クシ」の語には岬の意味がある

1　長崎県五島列島中通《なかどおり》島の岬の名

九州の北西部、長崎県本土の西方海上に浮かぶ五島列島は、かなり大きな島だけで五つとも七つとも数えられる島嶼《とうしょ》群の連なりからなっている。

その列島は南北の線より三〇度ないし四〇度ばかり右（東）に傾いており、どの島のあいだの海峡も幅が狭い。つまり、大ざっぱな地図で眺めると、一つの大きく細長い島のように見える。

中通島は、その北寄りに位置して、面積はおよそ一六八平方キロ、五島では福江島に次いでいる。この広さは鹿児島県の種子島の四割弱、香川県小豆島よりやや大きく、東京都の伊豆大島の一・八倍くらいになる。

島の海岸は、いわゆるリアス式で突出、湾入が著しく、海岸線の長さは二七八キロにも及び、これは種子島の一・五倍に達する。また、地形は山がちで平野はとぼしい。

本土の佐世保港と、島で最大の有川港のあいだは直線でおよそ六〇キロ、フェリーで二時間半ほどである。人口は二万人くらいで、現行の住居表示上は、いま橋でつながっている南西隣の若松島などを含めて長崎県南松浦《まつうら》郡新上五島町《しんかみごとう》になる。

以上は前置きであり、これから中通島の岬の名について記すつもりだが、そこで用いる資料は国土地理院発行の五万分の一地形図（以下、五万図と略すこともある）にかぎっている。これはどういうことかといえば、例えば地元住民などのあいだでは、これとは別に岬に付けた名があって、それを通称として使っている場合もあるかもしれないが、それらは考慮に入れないことを意味している。何かを基準にしないかぎり、統一的な話はしようがないからである。

中通島には、名が付いた岬だけで五十数ヵ所が確認できる。正確に何ヵ所といえないのは、通常は岬の名に用いられていない言葉（すなわちクシの語）が語尾に付いた岬とおぼしきところや地名が存在するためである。

中通島の８ヵ所のクシ地名所在地

この島でも、岬は原則的にサキ（崎）またはハナ（鼻）と呼んでいる。ところが、クシ（文字は、ここではすべて串）が付いた岬および、もとは岬を指したと思われる例が八ヵ所も見られる。それを、有川港から反時計まわりに列挙していくと、次のようになる。

①有川郷の平串鼻（有川港のすぐ北東）

②有川郷の茂串《もぐし》（有川港のすぐ西の岬の付け根に位置する地名）

③小串《こぐし》郷の小串鼻（付け根に小串の地名がある）

④立串《たてくし》郷の立串鼻（付け根に立串の地名がある）

⑤津和崎郷の小串瀬（島の最北端、津和崎鼻あたりの海岸を指す）

⑥飯《い》ノ瀬戸《せど》郷の串島（名のとおり、いまは島である。のちに詳しく取上げたい〔第五章3節〕）

⑦荒川郷の大串崎（五万図には「おくり」と仮名が振られているが、「おおくし」と発音する島民もいる）

⑧岩瀬浦郷の浜串（名が書かれていない岬の付け根に位置する地名）

右の有川郷、小串郷などは町内の大字である。

なお、津和崎郷に「久志」の地名があり、これも岬の付け根に位置するが、少なくとも現在は「ひさし」と発音しているので、これはクシ地名に含めていない。

2　地形図で俯瞰する

前記の八ヵ所がどのような場所なのかは、五万図を掲示しつつ順に説明していきたい。

①の平串鼻と②の茂串

ともに有川港の至近に位置している。

平串鼻が岬の名であることは、とくに指摘するまでもあるまい。この場合の「鼻」は、おそらくのちの付加で、もとは単に平串といっていたろう。ヒラが何を意味するのか必ずしも明らかではないが、いまの水際《みぎわ》で平たい岩盤が岬を囲むようにめぐっており、これを指していたかもしれない。

茂串は今日、船着き場の南西の地名だと意識されている。しかし元来は、ここの北西に突き出した岬の名であった可能性が高い。地形図でははっきりしないが、岬の先端はお椀を伏せたような形になっている。モは、われわれが忘却した言葉のように思われ、その意味はわからない。ちなみに、

• 熊本県天草市牛深町茂串《もぐし》

①平串鼻と②茂串（5 万分の 1 地形図「有川」より）

③小串鼻と④立串鼻（5 万図「立串」より）

も地名だが、これも西側の岬の名が集落の名に移ったのではないか。その突端を前崎といい、やはりお椀型になっている。ただし、岬にはそのような地形は珍しくなく、例数が二つだけでは、どんなこともいえない。

③の小串鼻と④の立串鼻

二つは南北に一・五キロほど離れて、あたかもカニの爪のように東へ向かって平行に突き出している。

南側の小串鼻の小串が小さな岬を意味していることは、一目瞭然である。付け根の集落を小串といい、これは地形上の特徴によって付けられた地名（ここの場合は岬の名）が、のち近くの集落の名になった好例だといえる。

北側の立串鼻の付け根にも立串の集落名がある。タテは、そう大きくない岬にしては先端部の標高が八二メートルと目立って高いことによって付いたのではないか。

⑤の小串瀬

中通島は北部で、南北に異様に細長い棒のような形状を呈している。その最先端を津和崎鼻といい、五万図では、その東隣に小串瀬と記されている。瀬は背（せ）、狭（せ）と同語源の言葉で、これが地名に使われると、「狭くなったところ」の意になる。海なら狭い海峡を指すことが多い。

ここでは、中通島と、その北の野崎島とのあいだの海峡、五万図では津和崎瀬戸となっている水道が小串瀬になる。つまり、津和崎瀬戸と小串瀬は同じである。一つの対象に違った名が付くことは、ときどきある。それは、おそらく命名の時期が異なっていたからであろう。

語を替えていえば、津和崎鼻は小串とも呼ばれていたのである。それは長大な半島の先端に付いた名であったに違いない。ところが、いつのころからか津和崎鼻や津和崎瀬戸が一般に用いられるようになって、小串の名はほとんど消滅してしまう。ただ、その痕跡が小串瀬として残ったものの、少なくとも地図のうえでは、どこの何を指すのかよくわからなくなっているのである。

⑥の串島

ここについては語るべきことが多い。のちに改めて取上げることにして（第五章3節）、いまは何千年か、あるいはもっと昔には、この島も岬だったことを指摘するだけにしておきたい。

⑦の大串崎

既述のように、五万図では「大串」に「おくり」のルビが付いている。オオクシがオクリに訛るこ

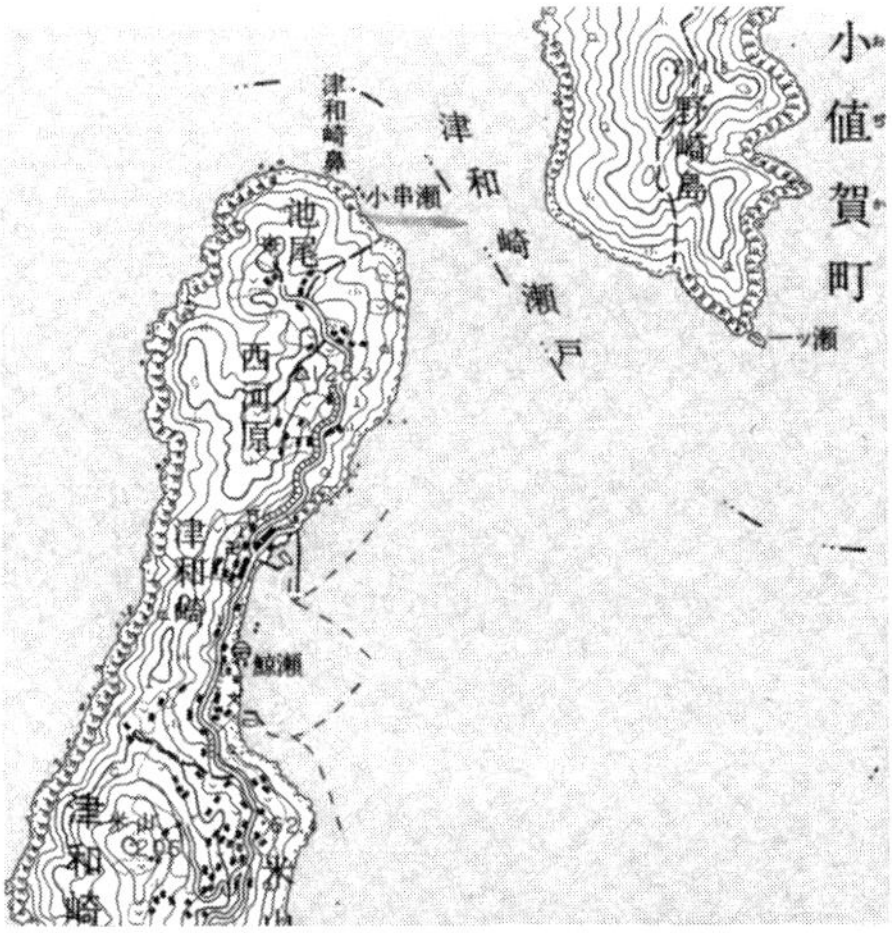

⑤小串瀬（5万図「立串」より）

⑥串島（5万図「立串」および「漁生浦」より）

とはあり得ると思うが、音の転訛にしては、やや懸隔が大きい。暗礁のことをクリ、グリと呼ぶ地方があり、あるいは、ここのクリもそれかもしれない。もし、そうだとすれば前面にオクリという暗礁でもあって、その名と大串岬の名が混同または合体して、右のような読み方になったことも考えうる。

いずれであれ、大串崎は地図に「郷の首」とあるあたりを付け根として、西向きに突き出している、ずんぐりした岬を指して付いた名であったろう。島民の中には、オクリではなくオオクシと発音する人もいる。

⑧の浜串

五万図によるかぎり、これは集落の名である。しかし、ここは切れ込んだ入り江の奥に位置しており、南にビシャゴ鼻、北に名称不明の岬が北東へ向かって延びている。浜串は、もとはそのどちらかを指していたと思われる。

以上のように、中通島ではクシの語と岬とが分かちがたく結びついている。この島の例だけで、クシには岬の意味があったといいきっても過言ではないほどである。それは、これから挙げていく地名と、日本語および朝鮮語の語彙の分析によって、さらに揺るぎないものになるだろう。

なお、八ヵ所の地名の語尾にしばしば付けられている鼻、崎について、ここで一言しておきたい。それらが岬または、その先端を意味する、もっとも普通の語であることは改めていうまでもない。これがいったい、いつ付いたのか結局は判然としないが、明治から大正時代へかけての地図作成時であったということも、ありえるのではないか。

当時の陸軍陸地測量部（現在の国土地理院とほぼ同じ任務に当たっていた）では、例えば川には最後に「川」の文字を付加しなければならないと考えていたようである。その結果、地形図には、

・荒川川（荒川という集落名と区別したかったらしい）
・大谷沢川
のたぐいが、しばしば見られることになる。
これは地図ではないが、秋田県仙北《せんぼく》市田沢湖の国道３４１号には、
・田沢沢川橋
というのがかかっている。

本来なら荒川、大谷または大谷沢、田沢橋で十分なのに、役所の方針に忠実に従ったあまり、いら

⑦大串崎（5万図「有川」より）

⑧浜串（5万図「有川」より）

ぬ重複を生じたのである。

中通島の最初の測量は明治三十年代だったが、それを担当した陸地測量部の技官はクシが岬を指す言葉であることなど想像もしなかったに違いない。だから、例えば小串鼻、立串鼻を、地元の住民が単に小串、立串といっていたとしても、

「それは村の名であろう」

と判断して、地図には「鼻」の文字を付け加えて書き込んだこともありえる。

この推測が誤っていたとしても、もっと前の時代に、住民自らか、地名を文字化する作業を行った役所かが、元来は付いていなかった「鼻」を加えて意味を明確にしようとしたことは間違いないと思う。

要するに、もともとは、ただ小串、立串だったはずである。それだけで、この名が生まれたころの住民には、何のことか自明であったろう。

3　五島列島のそのほかのクシ地名

中通島は五島列島で二番目に大きいといっても、その一部を占めるにすぎない。そこにクシ（漢字では、すべて串を用いている）が付く地名が八つもあって、いずれも岬か、かつて岬であった島を指していたと考えられる。

そうだとするなら、これに隣接する島嶼群にも、合わせて一〇や一五の同様の例があっておかしくはない。というより、そうでなければ不自然なことになる。

ところが、五万図によるかぎり、ほかの島々にはほとんど見当たらず、わずかに次の二つを数えるだけである。

•五島市奈留町大串字大串

いま橋で中通島とつながっている若松島の南西、奈留島の地名である。五万図を見ていただくとわかるように、大串集落を付け根として南西へ向かってシュモクザメの頭のような岬が延びている。その先端には能瀬鼻、黒瀬鼻と書き込まれているが、これを含む大きな岬が本来の大串であったろう。

その岬の名が、のちに集落の名に移り、さらにこれが拡大して大串郷（現今の住居表示では郷は付けていない）になり、また大串湾の名を生んだものと思われる。

•五島市戸岐《とぎ》町の糸串鼻

五島列島・奈留島の大串（5 万図「漁生浦」より）

五島列島・福江島の糸串鼻（5 万図「福江」より）

五島列島の南西端に位置して、五島では最大の福江島にある。その北端の先がカニの爪のように割れている岬の名であり、文句なしのクシ地名だといえる。

イトは沿海の地名によく見られ、その意味は必ずしもはっきりしないが、潮や磯などとかかわりがあるのではないか。

- 福岡県糸島市
- 静岡県伊東市
- 茨城県潮来《いたこ》市
- 徳島県板野郡

なども海に面するか、かつては面しており、そのイト、イトウ、イタの音は、糸串のイトと同源の可能性がある。

それはともかく、五島列島の中通島に八ヵ所もあるクシ地名が、ほかの島には合わせて二ヵ所しかない。これを、どう理解すべきだろうか。

一つには、資料に用いている五万図の問題があるかもしれない。すなわち、実際にはもっと多くのクシ地名が存在するか、していたのに地図には記されていない可能性である。

現に、海上保安庁発行の二万五〇〇〇分の一海図「若松瀬戸及滝河原瀬戸」の部には、中通島荒川郷に「串木鼻」「串木浦」が並んで見えている。それは、先の⑦大串崎の東二キロほどに位置して、クシ地名の特徴もそなえている。

いいかえれば、五島にかぎらず、ほかの地方にも五万図には載っていないクシ地名があって不思議ではない。しかし、より精密な資料を全国的に広くさがして分布の精度を高めるのは、現実にはむつかしい。だれでも手に入れられる海図でさえ、一部あたりの値段が配送料を含めて五〇〇〇円近くかかり、その全国分を手元に集めることは、とくに個人の研究者にはほぼ不可能といってよいのではないか。

そういう次第で、本書では資料を五万図（こちらは海図と違い、インターネットで無料で閲覧することもできる。値段も一割ほどである）に限定しているわけだが、これでも統計的に著しいゆがみを生じることはあるまい。たとえ精度に多少の不備があるとしても、中通島に八ヵ所、面積では、その二倍近い福江島に一ヵ所という落差が資料の不完全だけによるはずはないからである。

すなわち、五島列島でクシ地名が中通島に偏在しているのは、実際の姿を反映しているといえる。これは、すこぶる注視すべき特徴で、歴史時代以前の日本列島における民族の移動状態を知る手がかりの一つになると思う。むろん、それにはまだまだ取上げていかなければならない事実が、たくさん残っている。

4　長崎県西彼杵《にしそのぎ》半島の周辺にも多い

「クシ」の語を含んで、それが岬を指すことが確実な地名は、長崎県では五島列島を別にすれば、西彼杵半島と、その周辺にもかなり多い。それを白地図に落として番号を付しておいたので、これに沿って説明したい。

①南島原市加津佐《かづさ》町乙の串崎

島原半島の南端に近い西岸に位置する。現状は、わずかな突起にすぎないが、古くはもっとはっきりした岬だったのではないか。東側に串（現行の地名表記では東串と西串に分かれている）の地名がある。

②雲仙市南串山町

現在では広域地名になってしまい、このような場合は観察がしにくい。しかし、町の西部に橘湾へ向かって鳥の爪のように突き出した国崎半島があり、もとはこれをクシと呼んでいたのではないか。

③長崎市高浜町野々串《ののぐし》

長崎半島の先端に近い西岸に位置する。弁天山（一一〇メートル）のあるインゲリ鼻と、これよりかなり小さいイボのような形の岬にはさまれた浦の名である。クシは、もとはどちらかの岬を指していたと思われる。

④西海《さいかい》市大瀬戸町松島内郷の串島

大瀬戸町の町場のすぐ沖に浮かぶ松島の北端にあって、現在は松島とつながっている。あいだの砂丘部分からは三〇〇〇年ほど前の人骨片が出土しており、炉跡も確認されている。そのころは岬であり、のち島になって（だから串島の名が付いた）、再び岬になったのである。

⑤西海市西海町七釜《ななつがま》郷の南串《なぐし》島

南北に細長い島だが、付け根のあたりは狭く浅い水道で、干潮時には歩いて渡れる。つまり、もとは陸地とつながる岬であったろう。読み方がミナミクシではないこと、北串の地名がないこと、その形状などから考えて、ナグシはナガグシ（長串）の意に違いないと思われる。

⑥長崎市琴海尾戸《きんかいおど》町名串《なぐし》

西彼杵半島の東岸で大村湾に面している。名串は、南方へ向かって突き出した細長い名串鼻の付け根の集落名である。このナグシ（名串）も、右のナグシ（南串）と同じようにナガクシ（長串）の意であることは、まず疑いあるまい。

⑦西海市西彼《せいひ》町大串郷

現在は、大村湾へ向かって東に突き出した、洲崎神社がある岬と、その付け根一帯を指す地名に

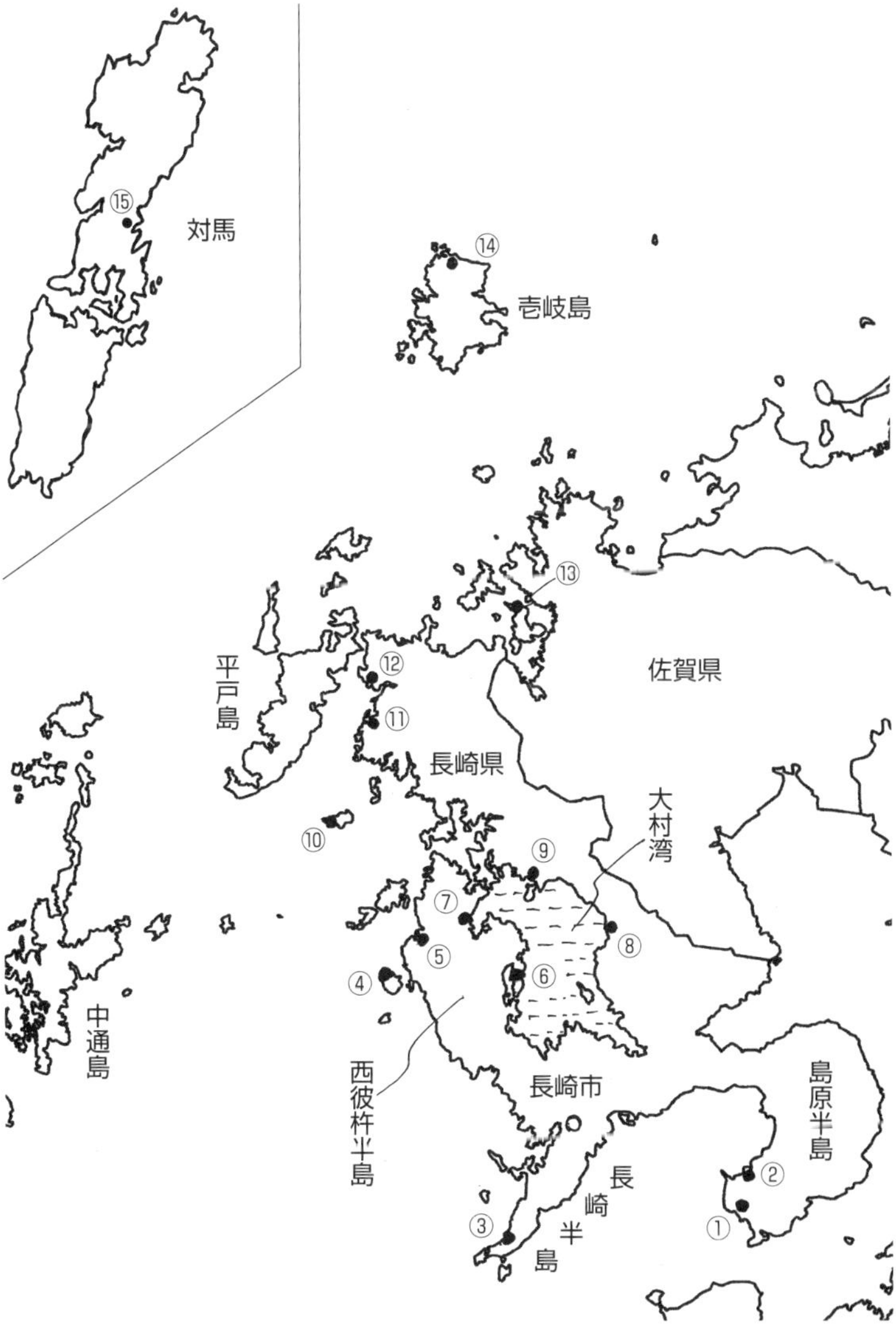

五島列島以外の長崎県のクシ地名

なっている。しかし、もともとは岬自体の名であったろう。

⑧東彼杵郡東彼杵町里郷《さとごう》の串島ノ鼻

島の名が付いているが、岬の突端（西端）の名である。付け根に串ノ浦がある。この串ノ浦に流入する串川と、南側の江ノ串川にはさまれた岬が海進によって、いったん島になったが、その後、両川の土砂が堆積して再び岬になったのではないか。国道34号のあたりは海抜三メートル余りしかない。

⑨東彼杵郡川棚町小串《おぐし》郷

大崎半島という岬の付け根に位置する。前面の湾を小串浦といい、小串郷の地内に東小串、西小串がある。小串の名が大崎半島によって付いた可能性もあるが、小と大で、やや不自然な感じもする。小串浦をはさんで半島に向かい合っている、いまサガリ鼻と称する岬が、もとの小串であったかもしれない。

⑩佐世保市黒島町の串ヶ浜（串ノ鼻とも）

佐世保市街の一五キロばかり西方に浮かぶ黒島西端の地名である。女瀬《めぜ》ノ鼻と呼ぶ岬の付け根に位置する。古くは、この岬をクシといっていたと思われる。

⑪佐世保市鹿町《しかまち》町長串《なぐし》

ここを付け根として、北へ向かって曽辺ヶ崎《そべさき》という南北に細長い岬が延びている。元来は、この岬が長串であったろう。⑤のナグシ（南串）、⑥のナグシ（名串）と音が同じである。前二者が当て字であったのに、こちらは意に沿った文字を用いている。

⑫平戸市田平《たびら》町以善免《いよしめん》の高串山

上から見た形が、ほぼ円形の岬の最高所（一〇四メートル）を頂上とする山が高串山である。すなわち、長串が長い岬であるように、標高が高い岬を高串と称したのであろう。

⑬松浦市福島町鍋串免《なべぐしめん》

いま橋で本土とつながっている福島の北端で、北西へするどく突き出している初崎の付け根の地名である。「免」は、この一帯では集落を意味する接尾語だから、もとは単にナベグシといっていたろう。ナベの語義は、はっきりしない。

⑭壱岐市勝本町東触《ひがしふれ》の串山

ここは、どういうわけか、五万図にも二万五〇〇〇分の一図にも載っていない。しかし、海水浴場やイルカパーク、縄文時代から古墳時代に及ぶ串山ミルメ浦遺跡の所在地としてよく知られているので、あえてリストに加えておくことにした。

串山は島の北端、シュモクザメの頭のような形の岬あるいは、そこの高地を指す通称である。古くは島であったが、あいだの砂丘によって本島とつながり、いまでは完全な岬の形状を呈している。ただし、クシの名が付いていることから考えて、島であったときよりもっと前には岬だったろう。つまり、岬→島→岬と変化してきたことになる。ここの北端には小串の地名も残っている。

⑮対馬市峰町櫛

対馬中部の東岸に櫛浦という、やや深く切れ込んだ入り江があり、その付け根あたりを櫛と称している。入り江の東側で、南東へ長く延びた岬があって、身投岳（五三メートル）と呼ばれる山がある。この岬が元来のクシ（櫛）であったろう。

岬の突端からは「奥ノ瀬」という暗礁が五〇〇メートルばかりも沖へつづいており、これも何千年か前には陸地であったと思われ、クシの一部をなしていたのではないか。

以上、五万図に出ている（一つだけ例外がある）長崎県のクシ地名は、五島列島を含めて二五ヵ所になる。これは全国の都道府県の中でももっとも多い。話を長崎県から始めたのは、それゆえである。

改めて指摘するまでもないが、その長崎県にあっても、クシ地名は分布に著しい片寄りを示している。それが何を語るかは、のちに詳しく取上げることにしたい。

なお、この県にはほかにも、

- 佐世保市吉井町梶木場《かじこば》の串田池
- 島原市湊新地町の櫛形島
- 雲仙市小浜町南本町字鬢串《びんぐし》

のように、クシの音を含んだ地名が存在する。しかし、これらはおそらく、岬とは関係がなく、本書でいうクシ地名には当たらないと思うので、その例には入れていない。このような地名は、ほかの都道府県にも多くあり、中にはクシ地名かどうか判別に苦しむ場合も少なくない。これも、のちに改めて問題にするつもりである（本章9節）。

5　日本語の「クシ」と朝鮮語の「コッ」

クシ地名については、長崎県以外の地方も取上げなければならないが、ここでいったん地名を離れて、言語そのものからクシという語のもつ意味に迫ってみたい。これによって、クシが「岬」を指すことをいっそう揺るぎないものにしたあと、話を次に進めたいからである。

頭をすく（梳く）櫛や、焼き鳥、おでんなどの串の言葉は、小学校へ入るころの年齢になれば、ほとんどの者が知っているのではないか。この語は、ほかの語では言い換えがきかず、もっとも基本的な日本語の一つになっているといえる。

どんな辞書、事典にも載っていない（と思う）が、クシにはさらに岬の意があったことは、これまで地名の観察を通じて明らかにしたとおりである。日本民俗学の創始者、柳田國男は『海南小記』（初

出は一九二五年）の「六　地の島」の中で、

「クシは即ち亦岬の古語である」

と記しているが、これも各地を旅行しているあいだに、クシ（文字は、だいたいは串か櫛）の名が付く岬が多いことに気づいたからであろう。

要するに、クシという名詞には、①櫛　②串　③岬の三つの意味があるか、あったことになる。これは朝鮮語コッの分析によって、疑問の余地がない程度に立証できる。

朝鮮語の古語では、串のことを「コッ（곶）」といった。その名残りは現代語にも明瞭に認められ、あとにカム（柿）がつづくと、「串柿」の義になる。串柿は串に刺して日にさらす干し柿のことである。

現今の普通の辞書では、コッの語は、

「地名に付いて岬の意を表す」

と説明されている。つまり、日本語とは逆に、単独では今日、櫛、串の意は失われ、もっぱら岬を指しているのである。

一方、櫛は「ピッ（빗）」だが、大阪外国語大学朝鮮語研究室編『朝鮮語大辞典』（一九八六年、角川書店）によると、先のコッとよく似た音の動詞「コッ（꽂）」には、

①差す、突き差す　②突く、小突く　③（髷《まげ》を）結う

の意があるという。

厳密にいえば、右の動詞の語頭の音は濃音《のうおん》と呼ばれ、名詞とは少し音が異なる。しかし、それは長いあいだの音韻変化の結果であって、もとは同じ言葉だったと考えてかまうまい。すなわち、「差す」「突く」は串と、「（髷を）結う」は櫛とつながっているといえる。そうして、名詞のコッには岬の意がある。

右の곶と꽂の音差は、日本語や英語などが用いている文字では書き分けることができないが、要するに、日本語のクシにも、朝鮮語のコッにも、「櫛、串、岬」の三つの意味があるか、あったのである。これが偶然であるはずがない。

なお、日本語のクシと朝鮮語コッとは音が違うと感じられる方がいるかもしれないので、これについて一言しておきたい。

日本語は、すべての単語のみならず、音節までもが母音で終わる典型的な開音節系の言語であり、最後が子音で終わったり、朝鮮語のコッやピッのように声をのみ込んで発しない発音が存在しない。だから、もしそのような言葉が日本語に入ってくると、無理にでも母音を付加することになる。

例えば、愛玩動物を指す「ペット（ｐｅｔ）」という英語を、日本人は「ｐｅｔｔｏ」と原語にはない母音を加えて発音するしかないのである。また、朝鮮に多い「朴」姓を仮名で表記するときは「パク」とするのが普通だが、近ごろではその不自然を避けてクの文字を小さく書いたりする人もいる。しかし、実際の音は「パッ」に近いのではないか。

ともあれ、もしコッの語が朝鮮半島から日本列島へ伝えられたものだとしたら、コッのあとに何らかの母音を付けて用いるしかなかったろう。ただし、この言葉が単純にそのような経路をへてきたとはいいきれず、のちに詳述するように（第六章7・8節）、中国南方の海洋民族の渡来によって日朝両語に伝わった可能性が高いように思われる。

いずれにしろ、クシとコッは、もとをたどれば同じ音と同じ意味をもった言葉だったといって差しつかえあるまい。

縄文時代から古墳時代ごろへかけての櫛は、現在のそれとはかなり違って、爪を異常に長くのばしたときの人の手のような形の装飾品であった。むろん、指や爪の部分は細くて、竹串のように尖っていた。つまり、髪をすくというより、髪にさすものであり、その用途は今日のかんざしに近かった。その歯の一本、一本は串に似ており、クシに「尖ったもの」の意があったことは間違いないだろう。半面、クシの名が付く岬には、すでに見てきたように細く長く延びたものもあるが、ずんぐりしていたり、円形であったり、シュモクザメの頭のようなものもあって、必ずしも尖っているわけではない。あるいは、もともとは串のような形状の岬をクシと呼びはじめ、それが岬一般に及んだこともありえるが、「尖ったもの」のほかに「突き出たもの」の意を合わせもっていたことも考えられる。

どちらにしても、クシは櫛、串、岬を意味する一つの言葉であり、しかも外来語だったのである。

6　八代海《やつしろかい》は中通島と並ぶクシ地名の密集地

長崎県の五島列島の、とくに中通島と、その対岸の西彼杵半島一帯に、クシ地名が目立って多いことは、すでに述べたとおりである。

次は、この二つの地域の南東方向に当たる八代海周辺を取上げることにしたい。

八代海は、熊本県の天草上島および天草下島と、熊本県本土の西岸にはさまれた細長い内海で、北東―南西を縦軸にしている。おおかたは熊本県に所属するが、南西端は鹿児島県の長島や獅子島《ししじま》などと同県本土の北西端に接している。

熊本県には、クシ地名と判断しうるところが一二ヵ所あるが、そのうちの一一ヵ所は八代海の周辺に位置する。残る一ヵ所も、そう遠く離れていない。

また、鹿児島県に入るものの、八代海に臨む場所に三ヵ所のクシ地名が確認でき、両県合わせて一五ヵ所ということになる。

それらを白地図に落として番号を付けておいたが、次にその住所を表示しておく。①から⑫までは熊本県、⑬から⑮までは鹿児島県である。なお、紙数の増加を避けるため説明ははぶいた。いずれも海べりか、もとはそうであったと思われるところにあって、岬か岬の付け根に位置している。

①天草市牛深《うしぶか》町茂串《もぐし》
②天草市牛深町出の串
③天草市五和《いつわ》町御領《ごりょう》字小串《おぐし》
④天草市御所浦町牧島の串が崎
⑤天草市倉岳町浦字小串川《こぐしご》（地名である）
⑥天草市倉岳町棚底《たなそこ》字尾串《おくし》
⑦天草市龍ヶ岳町高戸《たかど》字高串
⑧上天草市姫戸《ひめど》町姫浦字辺戸串《へどくし》
⑨上天草市大矢野町上字串
⑩上天草市大矢野町上字女鹿串《めがのくし》
⑪葦北郡津奈木《つなぎ》町福浜字合串《あいくし》
⑫上益城《ましき》郡益城町島田字櫛島屋敷
⑬出水《いずみ》郡長島町蔵之元の高串崎
⑭出水郡長島町獅子島の串崎
⑮出水郡長島町獅子島字幣串《へぐし》

このほか、長島から四〇キロばかり南西に浮かぶ甑島《こしきじま》列島（鹿児島県薩摩《さつま》川内《せんだい》市）に、

・大串・小串・沖の串・ヘタノ串

と四つのクシ地名が存在する。

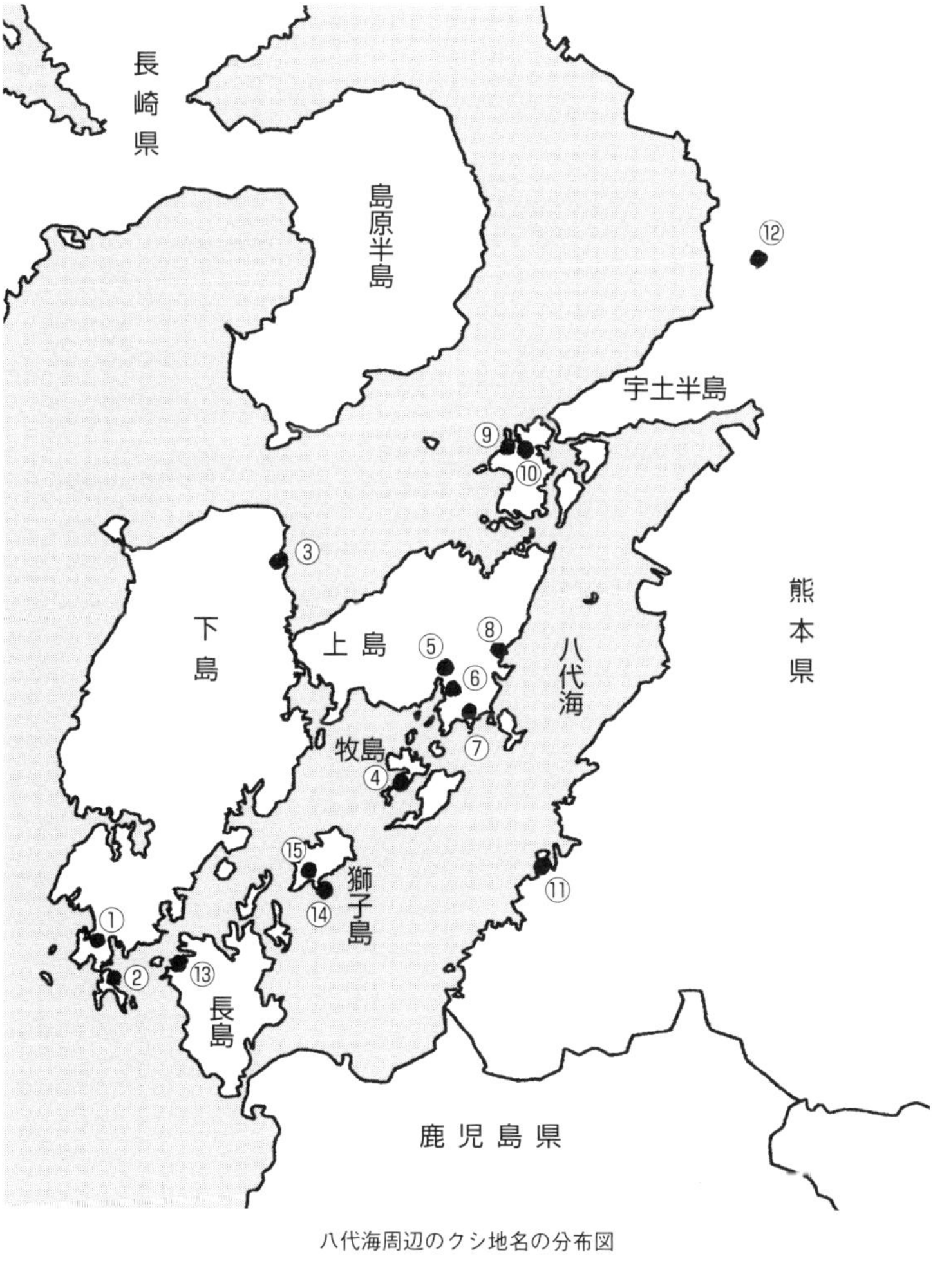

八代海周辺のクシ地名の分布図

鹿児島県には右以外にも、

- 南さつま市坊津《ぼうのつ》町久志《くし》字大久志
- 鹿児島市喜入《きいれ》瀬々串《せせくし》町瀬々串
- 肝属《きもつき》郡肝属町北方字小串《こぐし》

などクシ地名の可能性が高い例や、

- 鹿屋《かのや》市串良《くしら》町
- いちき串木野市

のように、どちらとも判断しがたい地名もある。しかし、その数は少なく、同県のクシ地名は八代海から甑島へかけてに集中しているといって過言ではない。

鹿児島県で注目されるのは、種子島《たねがしま》と屋久島には一つのクシ地名も見いだせないことである。さらに南方の奄美諸島にも少なく、

- 大島郡宇検《うけん》村久志《くし》（奄美大島）
- 大島郡徳之島町下久志（徳之島）

を見るくらいにすぎない。しかも、これらは中通島や八代海の場合のように典型的とはいえず、クシ地名かどうか多少の疑問が残らないでもない。

ついでながら、沖縄県にもクシ地名は、ほとんどない。わたしが気づいたかぎりでは、わずかに、

- 沖縄県名護市久志（沖縄本島）

を数えるだけである。

7　五島、西彼杵《にしそのぎ》、天草一帯がセンターになる

九州では、クシ地名は宮崎県にも、わずかしかない。

・延岡市櫛津町
・日向市日知屋《ひちや》字櫛ノ山
・串間市串間

などに、その可能性があるが、いずれも典型的とはいえない。

・西都《さいと》市穂北《ほきた》字串木
・児湯《こゆ》郡木城《きじょう》町川原《かわばる》字櫛野

などになると、さらに疑問である。

佐賀県は海岸線が短い割には、やや多い。

・伊万里市波多津町辻と唐津市肥前町湯野浦にまたがる角串鼻《つのくしはな》
・唐津市肥前町田野字高串
・東松浦郡玄海町大串新田
・唐津市鎮西町串

は、いずれもクシ地名だとしてよいだろう。

不思議なのは福岡県である。わたしが気づいたかぎりでは、

・糸島市二丈鹿家《にじょうしかか》の串崎（佐賀県境に近接している）
・北九州市門司区白野江《しらのえ》の櫛ノ鼻（関門海峡のすぐ東になる）

くらいしか見当たらないのである。つまり、あいだの玄界灘に面する長い海岸線にはクシ地名がないように思われる。これは、この地と関係が深かった壱岐と対馬にクシ地名が一つずつしか確認できない事実と対応しているのではないか。この辺は、のちに改めて取上げることにしたい（第六章2節）。

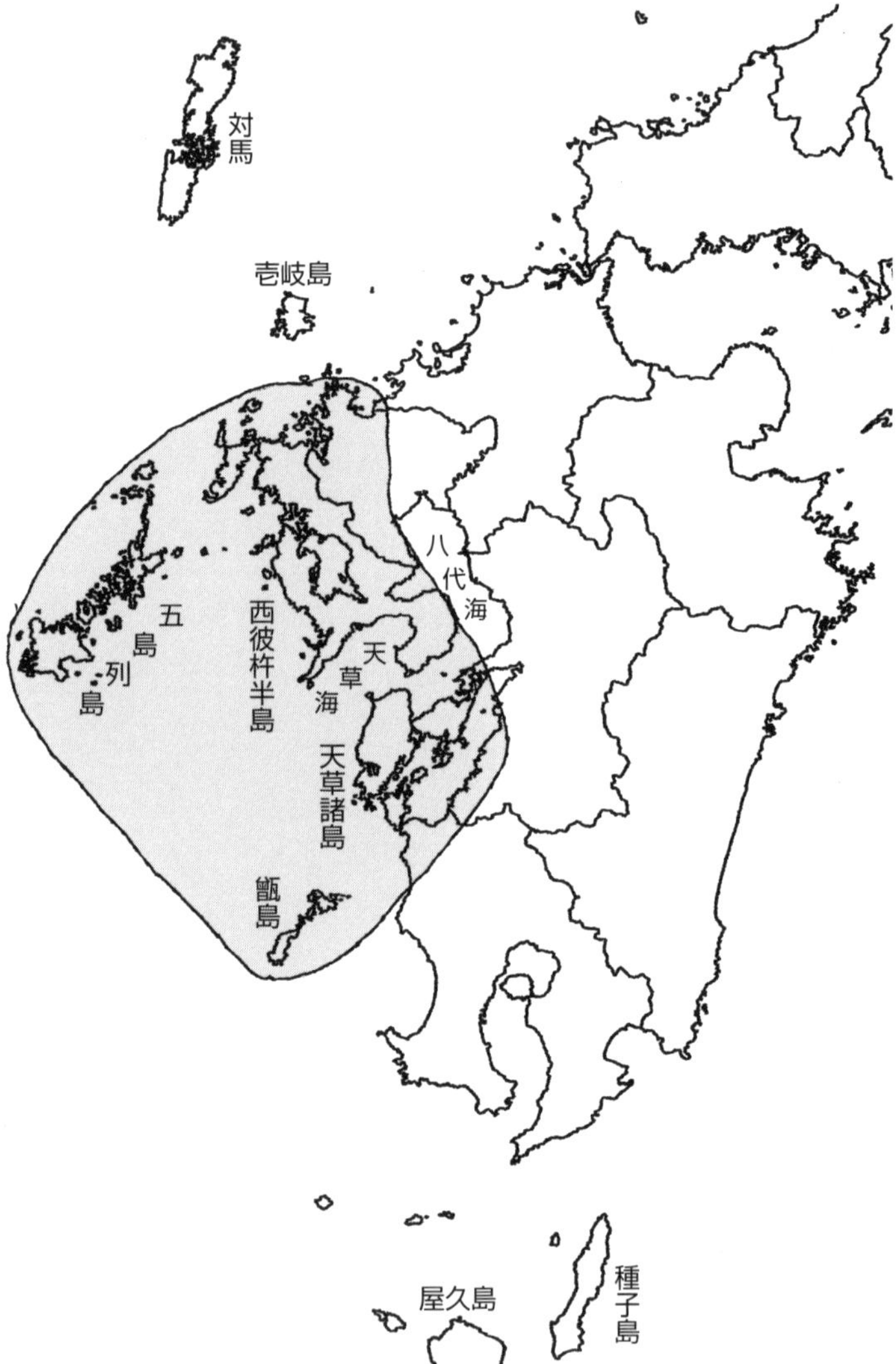

五島、西彼杵、天草一帯がクシ地名のセンターになる。

以上を要するに、九州では長崎県の五島列島（とくに中通島）、同県の西彼杵半島、熊本県と鹿児島県にまたがる八代海の周辺がクシ地名のセンターになっているといえる。

これは実は九州だけを対象にした場合にかぎらず、ここは日本全体の中でも、クシ地名が突出して多い海域になる。

これに次ぐのは瀬戸内海の、とくに西部であり、あとは四国南部や和歌山県、山口県の北部沿岸などに散見される。

一方、北海道はむろん、東北地方や北陸地方などには皆無のようである。東海地方にも少ない。関東地方には、判断に苦しむ例が後述のようにいくつもある（本章末）。

櫛、串を意味し、かつては岬をも指していた「クシ」という名詞は、いつとも知れないころから日本語の基層語の一つになっていた。しかし、もともと列島で使われていた言葉ではなく、どこかからまず九州の北西岸に渡来してきて、いったんそこに住みついていた民族の言語だったと考えられる。本書でいうクシ地名の分布から、そう判断するしかないのではないか。

クシの語は、すでに縄文時代からあった。これについては証拠とともに次章で説明するつもりである。本章では、なおしばらく分布の話をつづけたい。

8　山口県から東へたどる

五島列島、西彼杵半島、天草海周辺に次いでクシ地名が多いのは瀬戸内海の、とくに西部であり、その様子を山口県から見ていくことにしたい。掲示の地図に沿いつつ話を進めることにするが、地名だけを列挙して説明ははぶいてある。
①下関市長府宮崎町《ちょうふみやざき》の串崎

②山陽小野田市津布田《つぶた》字串
③山陽小野田市くし山
④宇部市小串《こぐし》
⑤宇部市際波《きわなみ》字串
⑥周南市櫛ヶ浜
⑦柳井市神代《こうじろ》字串
⑧大島郡周防大島町志佐《しさ》字郷串《ごうぐし》（周防大島＝屋代島）
⑨柳井市平郡《へいぐん》の櫛崎（平郡島）
以上は瀬戸内側であり、次からは響灘および日本海沿いになる。
⑩下関市吉見古宿《こじゆく》町の串本岬
⑪下関市豊浦町小串《こぐし》
⑫下関市豊北《ほうほく》町粟野の串山
⑬萩市大井字後地《うしろぢ》の串山崎
瀬戸内側では今日、埋立てなどのため観察がしにくくなっているが、右の一三ヵ所はクシ地名だと判断して、まず誤りないと思う。

山口県から東ないしは南へ向かうにしたがい、だんだんクシ地名が減少していく傾向にある。それをまず、日本海側から見てみる。

同県の東隣の島根県には、
・大田《おおだ》市温泉津《ゆのつ》町温泉津字沖泊の櫛島
・松江市島根町加賀《かか》の櫛島

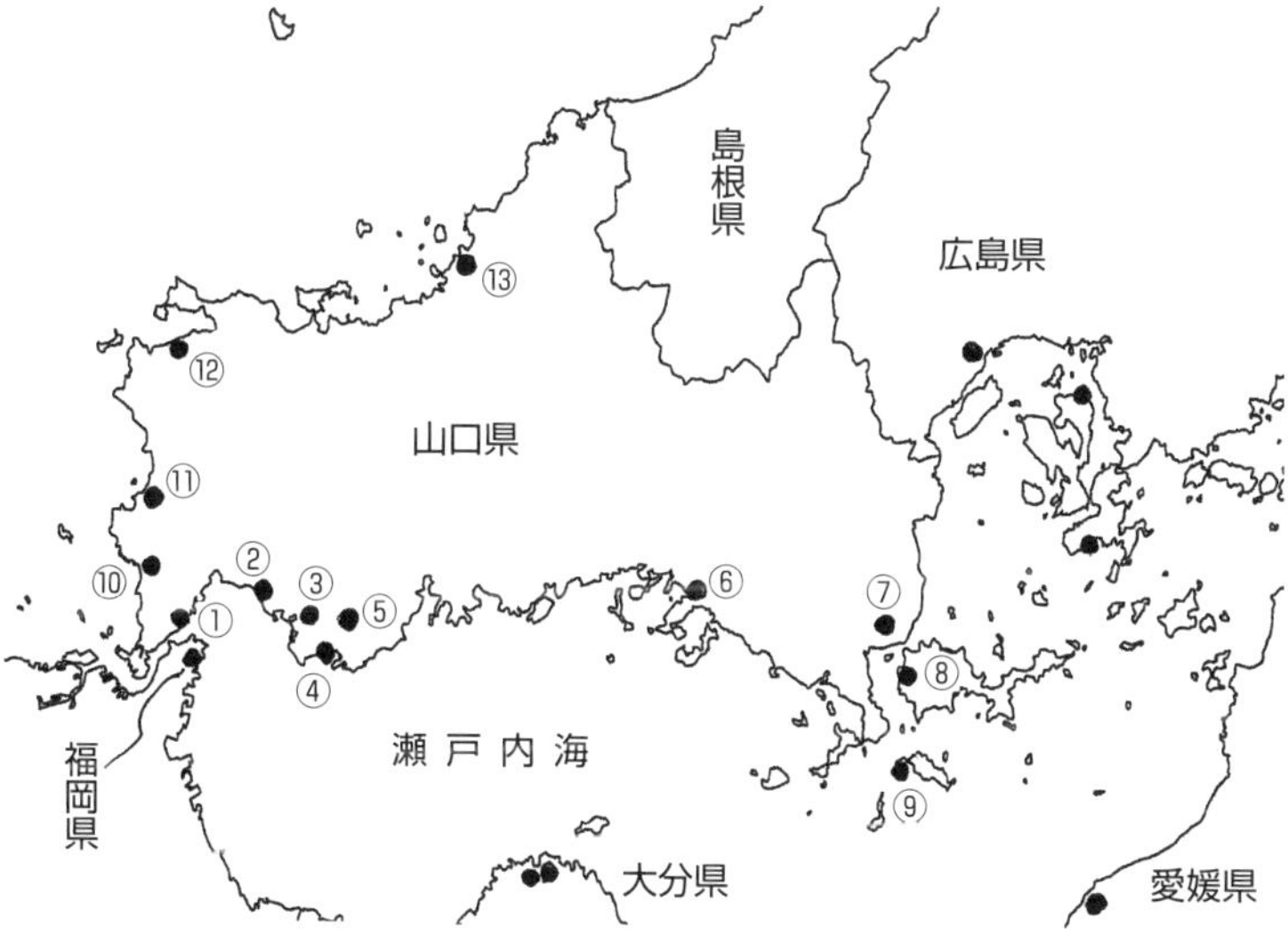

山口県と、その周辺のクシ地名の所在地

の二ヵ所にすぎないが、これらはもと岬が島になった典型例に数えることができる。のちに、もう一度、取上げるつもりである。

さらに東の鳥取県には全く見当たらない。兵庫県の日本海側と京都府にもない。ただし、八世紀成立の『丹後国風土記』逸文には、古来の名勝「天橋立」に触れて、

「後《しり》を久志《くし》の浜と名づく」

と見えている。「後」すなわち天橋立の付け根に当たる、いまの京都府宮津市江尻のあたりの浜を「久志の浜」と呼んでいたのである。そうだとするなら、南へ向かって細く長く延びた天橋立を「クシ」と称していた時代があったことになる。

天橋立の東側には現在も白砂の浜が延々とつづいているが、わたしが令和四年四月に会った江尻の高齢の男性は、

「そんな名のところは、この近辺にはない」

と断言していた。五万図にも載っておらず、久志の浜の名は、いつのころかに消滅したので

あろう。これは、消えたことが確かめられる唯一のクシ地名になる。
ここから北の日本海沿いには、確実にクシ地名だといえる例はないようである。
•福井県敦賀市櫛川
•富山県射水《いみず》市串田
など、クシの付いた地名は存在するが、岬を指している可能性は低いように思われる。
次は瀬戸内海である。広島県では、
•廿日市《はつかいち》市串戸
•江田島市江田島町切串《きりくし》（江田島）
•呉市倉橋町才ノ木の長串の鼻（倉橋島）
•豊田郡大崎上島町大串（大崎上島）
•尾道市因島重井《しげい》町の長串鼻（因島）
•尾道市浦崎町の串の鼻
の六ヵ所が、岬と関係しているといえる。右のうち、初めの三つは前掲の地図に左から順に黒点として落としてある。あとの三つはスペースの都合で載せていない。
広島県の東隣の岡山県になると、それらしい地名は、
•倉敷市船穂《ふなお》町水江字又串
•岡山市南区小串《こぐし》
くらいしか見当たらない。
そうして、兵庫県と大阪府には皆無となるようである。瀬戸内海で最大の淡路島（兵庫県）にさえ、一つも見つからない。

以上は瀬戸内海北岸の話だが、南岸の四国側にも典型的なクシ地名がいくつかある。

まず愛媛県では、

・西宇和郡伊方《いかた》町串

が挙げられる。この集落は、四国の北西端から真っすぐに細く長く豊後水道へ突き出した佐多岬の突端に近い北岸に位置している。もとは岬全体を指したクシの語が、のちに岬の主邑の一つだった村の名に移ったのではないか。

・今治市大三島町宮浦の御串《みくし》山（大三島）

も、型どおりのクシである。同県には、ほかにも三ヵ所ばかり、岬とかかわる可能性の高いクシの付いた地名が見られる。

香川県では、

・さぬき市鴨庄《かもしょう》 字大串と字穴子の小串《こぐし》岬

が、もっとも典型的であろう。「はじめに」の2に掲げておいた地図を見ていただくとわかるように、瀬戸内海へ向かって牛の角のように突き出した二つの岬のうち、東側の大きい方が大串岬、西側の小さい方が小串岬である。

ほかにも、確実なクシ地名が三つほどある。

徳島県では、小鳴門海峡に面した、

・鳴門市北灘町櫛木

が、そうであろうが、ほかには確かな例はないのではないか。

太平洋側へまわって、高知県では、足摺岬の西方に浮かぶ沖ノ島の

・宿毛市沖の島町弘瀬の櫛ヶ鼻

が絵に描いたようなクシを示している。さらに、名勝として知られる、
・土佐清水市竜串《たつくし》
も、そう判断してよいと思う。

高知県の中東部と、徳島県の中南部の海岸線にはクシ地名は見えないようである。

紀伊水道をはさんで四国東岸と向かい合う和歌山県には、不思議な特徴が認められる。まず、本州最南端の潮岬の付け根に位置する、
・東牟婁《むろ》郡串本町串本
がクシ（潮岬）による地名であることは、いうまでもない。これ以外にも、
・西牟婁郡すさみ町周参見《すさみ》字大串
・東牟婁郡串本町伊串
もクシ地名であろう。

沿岸の確実な例は、せいぜいでこの程度なのに、内陸部にクシの付く地名が異常に多いのである。それは少なくとも一五ヵ所にのぼるが、次に一部を列挙しておく。
・日高郡日高川町串本
日高川をせき止めた椿山ダムのすぐ上流の地名である。川の屈曲部を指しているか。
・田辺市串（旧大塔《おおとう》村）
・田辺市龍神村丹生《にう》ノ川《かわ》字串
・日高郡印南町高串
右の三つも、川が大きく屈曲したあたりに位置している。その陸側の突出部を岬に例えたのかもしれない。

・日高郡日高町志賀字久志
古くは低湿地に突き出した岬であったか。

ほかにも、わたしには由来がはっきりしないクシの付く地名が少なくない。この種の地名は他府県にも珍しくないが、和歌山県にはとくに多いように思われる。

9 関東地方などの場合

クシの語を含んでいながら、岬とはかかわりのない地名のうち、その由来がほぼ明らかなものもある。

・山梨県南アルプス市と南巨摩《こま》郡富士川町境の櫛形山(二〇五二メートル)
・東京都大島町(伊豆大島)の櫛形山(六七二メートル)
・青森県黒石市と平川市境の櫛ヶ峰(一五一七メートル)

などは、横から見た山の形が和櫛に似ていることによるらしい。和櫛の背中は弓型にたわんでおり、それに例えたのである。

・愛知県一宮市萩原町串作《くしつくり》
・埼玉県加須《かぞ》市串作
・茨城県鉾田市串挽《くしひき》
・宮城県柴田郡村田町菅生《すがお》字櫛挽《くしひき》
・秋田県由利本荘市館字櫛引《くしひき》

などは、和櫛を作る職人の集住によるのであろう。特定の職業者が集まり住んだ場所に、その職業者を呼ぶ名を付けた地名を職業地名ということがあるが、その一種だといえる。

櫛を作ることは、また「櫛を挽く」ともいっていた。

このような例は別にして、岬のことを指すクシ地名の分布は、日本海側では既述のように山陰あたりをかぎりに、それより北にはほとんどなくなる。北陸と東北地方には皆無ではないかと思う。

一方、太平洋側では和歌山県には確実に存在するが、その隣の三重県から東は急に見当たらなくなる。ただし、折りおり判断に苦しむ場合がないわけではない。

そんな中で、和歌山県からぽんと飛んで、関東地方は例外をなしている可能性がある。その一つに、まず、
・千葉県南房総市久枝《くし》
が挙げられる。

久枝は現在は、JR内房線岩井駅の西方と、その先の岩井海岸を指している。しかし、このあたりはどこも標高が一〇メートルに満たず、やや古い時代には海か干潟だったのではないか。半世紀ばかり前の地図にさえ、駅の東側を含め、隣接地にはとぼしい水田や沼沢地が書き込まれているほどである。

岩井の名も、北西隣の安房郡鋸南《きょなん》町岩井袋から移ってきたと考えられる。岩井袋は、その名のように二つの岬のあいだにはさまれた袋状の入り江で、南側の岬の付け根に、むき出しの巨岩の壁がある。「岩井」は、それによる名であろう。

いまクシ（久枝）と呼んでいるところも、この岬のことだったとみなして少しも不自然ではない。
・千葉県成田市久井崎
は、一五世紀や一六世紀の古文書には「久士崎」と記されている。もとクシザキだったのがクイザキと訛ったのである。

ここはいまでこそ内陸に位置しているが、古くは太平洋の内湾の「銚子入江」が入り込んだ海べり

であったらしい。近隣に津富浦《つぶうら》、木浦《きうら》などの地名があり、それを裏づけている。そうして、久井崎は、その内湾に突き出した岬のような地形を今日も残しているのである。

・勝浦市串浜

地元では、前の浜が和櫛の背のように湾曲しているので、クシの名が付いたとしているようである。あるいは、そうかもしれない。だが、いま氏神の春日神社が建つあたりを南端とする尾根をクシと称した可能性もあるのではないか。つい半世紀ほど前まで、その辺は砂浜であった。

関東には、また右とは別種のクシ地名とみなせそうな例が、いくつか見られる。

・茨城県水戸市大串町
・茨城県下妻市大串
・埼玉県比企郡吉見町大串
・群馬県高崎市吉井町小串《おぐし》

などである。

茨城県水戸市の大串は、東へ突き出した大きな丘陵の先端部を指す地名である。ここは現在では内陸になっているが、五五〇〇年くらい前には海に面した岬の突端であったと思われる。その証拠に、丘陵の先端に残る当時の大串貝塚からは汽水性のヤ

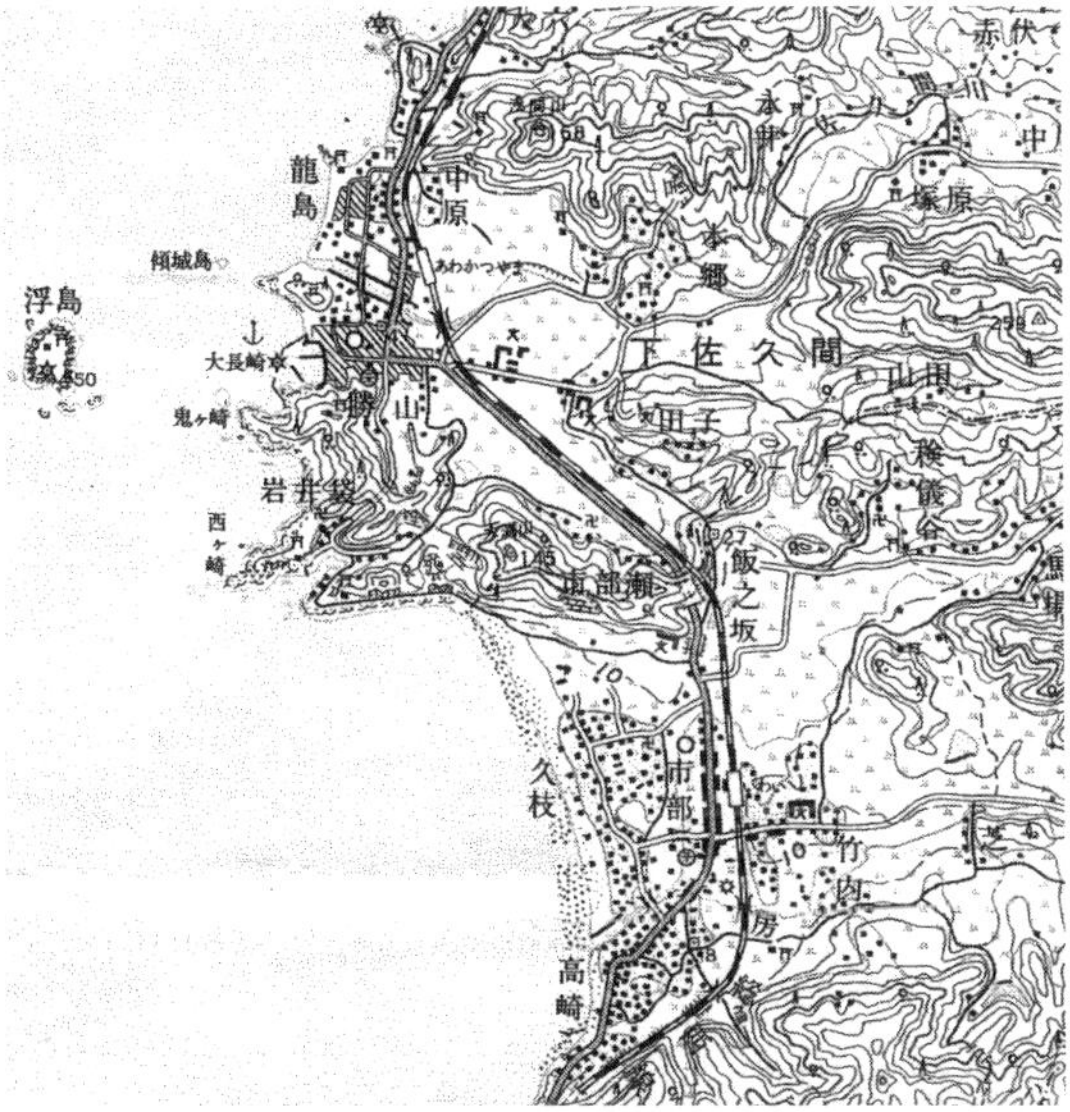

現千葉県南房総市久枝のあたりの地形図（1963 年測量、1967 年補足の 5 万図「那古」より）

マトシジミのほか、海産のハマグリ、カキ、アワビなどの貝類、タイ、スズキ、フグなどの骨が豊富に出土している。

いま周囲に開かれた水田の標高も二―三メートルしかない。五五〇〇年前といえば、縄文海進が頂点に達したころであり、そこは海底であったろう。つまり、ここでは岬をオオクシと呼んでいたことになる。ただし、その後もなお、しばらくは岬だったかもしれず、オオクシの名が付いたのは縄文時代であったとは断言できない。

茨城県下妻市の大串は、南北に細長い微高地の南端あたりの地名である。そこには大宝《だいほう》八幡神社と大宝城跡があり、まわりの水田との比高差は一〇メートル前後であろう。その水田が東の小貝川と西の糸繰川によって生まれた広大な沼地であったことは、八世紀成立の『常陸国風土記』筑波郡の項に、

「郡《こほり》（郡家《ぐうけ》＝郡役所のこと）の西十里に騰馬《とば》の江《あふみ》あり」

と見えることによって裏づけられる。

「騰馬の江」は、『万葉集』では「鳥羽《とば》の淡海《あふみ》」（1757番の歌）と表記されているように湖であった。大串は、そこの岬だったことになる。

埼玉県吉見町の大串は、かつては北の荒川と、南の市野川にはさまれた氾濫原に面する細長い微高地だったと考えられる。まわりとの比高差は三―五メートルばかりにすぎず、南から望んでも、そうだったらしいことはほとんどわからない。しかし北側へまわると、やや高くなっていることに気づくはずである。そうして、人家はそこに集中している。昔の人は、この微高地が水につかりにくいことを知っていたのである。あるいは家が建ちはじめたころは、沼沢地に突き出した岬だったのかもしれない。

群馬県高崎市の小串は、鏑《かぶら》川（利根川水系烏川の支流）の南岸に沿って、東西に細長く延びる微高

地一帯の地名である。ここらあたりは、いま住宅が建て込んで観察がしにくいが、グーグルの航空写真を見ると、帯のように細長い丘陵があることがよくわかる。オグシは、それを指した名であろう。

以上の大串、小串は関東地方のクシ地名に当たると、いちおういえるのではないか。ただし、そう断じるには疑問が残らないでもない。

四つとも、本当に串のように細長く、これは岬を指すクシによって付いたというより、尖った串にもとづく名だとも考えられるからである。クシ地名のセンターである九州北西岸には、クシといいながら、ずんぐりした岬や円形で中央がぽこんと盛り上がった岬も珍しくない。つまり、その形は竹串のようだとはかぎらないのである。

それに対して、右の四つはみな細長い。あるいは、竹串のように尖った地形の意で付いた地名であって、岬とはとくに関係していないこともありえるかもしれない。

＊

コラム④　地名の集落への移動について

本章では、しばしば岬の付け根に位置するクシの語を含む集落名が、その先の岬を指す地名が移ったものだと述べてきた。これについて、そんなことが頻繁に起きるのかと疑問に思われる方もいるかもしれないので、多少の説明を加えておきたい。

地名が移動することは決して珍しくない。というより、ごく普通に見られる現象である。それをケース別に語るには相当の紙数を要するうえ、のちにその一部の型は取上げるつもりであり（第五章）、ここでは地形、地物の特徴によって付いた地名が、時をへて近くの集落の名へ移る場合にかぎることにしたい。これは地名の移動のうちでは、もっとも普遍的な例でもある。

・群馬県利根郡昭和村貝野瀬《かいのせ》

は、片品《かたしな》川（利根川の支流）南岸沿いの村の名である。

この村名の由来を知ろうと思って、村そのもののことをいくら調べても結局、何もわかるまい。しかし、現地を訪ね、まわりを含めて歩いてみれば、すぐに気づくことがある。

村の北方を西流する片品川が、このあたりで長さ一キロほどにわたって深く切れ込んでいる。両岸には高さ十数メートルの垂直に近い崖がそびえ立ち、きわめて印象ぶかい景観を呈しているのである。河原といったものは当然、全くない。「貝野瀬」とは、もともとはこの谷を指して付いた名であったに違いない。

貝は当て字で、しいて漢字で書くとすれば、「峡《かい》」くらいが適当であろう。カイ（歴史的仮名遣いではカヒ）とは、山、丘、崖などにはさまれた廊下状の低地を意味する地形語である。古くからの共通語であり、すでに『古事記』雄略天皇条に、

「此方此方《こちごち》の　山の峡《かひ》（原文では賀比）に
立ち栄《ざか》ゆる　葉広熊白檮《はびろくまかし》」

うんぬんと見えている。

要するに、片品川のその区間は「峡の瀬（瀬は、ここでは川が狭くなったところ）」と呼ぶにふさわしい場所である。それが、いつ

群馬県昭和村貝野瀬あたりの片品川。両岸が高さ十数メートルの絶壁になっている。

のころかに南岸の集落の名に移り、そうして文字も現在のように原義とは離れてしまったのだと思われる。

- 宮崎県東臼杵《うすき》郡諸塚《もろつか》村七ツ山字八重《はえ》
- 宮崎県東臼杵郡美郷町南郷山三ケ《なんごうやまさんが》字中八重《なかばえ》

など、九州中部では「ハエ（文字は、ほとんど八重）」の地名をよく見かける。

柳田國男は、これを「山中の小平地」の意にとっていた（『地名の研究』の「二〇　ナル、ナロ」）。わたしは全く逆で、それは「崩落地」を指していると思う。山の急斜面が雨や雪で崩落することを「ツエル」「クエル」といい、この言葉を日常的に使っている地方は、いまもあちこちにある。そのような場所は、ツエ、クエである。

- 大分県宇佐市安心院《あじむ》町萱籠《かやごもり》　字崩ケ迫《つえさこ》
- 山口県宇部市小野字崩ケ迫《くえさこ》

などは、その例になる。

日本語のｋ音とｈ音は交替しやすいことが知られている（ｋｈ変換）。「鋸《のこぎり》」は古くはノホキリ、「含む」はフフムで、「岐神《ふなどのかみ》」はクナトの神とも称していた。「嚙《か》む」と「食《は》む」とは相通じ、カケ、ガケ（ともに漢字では崖）とハケ、バケ（上に同じ）とは同義である。

それはクエとハエについてもいえる。つまり、ハエはクエと同じく崩落地の意の言葉だと考えて不自然ではない。実際、九州のハエ（八重）を現地に訪ねると、そのような地形が近くに存在することが多い。

ただし、集落をわざわざそんなところに構えるはずはない。そこを避けて、わずかな平坦地に人びとが集まり住んで、やがて集落が形成されたのである。ところが、その集落を呼ぶのに、近くの特徴的な地形によるハエの名が転用されたと考えられる。

柳田はハエの付く村が、どれもかなりの山中にあって、ただそこだけは小規模な平地になっていることに気づいていたに違いない。その事実から帰納して、ハエをわずかな平坦地の意にとったのであろう。だが、言葉そのものの意味からは、そのような結論にはなりにくいのではないか。

右の推測の当否にかかわらず、集落の名が近隣の目立つ地形的特徴によって付いた地名から移った場合は、いくらでもある。岬の付け根に位置する集落名にクシが付くことが少なくないのも、その一例に数えることができる。

第五章　縄文時代に列島へ渡来した民族の言葉だった

1　クシ地名の分布の片寄りは何を意味するか

「クシ」の語に岬の意があったことは、これまでに挙げてきた地名の例から、まず疑いないといってよいと思う。

この言葉について、もう一つ指摘できることは、その著しい分布の片寄りである。既述のように、九州の北西岸と、その周辺の島嶼がセンターになり、これに瀬戸内海の西部が次いでいる。そうして、この両地域から遠ざかるほど、その数が減少していく傾向が見られる。

ただし、センターの近くに位置していながら、ほとんど、あるいは全くクシ地名が確かめられないところも珍しくない。長崎県の壱岐、対馬、福岡県の玄界灘に面した海岸、鹿児島県の種子島、屋久島などである。また、そう近くはないものの、鹿児島県の奄美諸島や沖縄県にも、ごく少ない。

これは、第一―第三章で取上げたアオ地名や、第七章以下で取上げるつもりのミミ地名（ミミの語を含む地名）にはない特徴である。クシ地名のこの片寄りは、いったい何を意味しているのだろうか。

まず考えられるのは、この言葉を用いていた言語集団は、もともとはセンターのあたりにのみ居住していて、のちに瀬戸内海の、とくに西部周辺へ居住域を広げ、やがてもっと広い範囲へ拡散していったろうということである。彼らが、今日につながる日本語に大きな影響を与えたことは、クシがもっていた別の意味すなわち「串」と「櫛」が、かなり早い時期（遅くとも八世紀ごろ）には、日本語のもっとも基本的な語彙の一つになっていた事実から明らかであろう。

それでいて、彼らは、先住の民族集団とは、すぐには溶け合えないような文化的特性を有していたらしく思われる。それは例えば、種子島、屋久島にクシ地名が全く、壱岐、対馬にも、ほとんど見当たらないことによっても裏づけられるのではないか。

クシ地名のセンターの位置からいって、彼らは漁業民であったに違いない。そうだとするなら、右に挙げた四つの島へ早くから進出していておかしくないはずである。ところがそうはせず、それらよりはもっと遠い瀬戸内海へ居住範囲を広げている。だからこそ、瀬戸内にもクシ地名が多く残っているのである。

四つの島は面積が大きく、古くから漁業より農業が盛んであった。農耕社会以前の縄文時代にあっても、漁業より狩猟が主だったのではないか。一方、クシ地名が濃密に、あるいはやや多く残っているのは、小さな島々や農業には適さないリアス式の海岸などである。そんなところが、彼らのお気に入りの場所だったのであろう。彼らは漁業、それも普通とはいくぶん違う漁業、具体的には海中に潜ってアワビやサザエ、ウニなどをとることを生業としていたらしいふしがある。

この問題は、もっと多角的な視点から考える必要があり、そうするつもりだが（第六章）、その前に「クシ」なる言葉が縄文時代には、すでに存在していたことを示す証拠を紹介しておくことにしたい。

2　島に「クシ」の名が付いている理由

岬を指すはずのクシが、島の名に付いている例は珍しくない。これは不思議なことでも何でもなくて、もとは岬だったのに、のちに海進などによって付け根付近の低い部分が海面下になってしまい、先端部の高所が島として残っているのである。まず、それがはっきりしているところから話を始めたい。

・山口県下関市豊北町粟野《あわの》の串山

は昭和三十九年（一九六四）までは、粟野川の北岸に沿って細長く延びた岬であった。ところが、同川は河口部分で串山に流れをはばまれるように屈曲しており、そのため洪水が起きる原因になっていた。それで同年、岬の中ほどを開削して放水路を通したのである。つまり、全く人為的に岬を島にした特異な例だといえる。

なお、串山には五―六世紀ごろの古墳があり（現在は消滅）、このあたりの粟野（古くは青野とも書いた）という地名と関係しているかもしれない。

・長崎県西海《さいかい》市大瀬戸町松島内郷の串島

松島は、狭いところでは一キロたらずの幅しかない松島水道をへだてて、大瀬戸町の町場の沖に浮かぶ小島である。串島は、その北端にあり、干潮時には歩いて渡れた。ただし現在では、あいだを含む一帯が松島火力発電所の敷地になって完全につながっている。

松島と串島を結ぶ低地には、縄文時代から弥生時代へかけての貝塚と、古墳時代末期から奈良時代へかけての住居址などの遺跡「串島遺跡」がある。貝塚では、およそ三〇〇〇年前のものと推定される男性骨と女性骨の破片が発見されているほか、そのころの炉跡も確認されている。要するに、かつては二つの島ははっきりとつながっていた時期があった。分離されても、潮が引いたら渡れるくらい浅かったことになる。

岬だったときにクシの名が付き、それが島になってクシジマと呼ばれるようになったのであろう。

・長崎県壱岐市勝本町東触《ひがしふれ》の串山

既述のように、五万図には載っていない。壱岐島の北端に位置して、シュモクザメの頭のような形の岬が北へ突き出しており、その低部の砂丘に縄文から古墳時代に及ぶ「串山ミルメ浦遺跡」が所在する。島であった時代があるといわれ、岬→島→岬と変化してきたらしい。

・長崎県西海市西海町七釜《ななつがま》郷の南串《なぐし》島

ここもすでに紹介ずみだが、いまは南北に細長い島である。ただし、付け根のあたりは狭く浅い水道で、干潮時には歩いて渡れる。ナグシの名は「長串」の意だと思われ、岬であった時代があったことは間違いあるまい。

・熊本県上益城郡益城町島田字櫛島屋敷

いま櫛島屋敷（屋敷は集落の意）は、西方の有明海から一八キロばかり、南西の八代海から二〇キロほども離れた内陸に位置している。しかし、まわりの水田は標高が五メートル前後、櫛島の最高所は一〇メートルくらいである。そのため、雨季にはしばしば島状に孤立するという。古い時代には、海に面した標高の低い岬であったろう。

ここには縄文期から弥生期にわたる土器が出土した櫛島遺跡が残っており、そのころから岬に人が住んでいたことになる。名から考えて、のちに島になったと思われるが、それがいつごろのことかわからない。

・島根県大田市温泉津《ゆのつ》町温泉津字沖泊の櫛島

現在は長さ六メートルほどの橋で、山陰海岸の本土とつながっている。下の水道の幅は三―四メートルくらいしかないのではないか。深さも三メートル余りのようである。つまり、島とはいっても、ちょっとした海退で、すぐ岬になったに違いない。初めクシの名が付き、陸から離れたあと島を付けて呼ぶようになったと思われる。

・島根県松江市島根町加賀《かか》の櫛島

ここのことは、八世紀成立の『出雲国風土記』島根郡の条に、

「櫛島　周《めぐ》り二百卅歩《あし》、高さ一十丈《つえ》なり。松林あり」

と載っている。

島根県松江市島根町加賀の櫛島。江戸中期に築かれた石積みの堤防によって桂島とつながり、いまに至っている。

少なくとも当時は島だったのである。その後、近くの加賀港の風波よけに、手前の桂島（『風土記』の表記では葛嶋《かづらしま》）とのあいだに石積みの堤防を築いて両島をつないだ。江戸中期の一八世紀のことである。その桂島も、いまでは短い橋で本土とつながっており、櫛島も半ば岬のようになっている。

以上は、名前と地形などから判断して、もと岬でありながら、いつのころかに島になったと思われる例である。しかし、いずれも本土との距離が近すぎたり、あいだの水道が浅すぎたりで、その変化がどれくらい古くまでさかのぼるのか、はっきりしない。

旧石器時代の地球は、いまよりずっと寒気が厳しく、北極と南極付近は海が厚く凍りついて、そのため海面が低くなっていた。二万年前―一万七〇〇〇年前ごろがどん底だったらしく、そのころは現在より海面が一〇〇メートル以上も低かったとされている。

その後、地球は温暖化に転じ、一万年前には現在との高低差は五〇メートル以下に、五〇〇〇年前にはほぼゼロになっていたようである。むろん、それからも寒暖の繰り返しはあり、再び海面が何メートルか低くなったりしたこともあった。だが、その低下が数メートル以上になることはなかったらしい。

右に挙げた、いくつかのクシ地名の場合、本土と島のあいだの水道の幅、深さがたいしたものではなく、岬から島への変化が五〇〇〇年より前に起きたとはいいきれない。もっとあとの例えば一五〇〇年とか二〇〇〇年前だったかもしれないのである。これでは、もとの岬を指すクシの語が縄文時代には、すでに存在していたことを裏づける証拠にはならない。少なくとも、証明力に疑問符が付くことになるだろう。

もし、水道の深さが一〇メートルを軽く超し、幅もある程度あれば、その水道をはさんだクシの語が付く島が岬だった時代は、五〇〇〇年以上も前であったといえる。ここ五〇〇〇年以内に、そのような著しい海面の上昇が起きたことはなかったはずだからである。すなわち、その場合のクシは縄文語であることが証明されることになる。

それに相当するクシ地名は、現実に存在するのだろうか。わたしが気づいたかぎりでは一つだけある。それも、この地名のセンターに当たる五島列島の中通島に位置しているのである。

3　五島列島の串島へ

長崎県南松浦《まつうら》郡新上五島町《かみごとう》は、五島列島の中通島《なかどおり》と若松島および付属の小島嶼群からなっている。この町には九州本土と船便で結ばれた港が有川、奈良尾、青方などをはじめ、いくつかある。

わたしが中通島の中部東岸の有川港へ渡るつもりで、佐世保港へ着いたのは令和四年の四月下旬であった。それまでは四国の西岸、九州の東岸と西岸を車でまわっていた。経費を節約するため、すべて車中泊である。

佐世保では、車ごとフェリーに乗るかどうかで、だいぶん迷った。車ごとの方が島へ渡ってから便利であることは、わかりきっている。しかし、それだと往復で三万円近くかかる。これは、わたしには痛かった。

結局、車は佐世保に置いていくことにした。これなら旅客運賃が往復で六〇〇〇円余りである。島でバイクを借りたら、その料金が半日で二四〇〇円のはずであり、合わせても九〇〇〇円以内でおさまる。

九州商船のフェリーは午前八時に出港した。有川までの所要時間は二時間半ほどであった。帰りの便は午後四時三〇分すぎだから、わずか六時間の滞在になる。わたしは、そのあいだに島内をバイクで駆けまわるつもりであった。といえば、威勢がよさそうに聞こえるかもしれないが、このときわたしは七七歳、世間で喜寿などという年になっていた。

背中に小型バッグ、ヘルメットをかぶりスクーターにまたがって、いくらも走らないうちに、わたしはことはそう簡単ではないことを悟った。スクーターはフットブレーキのないタイプで、まずこれが慣れていない者には危なっかしい。車体は古く、けたたましい音はともかく、妙な横揺れがする。そうして何より、国道384号は車がぶんぶん（先方にとっては普通にだろうが）走っていた。当面、国道を通らないかぎり、どこへも行けないのである。トンネルへ入ったときには、あとから次々と迫ってくる車にはっきりと恐怖を覚えた。

わたしは早々に、わき道にそれた。取りあえず目指していた飯《い》ノ瀬戸《せど》郷の串島は、中通島の西端にあって、道のりでは有川から一五キロかそこらであろう。わたしは真っすぐそこへ向かうことをあき

長崎県五島列島の中通島と串島のあいだの水道が、もっとも狭くなっているあたり。

らめ、大きく迂回する道をえらんだ。鯛《たい》ノ浦、神ノ浦、三日《みか》ノ浦、道土井《みちどい》といった、深く切れ込んだ入江の村々をへて飯ノ瀬戸に着くまでに、たっぷり一時間もかかっていた。

飯ノ瀬戸には小規模な漁港があり、その突堤の三〇〇メートルばかり北西で串島とのあいだの水道が、もっとも狭くなっている。地形図によれば、その距離は一六〇メートルくらいであろう。深さも数メートル程度できかないことは、見た目からも明らかだった。

のちに海図で確かめると、その水深は一一・四メートルであった。海図の水深は、もっとも低いときの海水面と、海底との距離を指している。つまり、潮の状態がどうであろうと、少なくともこれくらいの深さがあることになる。

水道の正確な深さがわかったのは、あとで海図を入手してからであったが、目の前の串島が本島とつながっていたのが五〇〇〇年以上も前だったに違いないことは、現場に臨んですぐ想像できた。ここまで来てみたかいは十分にあったのである。

4　海図からわかること

既述のように、中通島にはクシ地名が八つある。もう一度、繰り返しておくと、

• 有川郷の平串鼻・有川郷の茂串・小串郷の小串鼻・立串郷の立串鼻・津和崎郷の小串瀬・飯ノ瀬

戸郷の串島・荒川郷の大串崎・岩瀬浦郷の浜串である。

これらは串島を除いて、いずれも岬の名か、岬の付け根に位置する集落の名である。ほかの地方の場合でも同じことがいえ、その事実から考えて、クシの語に岬の意があることは間違いあるまい。これは朝鮮語のコッが今日も岬の名に使われていることによって、いっそう動かしがたいものになる。

いまから五〇〇〇年以上も前、串島が岬だったとすれば、それはどのような形で本島とつながっていたのだろうか。この辺のことを海図をもとに推測してみたい。まず、次ページに海上保安庁発行の二万五〇〇〇分の一海図の「若松瀬戸及滝河原瀬戸」の部から、串島全体と対岸のあたり一帯を抜き出した図を掲げておく。

大きく見て、本島側の石埼とその対岸（名は記されていない）および、やはり本島側の念埼と対岸の小ガネ鼻とのあいだが、ほかよりやや狭くなっている。北と南の、この口のような地形にはさまれた水道は、ちょうど串島を本島から引きはがしたような形状を呈していることがわかる。

この水道全体が陸地だった時代は、もちろんあった。そのころ、串島は石埼と念埼を結ぶ線の付近を付け根にして西へ突き出した岬だったことになる。現在、水道の中でもっとも水深が深いのは南端の念埼西方で三六メートルとなっている。だから、それはいまより海面が少なくとも四〇メートルほどは低かった時代のはずである。それがいつごろのことか特定はむつかしいが、控えめに見ても七〇〇〇年か八〇〇〇年くらいは前になるのではないか。

岬（現在の島）にクシの名が付いたのが、その当時だったことは十分にありえる。しかし、ここでは大事をとって、いまの水道の北端部だけがつながっていたときにクシと呼ばれるようになったと仮定して話を進めることにしたい。

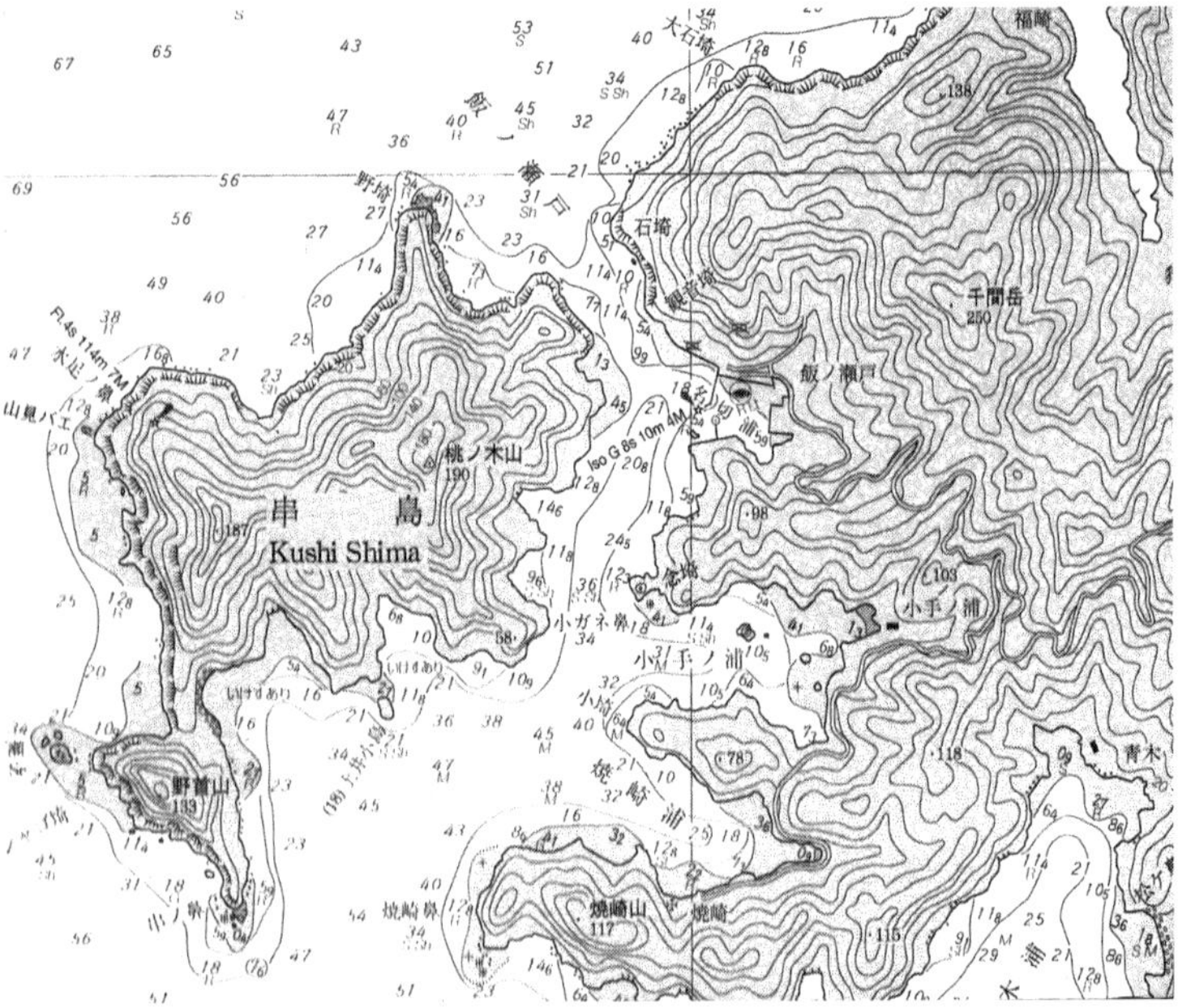

串島と、中通島の対岸周辺の２万 5000 分の１の海図
（海上保安庁発行の同海図「若松瀬戸及滝河原瀬戸」の部より）

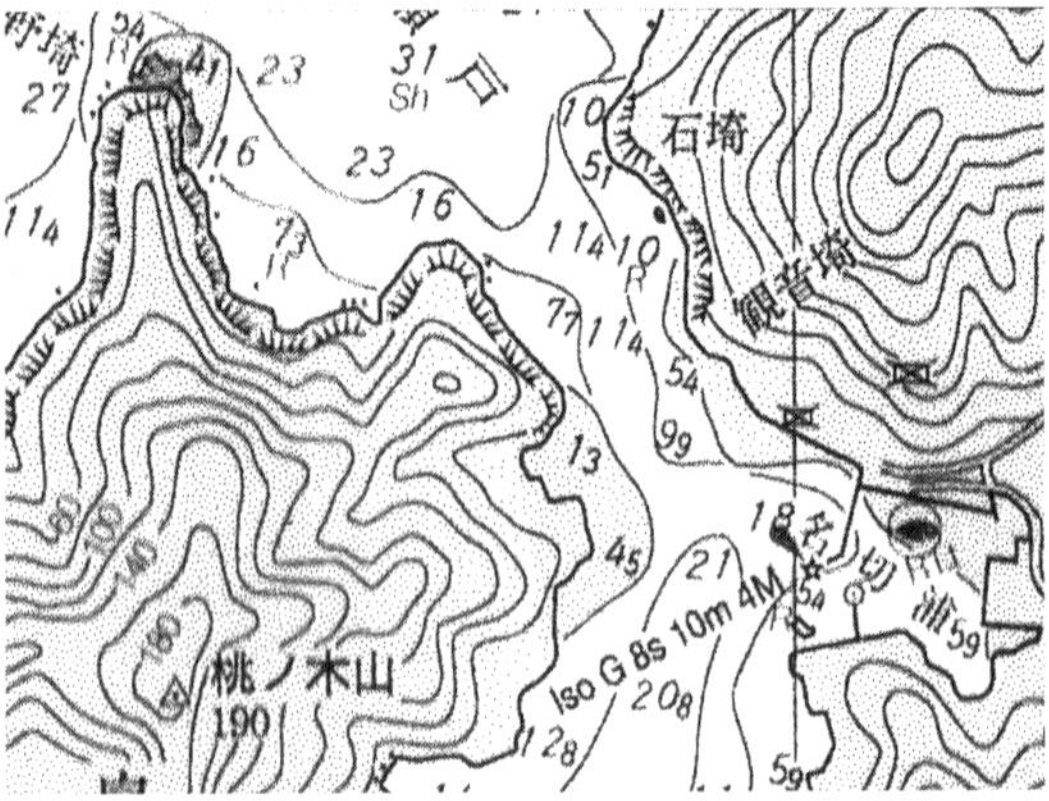

上記水道の北端部付近の拡大図

その場合は本島側の石埼と観音埼および、串島のそれぞれの対岸を結ぶ部分だけが陸地だったことになる（これ以下は右下の拡大図をご覧いただいた方がわかりやすい）。すなわち、付け根がちぎれてしまいそうなほど細かったといえる。

その中央部の現在の水深は一一・四メートルである。そうして、正確な深さは記されていないが、一〇メートルを超す水深の海底が南北に帯のように延びている。それが北は石埼の沖で、南は名切浦（飯ノ瀬戸漁港）の西方で水深二〇メートルの線に接している。つまり、それより北と南は二〇メートルを超す深さになるのである。

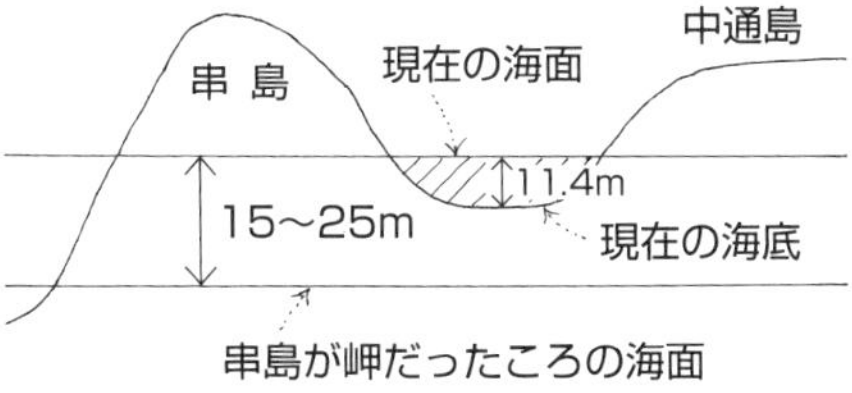

中通島と串島のあいだの北端部を横から見たときの模式図

したがって、もしここにクシの名が付いたのが先の前提のとおりだったとすると、それは海面がいまより一一・四メートルから二〇メートルくらい低かった時代だったことになる。水深は前記のように、もっとも低いときの海面を基準にしているので、実際にはこれに数メートルほど加えて考えるべきであろう。ここでは一五メートルないし二五メートルばかり低かった時代としておきたい。

5　少なくとも**縄文時代前期**にさかのぼる

串島が水道の北端部だけで中通島とつながっていたとの前提に立って、その当時と現在の様子を横から見た模式図にしてみれば、ざっと上のようになるだろう。

それでは、いまより海面が一五―二五メートルばかり低かった時代とは具体的にいつごろのことだろうか。

地球の気候と、それにともなう海進、海退の実際については、研究者たちの見解が必ずしも一致していないようであり、また、ことの性質からいっても、そう厳密な数字を示すのはむつかしいのではないか。まあ、一〇〇〇年や二〇〇〇年くらいの違いは簡単に出てくると考えておいた方がよいかもしれない。

しかし、二万年前――一万七〇〇〇年前ごろに海面が、いまより一〇〇メートルほども低かったことは、まず間違いないらしい。一万年前には、その差は半分の五〇メートル前後に、五〇〇〇年前にはほぼゼロになっていたといっても、はなはだしくは誤っていまい。もちろん、そこに一〇〇〇年とか二〇〇〇年、五メートルや一〇メートル程度の誤差が含まれることもありえるとしておく方が無難である。

そのうえで、飯ノ瀬戸の海図や模式図を眺めてみれば、どうなるだろうか。現実に考えられる、どのような仮定を立てても、串島が岬だった時代は五〇〇〇年以上も前になると断言してかまわないと思う。

五〇〇〇年前ごろは、いわゆる縄文海進が頂点に達した時期であり、当然、串島と中通島のあいだは水道になっていたろう。このあとに海面が一五メートルほども低下したことはないはずだから、両島がつながっていたのは、これ以前でなければならない。それがいつごろまでさかのぼるかは明らかでないが、常識的には六〇〇〇年か七〇〇〇年前よりあとということはあるまい。これはあくまで、かなり控えめな数字である。

むろん、海面の上下には気温の寒暖だけでなく、地殻の変動も加わっていて不思議ではない。ただ、関東平野のように、河川がもたらす土砂の堆積、流失などの影響はほとんどなかったのではないか。

要するに、串島が岬だったのは六〇〇〇年―七〇〇〇年前より以前のこと、縄文時代の前期を下らないといえる。何度も述べたように、クシは岬を指す語であった。そうだとするなら、クシの語は縄文時代の前期には、存在していたことになるはずである。

6　朝鮮半島沿海における「串地名」

クシの語が付いた岬の分布が著しく偏在している事実は、岬および串、櫛を指すクシという言葉が、ある時代に日本列島へ渡来してきた民族の使用言語であったらしいことを示唆しているように思われる。そのときすでに、列島には別系統の言語を話す民族（一つとはかぎらない）が住んでいた。その（あるいはそれらの）先住民族にとって、クシは外来語だったことになる。ところが、記紀万葉などの古代文献が成立する八世紀には、クシはもっぱら串、櫛のみを意味する言葉になっていた。記紀万葉は、それより二〇〇年は前の文字資料を内容として含んでいるから、遅くとも六世紀ごろまでには、岬の意は忘却されていたのである。

そうして、クシ（串、櫛）は立派な基層語になっていた。ほかには言いかえができない言葉になっていたといえる。これだけでも、クシが列島の住民に受け入れられてから、きわめて長い年月が経過していた状況証拠と考えることができる。

いったい、クシの語とともに列島にやってきた民族は、どこを出自とする、どんな人びとだったのだろうか。次に、この問題に立ち入る手がかりの一つとして、朝鮮半島と、その周辺の島嶼沿海における「串地名」を取上げることにしたい。なお、ここで串地名と全部を漢字で表記しているのは、半島の地図では岬の名に付く場合、ほとんど例外なく右の文字を用いていることと、その音がクシではないためである。

具体的な話を始める前に、わたしが利用した資料について説明しておかなくてはならない。日本のクシ地名のときは、原則的に国土地理院が発行した五万分の一地形図によった。半島の場合にも、同院の前身に当たる陸軍陸地測量部発行の五万分の一図を使っている。

周知のように、かつて日本（日本帝国）は朝鮮半島（大韓帝国）へ武力侵攻し、明治四十三年（一九一〇）八月、大韓帝国を植民地とした。そうして、いつからかは、わたしは確かめていないが、半島全域の測量にかかり、おおむね一九一〇年代の後半から二〇年代にかけて、全土をカバーする七二二枚の五万図を次々と作製している。ただし、少なくとも当時までには、まだ精密な測量が終わっていなかった地域があったとみえ、簡易測量にもとづいた概略図のまま発行された地図が、いくらか含まれていた。

現在、その復刻版も刊行されているが、古書市場でもかなり高価であり、備えている図書館も、そう多くはないようである。しかし幸いなことに、インターネットで無料公開されており、いつでも見たい部分を見ることができる。

方法は簡単で、まず国立国会図書館の「朝鮮半島の地図（一九四五年以前発行）」を検索すると、「韓国近代地図資料」というのが出てくる。あとは、該当の部分へアクセスするだけである。

この五万図は、基本的に日本国内の五万図（もちろん当時の）と形式、内容とも違いがない。ただ、地名はすべて漢字で表記したうえ、その横にカタカナのルビを振って読み方を示しているところが日本の五万図と異なる。ところが、その読み方が、わたしのように朝鮮語の知識がとぼしい者からみても相当にひどい。

例えば、済州島はチェーヂュートー、月串（半島南西部の地名）はヲルコチとされているが、これはチェジュド、ウォルゴッとでもした方が原音に近いのではないかと思う。総じて語尾を長音化する傾向がみられ、これが違和感の原因の一つになっている気がする。

いうまでもなく、日本語を表記するためにつくられた仮名で外国語の音を表すには、いろいろと障害が出てくる。二〇二二年五月に韓国大統領に就任した尹錫悦氏について、日本のメディアでは当初、ユン・ソクヨル、ユン・ソギョル、ユン・ソンニョルなど、いくつもの異なる表記が用いられていた。それぞれの組織には朝鮮語の専門家がいるはずであり、それでいてこれだけの相違がみられたのである。

一〇〇年ばかりも前の半島の五万図に書かれた仮名のルビが適切かどうか、適切でなかったとしたら、どう訂正すべきか、わたしなどには確かなことはいえない。したがって、以下ではほぼそのままを引用することにしたい。ただし、あまりにも原音とかけ離れているらしい場合は、わたしの判断で微修正を加えたところも少しある。

次は朝鮮語の「串」の音である。その読みとして、辞書にはコッ（곶）、クァン（관）、チョン（천）、チャン（찬）の四つが記されている。地名に付いた串は、だいたいはコッと読むようだが、そうでないルビが振られていることもあり、そのときはほかの三つのいずれかによっていると思われる。

とにかく、そうやって戦前の半島の五万図から串地名をさがし出してみたのだが、その数は一〇〇ヵ所以上になる。これは日本のクシ地名と比べて格段に多くもなく、また少なくもない。ごく大ざっぱにいえば、大差ないとしてよいのではないか。

そうして、興味ぶかいことに、朝鮮半島においても日本列島と同じように、著しい分布の片寄りを見せているのである。

7　ソウル西方の京畿湾周辺がセンターである

五万分の一地形図の一枚が含む範囲は、戦前も現在も、日本でも朝鮮半島でも東西がおよそ二三キロ、南北がおよそ一八キロであり、それぞれに表題が付いている。

陸地測量部は、これを東西に四列、南北に四列、合わせて一六枚を一組として、これにも表題を付けていた。こちらの方は、そのまま二〇万分の一図の表題にもなる（日本の場合、両方とも今日にそっくり踏襲されている）。

例えば、韓国の首都ソウル一帯の二〇万図の表題は「京城」であり、その中に「京城」「開城」「金浦」「仁川」「江華」など一五の五万図の表題が含まれている。一つ欠けているのは、そこに該当する場所が、すべて海だからである。海沿いでは、このような例は少なくない。

二〇万図の「京城」は東西が九〇キロ余り、南北が七〇キロ余りになるが、実は朝鮮半島では、この地域に串地名がもっとも多く分布しているのである。そこで確かめられる串地名は、少なくとも二八ヵ所になる。パソコン上での五万図は見づらくて、わたしが見落としている可能性は十分にあり、実際はもっと多いかもしれない。

ともあれ、この範囲のうちのソウル西方に広がる京畿湾北部に浮かぶ注文島（チュモンド）、乶音島（プルムド）、阿此島（アチャド）という小さな島嶼群から話を始めたい。

左の地図は一九七九年にソウルの瑞荃産業株式会社から発行された「韓国観光地図」の一部である。縮尺は六五万分の一、わたしが当時、韓国を旅行中に書店で買ったものである。

右の島嶼群は、江華島の西の席毛島の沖六―七キロに位置して、現在では北朝鮮領に近い。五万図では「舞鶴里」と「注文島」にわたっている。国会図書館の「韓国近代地図資料」は出力可能なので、いちおうそれを出力してみたが、わたしの操作技術が悪いせいか、それとももともとの機能に何らかの不備があるのか、図が出てくるには出てくるものの、薄すぎて何としても判読しがたい。それで、先の「韓国観光地図」を拡大し、五万図に載っている串地名を写しとってみた。何しろ六五万分の一図がもとだから、精度が落ちるのはやむを得ない。しかし、ひととおりの用は足せると思うので、これに

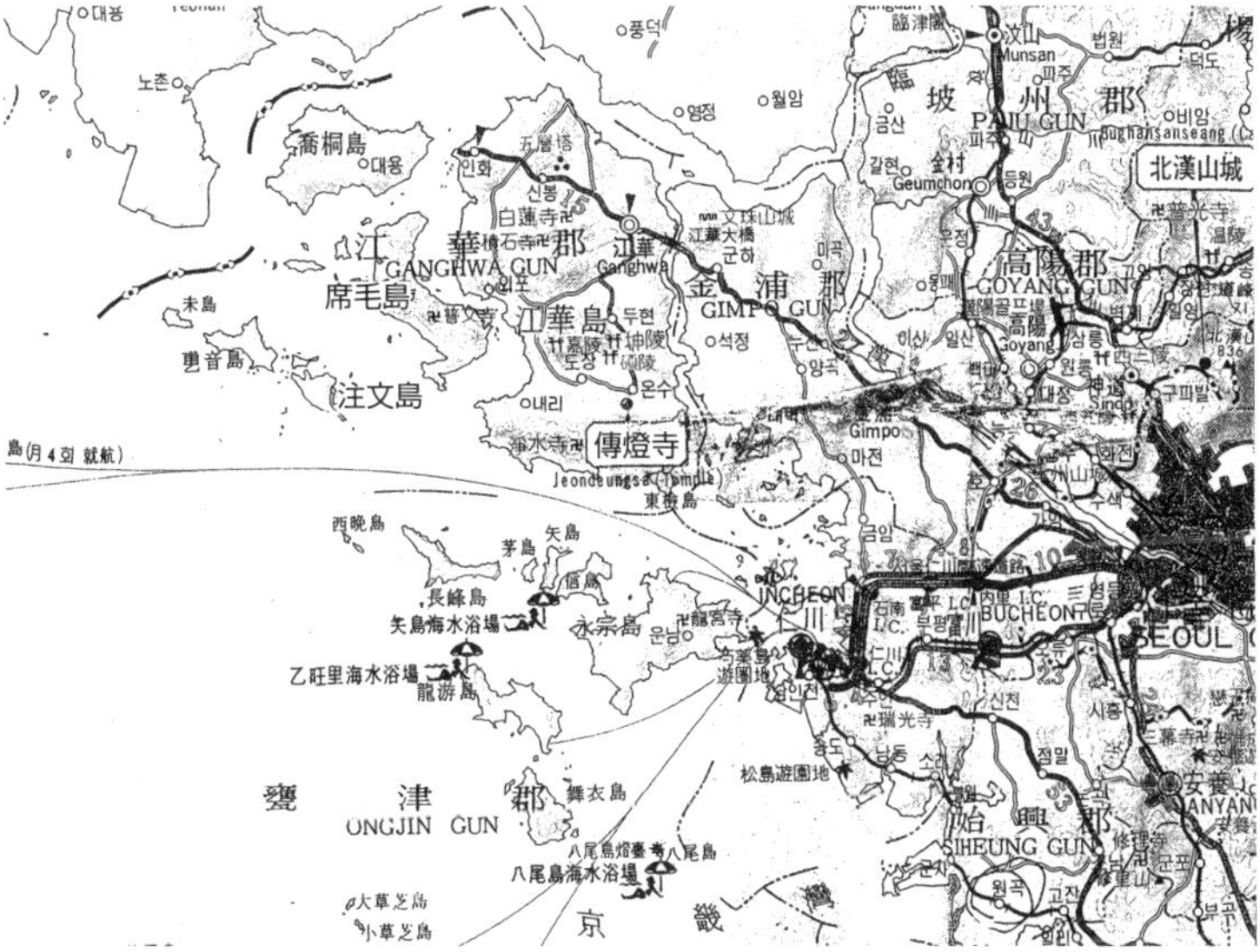

京畿湾北部周辺の地図。右端中央の黒く塗られた部分がソウル。左上に席毛島、注文島などが見える。（1979 年発行の「韓国観光地図」より）

注文島、乶音島一帯の拡大図（1979 年発行の「韓国観光地図」より）

沿って説明していきたい。

●矢串（サルコッ）　サルは朝鮮語で矢のこと。名のとおり、注文島南東端の矢のように尖った岬である。

●鷹串（ウンコッ）　この地図では、あまりはっきりしないが、五万図では明らかに東へ突き出した岬が見える。

●應串之（ウンコッチ）　語尾の「チ」を取ると、右と同音になる。意味も同じではないか。半島の串地名には、ときどき語尾に「嘴《くちばし》」の文字が付くことがある。日本のクシ地名に、しばしば鼻や崎が付くようなものであろう。嘴の朝鮮語音はチュイであり、「之」の音チに近い。この岬の名は正しくは應串嘴なのかもしれない。

●顧雉串（コチコッ）　阿此島東端の尖った岬である。

●勿岩串（ムルパオコッ）　乶音島南東端の鳥の嘴のような岬である。辞書によれば、「岩」の音はアムだが、巌にアムのほかパウィの音があるとなっている。パオは、これではないか。

●小串（ソコッ）　右と似た感じの岬である。既述のように、小串（こぐし、おぐし）の名は日本にも少なくない。文字どおりの意味であろう。

●竹岩串（チュクパオコッ）　ここでも岩をパオと読んでいる。

●目不里串（モクプリコッ）　乶音島西端の、型どおりの岬である。

これらの島々には、ほかにも岬はある。しかし五万図によるかぎり、そのどれにも名が書かれていない。つまり、名を記された岬はすべて語尾が串（一例だけは語尾の一つ前）となっているのである。まるで、ここでは岬を指す言葉は、それ以外にないかのようでさえある。

それでは、より本土に近い島々では、どうであろうか。

まず東側の席毛島（ソクモド）だが、ここには、

- 潮上串（チョサンコッ） 北西端の絵に描いたような岬だった。いまでは南側の海がふさがれて、下里貯水池ができている。
- 難串（ナンコッチ） 島の西端に位置する。

の二ヵ所しかない。ただし、ほかには串以外の語が付いた岬の名は見えない。

北方の喬桐島（キョドンド）にも、

- 乭串里（トルコリ） 島の北西端にある。里は町、村、集落を表す。
- 浮串洞（プコッドン） 島の南東岸。洞も町、村、集落を表す。

の二ヵ所である。ほかに、先端が高くなっている岬の名に「山」が付いている例が、いくつか存在する。

この二島と本土とのあいだの江華島（カンファド）は、面積三〇二平方キロほどで五島列島最大の福江島よりわずかに小さい。この島には、

- 月串里（ウォルコッニ） 月串の名の岬は少なくないが、ここもその一つ。
- 甲串里（カプコッリ） 江華島と本土とのあいだの狭い水道を鹽河（ヨムハ）というが、その北部の西側に位置する。
- 鉄串洞（チョルコッドン） 島の北端にあって、漢江（ハンガン）に臨んでいる。
- 長串墩台址（チャンコットンデチ） 墩台（トンデ）は、一八九七年に倒れた李氏朝鮮の時代に設けられた砦、砲台である。

の四つの串地名が見える。

島が大きい割には少ないように思えるが、このほかに「墩台址」と五万に書き込まれた地名がやた

らにある。全部で数十にのぼるだろう。おおかたは岬に付いていて、それは墩台がしばしば岬に築造されたことを示している。このことは、墩台址の名が岬の本来の名を駆逐してしまった可能性をうかがわせる。実際には、この島の串地名は右よりずっと多かったのかもしれない。

二〇万図の「京城」の部が含む東西九〇キロ、南北七〇キロばかりの範囲には、これまでに挙げた以外にも、なお一〇ヵ所を超す串地名がある。その中には、漢江や臨津江（イムジンガン）に突き出した岬もいくつか見つかる。

とにかく、この地域には朝鮮半島全体の串地名の四分の一くらいが集中しているといってよいと思う。

8　**半島南岸**には**少**なく、**東岸**にはほとんどない

朝鮮半島で、京畿湾の北部ほど串地名が集中している地域は、ほかにはない。むろん皆無ではなく、とくに半島の西岸、黄海に面した沿岸には点々ととぎれることなく存在している。

そのうちの一つに、現在は北朝鮮領になっている、

• 長山串（チャンサンゴッ）

がある。これは、半島ではもっとも知られた串地名で、かなり粗い地図にも載っていることが多い。平壌の南西一三〇キロほどに位置して、黄海に突き出した大きな岬である。

• 琵琶串（ピッパコッ）　長山串の突端から北北東へ五〇キロばかりの本土にあって、これ以上はないほど典型的な串地名だといえる。

• 串島（コットッ）　琵琶串の西方、椒島（チョド）という島の南西端の地先に浮かぶ、ほんの小島である。

・松串（ソンコッ）　琵琶串の四キロくらい南東に浮かぶトウガラシのような形の小島である。地形図で見るかぎり、かつて岬だったことはなさそうに思える。あるいは「岬のような島」の意だろうか。

半島西岸で注意をひかれるのは、中国との国境に近い身弥島（シンミド）である。ここには、

・万千串（マンチョンコッ）
・進上串（チンサンコッ）
・○串（トンコッ）　○の部分は、字がつぶれていて読めない。「頓」か。

の三つの串地名があり、いずれもはっきりと岬を指している。

さらに、身弥島の一〇キロ余り西の椴島（カド）に、

・進上串

椴島の南隣の炭島（タント）にも、

・進上串

の名の岬がある。辞書によると、「進」には「のびる」、「上」には「場所」の意があるという。ともあれ、半島西岸の北部に、ややまとまった串地名があることになる。

京畿湾より南の串地名には、

・所串嘴（ソコッチェ）・達串里（タルコッニ）・洪串里（ホンゴリ）・長串洞（チャンコッドン）

のように、語尾に岬、町、村などを意味する言葉を付けた例が少なくない。これらも、もとは岬に由来する名だと思われるが、いまでは埋立てが進んで、だいぶん地形が変わっている場合も多い。その点では、わが国の瀬戸内海の、とくに北岸に似ている。

いずれにしろ、この地域には江華島西方や身弥島周辺のように串地名がまとまって見られるところ

はないようである。ただし、長い区間にわたって全くないということもない。
半島南岸は、どうであろうか。西岸から南岸へ移るあたりに、珍島（チンド）がある。面積三六〇平方キロばかり、韓国の島では三番目に大きい。ここには、
•三串嘴（サムクァンチュ）　南西端に近い小さな岩の岬である。
だけしか見つからない。
ただし、これが実態を本当に反映しているのか、やや疑わしい。この島には岬がたくさんあるのに、そのほとんど全部に名が書き込まれていないからである。なぜそうなのか不明だが、あるいは当時、測量を担当した陸地測量部の技官が、その種の情報にあまり関心をもっていなかったということもあり得るのではないか。
もっとも、同島の南方に位置する韓国最大の島、済州島（チェジュド）にも、
•防頭串（パンツーコッ）　島の東端に近い菱形の岬の最東端を呼ぶ名である。
•セベ串（セベコッ）　済州島東端沖の小島、牛島（ウド）の北端に突き出した岬である。
の二つしかない。これは何か深い意味をもつ事実だと思われる。のちに改めて取上げることにしたい（第六章6節）。
半島南岸の西部に康津（カンジン）という都市があり、ここへ向かって深く切れ込んだ道岩湾（トアムワン）に臨んで、
•月串（ウォルゴッ）　トウガラシのような形の岬だったが、まわりは埋立てが進んでいる。
がある。この東の宝城湾（ポソンワン）の入り口西岸には、
•長串島（チャンクァンド）
が見える。ここは大正時代には南北に細長い島だったが、現在は周辺の海がことごとく埋立てられ、

本土と陸つづきになっている。古い時代の岬が、のちに島になり、また本土とつながったと思われる。
南岸には、ほかにも、

・門串（ムンコッ）・串峙（クアンチ）・雪串村（ソルコッチョン）

などの串地名が散見される。

なお、串峙は、南岸の中央あたりと南海島（ナムヘド）とのあいだの水道に臨む本土側の岬だったが、現在は埋立てによって地形が大きく変わっている。ここは「串」を「クァン」と読む珍しい例に

朝鮮半島の概略地図

なる。

南岸の東部に位置する釜山（プサン）一帯は、「韓国近代地図資料」の該当部分が欠落しているので、この地域は飛ばして半島東海岸へ移りたい。

西海岸、南海岸にはリアス式の場所が多いのに対して、東海岸は格段に凹凸が少ない。その中で、古都・慶州の北東に開けた迎日湾（ヨンイルワン）は、もっとも大きな湾の一つであろう。その湾の南側に、

・長鬐串（チャンギゴッ）「鬐」は「馬のたてがみ」のこと。

がある。

ここは、かなり粗い地図に載っていることもあったが、二〇〇一年に虎尾串（ホミゴッ）と名称を変えている。いずれにも、串が付いているとはいえ、これが串地名に当たるのか疑問が残る。大正時代に日本の陸地測量部が発行した五万図では、長鬐岬（チャンギカップ）となっているからである。

東海岸のこの一帯では、右の五万図によるかぎり、岬に「岬（カップ）」を用いている例が散見される。日本語のミサキは「御崎《みさき》（先）」の意の言葉で、これに漢字の岬を当てたのは一種の誤用らしい。辞書では岬は日本語のタニ（谷）を指すとされており、現に中国でミサキを岬と表記することは、ほとんどないようである。

その語が、なぜ半島東岸のミサキに付いているのだろうか。一つ考えられることは、日本人の地図技術者が意をとって付加した可能性である。第二次大戦後になって、この有名なミサキに朝鮮語では使用例がない言葉が付いていることを非とした韓国人が、串に置き換えたのかもしれない。その場合、串がもともと付いていたとはかぎらず、半島では全域で岬のことを串というと誤解したこともあり得る。二〇〇一年になって「虎尾串」と改称したことも、もし長鬐串が歴史的由緒のある名であれば不

審といえないこともない。ただし以上は、あくまで単なる推測である。

迎日湾の北方に盈徳（ヨンドク）という町があり、ここから二〇キロばかり北に、

・龍頭角（ヨンツーカク）

がある。頭も角も、中国では岬の名に付くことが多い。朝鮮半島では、かなり珍しいのではないか。

現在の北朝鮮領へ入ってすぐ、高城（コソン）の一〇キロくらい北西に、

・長峨台端（チャガデークッ）

が見える。後述のように、「端」（タンとクッの音をもつ）は半島東岸の北部では、しばしば岬の名に付く語である（第六章8節）。

北朝鮮の元山（ウォンサン）と咸興（ハムン）のあたりには、

・磨釵串嘴（マチャコッチュイ）　元山の四〇キロほど南東。釵は「かんざし」の意。

・葛串嘴（カルコッチュイ）

・広城串嘴（クァンソンコッチュイ）　右とともに元山と咸興とのあいだに位置する。

という串地名が存在する。いずれも型どおりの岬に付いた名である。こんなに飛び離れた地域に、なぜぽつんと串地名が三つも見えるのか不思議である。それも嘴とセットになったものばかりなのも解せない。

咸興から北になると、「端」だらけになる。

・色作端（セクチョククッ）

・谷山岩端（コクサンパオクッ）

・禹山端（ウサンクッ）

・葛隠端（カルウンタン）

・琴端（クムタン）
・老世端（ノセタン）
・花端（ファタン）

などで、端をクッと読むこともタンと読む場合もある。また、

・舞水端里（ムスダンリ）

は、北朝鮮の弾道ミサイルの発射基地があるため、近ごろメディアでもときどき見聞きするようになった。

なお、端には「はし」「果て」の意がある。

9　中国では岬に、どんな名が付いているか

日本ではクシ地名が五島、西彼杵《にしそのぎ》、天草一帯に、朝鮮半島では串地名が京畿湾の北部周辺に集中している事実は、クシ（コッ）という語を用いていた民族が、中国南部の沿海を出自とするらしいことをうかがわせる。

そう考えるべき理由は、すでに簡単に記しておいたが、詳しくは次章にまわすことにして、ここでは中国各地の岬の名を取上げることにしたい。ただし、以下の記述は日本や朝鮮半島とくらべて著しく不完全な内容になる。

まず、わたしには基本的な資料が入手できない。これまでに引用してきた日朝両地域の五万図に当たるような地形図は中国にも存在すると思うが、公開はされていないのではないか。政治的に閉鎖性の強い国では、どこでもそういう傾向があり、それはグーグルの地図や航空写真、地上写真を見るとよくわかる。

日本や韓国では、ほとんど至るところが撮影の対象になっており、まるで車窓を通したかのように、いながらにして沿道の風景を眺めることができる。いや、静止写真だと、車で通り過ぎるだけでは気づかないことも観察が可能なことも多い。地図も、しばしば五万図をしのぐほど精密である。

しかし、これがロシアの場合には、だいぶん様子が違い、中国ではいっそう情報量がとぼしくなる。北朝鮮では、ないよりはずっとましだとはいえ、空白部分だらけで、本書がしているような調査に利用するのはむつかしい。ただ、北朝鮮には、日本の陸地測量部によって作製された戦前の五万図があった。

中国については、その種の資料も見つからないので、以下ではもっぱらグーグルの地図を使った説明になっている。

朝鮮半島西岸の長山串と向かい合う山東半島と、その北方の渤海《ぼっかい》湾沿いには、

・成山角《かく》・龍眼嘴《し》・騾《ら》子《し》頭・長峰咀《そ》

のように、「角」「嘴」「頭」「咀」が付く例が多い。

この傾向は、山東半島の北の遼東半島周辺でも大きくは変わらないが、

・小坨子《たし》・老虎牙《が》

のように「坨子」「牙」が加わる。

山東半島より南の青島《チンタオ》、膠州《こうしゅう》湾一帯は山東半島付近と基本的に同じである。

さらに南の、例えば舟山諸島（上海の近く）では、「咀」だらけになり、しばしば「〇〇山咀《さんそ》」の形をとる。これは本土側でも変わらない。

もっと南、福建省では、「角」「嘴」「頭」「尾」「咀」「澳仔《おうし》」などが見られる。また、島だけでなく、岬らしき地形にも「〇〇嶼《しょ》」と付いたものが少なくない。

福建の対岸の台湾では、「鼻」が格段に多く、「角」「頭」がこれに次いでいる。台湾最南端の、

・鵝鑾鼻（日本語読みではガランビ。これをオールアンビーと北京語読みしても、あまり意味はない。北京語が台湾で話されはじめたのは第二次大戦後のことだからである）

は、日本人にもよく知られているのではないか。

香港、マカオから海南島にかけては、「角」が突出しており、「頭」「咀」などが少しまじっている。あの広い面積に対して、岬を指す言葉の種類は、そう多くない印象を受ける。しかも、だいたいは漢字の意味にもとづいて付けられているようである。角、嘴《し》、鼻、頭、尾、牙は、ただちにそれだといえる。「咀《そ》」は「かむ（噛む）」の意で、くちばし（嘴）に例えたのではないか。「坨（夕またイとも）」は、この場合は「のびる（延びる）」、「澳」は「岸から離れたところ」、「子」と「仔」は「従属するもの」を指しているらしい。

中国語は、今日おしなべて、「中国語」と称されてはいても、大きなグループとして、

・北方語（北京語）　使用人口で最大である。
・呉《ご》語　上海方言が代表とされる。
・客家《はっか》語　文法構造では北方語の特徴を残しながら、音韻組織は南方型だといわれる。
・粤《えつ》語（広東語）　タイ語に似た音韻構造をもつという。
・閩《びん》語（福建語）　華南土着語の影が、もっとも濃いといわれる。

の五つに分けられるようである。

これらは方言というより、もとは別言語だったろうとの指摘もあり、とくに閩語などは語彙に漢語らしくないものも目立つとされている。そうだとするなら、岬の意の言葉が相互に全く異なる場合があっても不思議ではないはずである。

だが実際には、共通性がかなり高く、角や嘴はほぼ全土に広く見られる。それはあたかも、日本における「崎」「鼻」のごとくである。

中国では五つの方言圏（あるいは言語圏）が今日に残る一方、二〇〇〇年にわたって同じ漢字を使う一つの文字言語圏を発達させてきた。話し言葉では互いに意思疎通ができなくても、書き言葉は了解可能だったことになる。

地図には文字が書き込まれている。その文字は、はるか昔から統一されていたのである。その影響が、いまに至るまでつづいているということがありはしないか。つまり、古くは話し言葉で岬の意の語が違っていたとしても、地図には漢字の意味にもとづいた語が記され、ついにはそれが日常語にまで及んだ可能性がある。

中国沿海の概略地図

そうして、それは少なくとも部分的には、意外に新しく起きた現象であったかもしれない。地図製作が一般化したのは一九世紀とか二〇世紀であったろう。その際、意に沿うような漢字が当てられたこともあったのではないか。

台湾には「鼻」の付いた岬が、すこぶる多い。日本によく似ている。台湾も一九四五年までの半世紀余り日本の植民地であった。近代的な地形図はほとんど、この時代に製作されたのである。

台湾でもっとも知られた岬「鵝鑾鼻《がらんび》」のガランは、台湾の先住民族（高砂族）の言葉で「帆」を意味するという。近くに船の帆の形の岩があり、それによったらしい。この言葉は日本人の耳には「ガラン」のように聞こえ、それを「鵝鑾」と漢字で表記したうえ「鼻」を付加して地図に書いたことが現在に伝わったようである。ほかの「○○鼻」も同じいきさつに由来するとしたら、岬のことを台湾で「鼻」と呼んでいたとはかぎらないことになる。この語の付いた岬が中国本土にほとんどないことは、それを裏づけているのではないか。

要するに、中国のそれぞれの地域で、岬にもともと、どんな名が付けられていたのか正確なことはわからない。

したがって次章では、これとは別の方法で、クシ（コッ）の語を日本や朝鮮半島の一部に持ち込んだ民族の出自に迫ることにしたい。

＊

コラム⑤　『魏志倭人伝』と弥生語

いわゆる邪馬台国の所在地論争で、どんな立場をとるにしろ、だれもが拠る、もっとも基本的な史料が『魏志倭人伝』（『三国史』の中の「魏書」東夷《とうい》伝倭人条の略称）であることは、改めて記すまでもない。

『三国史』の編者、西晋の陳寿は西暦二九七年に没している（生年は未詳）から、『魏志倭人伝』は三世紀の後半に成立したことになる。この文献を邪馬台国論争に使おうとすると、とくに邪馬台国に至る行程の距離、方角について誤謬が含まれていて全幅の信頼を置けないことは、よく知られているとおりである。その不正確性によって、『倭人伝』の史料価値に疑問を呈する向きも珍しくないらしい。

たしかに、陳寿自身は日本へ来たこともなく、したがって記述は伝聞にもとづいている。しかし、『倭人伝』は三世紀ごろの日本の地名、語彙資料としてはなかなか有用だといえる。いや、当時すなわち弥生時代の末期から古墳時代初期へかけての日本の言語資料として、ほとんど唯一の文献だといっても過言ではあるまい。

同書によれば、現在の韓国の南岸から海を渡ると、倭の「対馬国」に至るとなっている。その次が「一大国（一支《いき》国の誤記または誤写）」、それから「末蘆《まつろ》国」である。この末蘆国が、いま「松浦」と書く佐賀県と長崎県の北部を指すことは疑いがない。肥前平戸藩の第九代藩主で、随筆『甲子夜話《かっしやわ》』の筆者、松浦静山（一七六〇―一八四一年）なども「まつら」を姓の正式読みとしていた。つまり、この地名はもともとマツラまたはマツロであって、のちこれに松浦の漢字を当てただけのことかもしれない。

それはともかく、ツシマ（対馬）、イキ（一支）、マツロ（末蘆、現在の松浦）の地名が、三世紀にはすでに存在していたことがわかる。そうして、ツシマとは「津島」つまり「津（船泊《ふなどま》り）のある島」の意だと思われる。これに間違いがないなら、津と島の語は弥生時代末期までに日本語の語彙に含まれていたことになる。

弥生時代の言葉（弥生時代に生まれたの意味ではない。もっと前から使われていた場合も入る）が、現代の日本語と基本的に異ならなかったことを示す例が『倭人伝』には、ほかにも散見される。

ツシマとイキでは、「大官」を「卑狗」、「副」を「卑奴母離」と称していた。前者はヒコ、後者はヒナモリと読むのが通説となっている。ヒコは、のちに男子の美称となる彦（原義は日子《ひこ》か）、ヒナモリは鄙守（辺境の守備者）のことと考えて、少なくとも意味は十分に通じる。

ヒナモリの語は『日本書紀』（七二〇年成立）にも登場する。景行天皇十八年三月条に、「天皇《すめらみこと》、京《みやこ》に向《いでま》さむとして、筑紫国を巡狩《めぐりみそなは》す。始めて夷守《ひなもり》に到る」とあり、そこではヒナモリが地名になっている。そのような地位の者が執務するか、居住していた場所に付いた地名らしく、のちの『延喜式』（一〇世紀前半の成立）兵部省の部に見える、

「日向国夷守駅」

に当たるようである。宮崎県小林市の夷守岳《ひなもり》（一三四四メートル）は、その遺称だと思われる。

また、邪馬台国の女王、卑弥呼もヒメコ（姫子）の訛りの可能性がある。卑弥呼の死後に、そのあとを継いだ「壹与」は、このままだと「イヨ」と読んだろうが、「壹」は「臺」の誤りだとする説があり、そのとおりだとしたら、「トヨ」が妥当であろう。トヨは普通には「豊」と書くように、美称の一種である。

さらに、投馬国（倭のどこかにあったクニの一つ。所在地については諸説がある）の「官」の「弥《み》弥《み》」と「副」の「弥弥那利《みみなり》」も、今日につながる日本語の可能性が高い。ミミについては、第七章以下で詳述することにしたい。

要するに、弥生語の一部の言葉は、文献によっても復元できるといえる。しかし、どんなに手をつくしても、縄文語はどうにもなるまい。それが可能な方法は地名の研究以外にはないと思う。

第六章　クシと家船《えぶね》と蛋民《たんみん》

1　家船の終焉

本章では、まず初めに、家族そろって小さな船を住みかとして浦から浦へ、港から港へ移動しながら生涯を海の上で過ごした人びとについて、ひととおりのことを記しておかなければならない。

彼らのことを九州の北西沿海ではエブネ（家船）、エフネ、訛ってエンブなどと呼んでいた。この海域と並んで、彼らの姿が多く見られた瀬戸内海では、フナズマイ（船住まい）、ノージ（能地《のうじ》。広島県の漁村の名）などと称されていたが、とくに決まった呼び名は知られていないところも少なくなかった。大分県臼杵《うすき》市には、彼らのことを指すシャーという不思議なひびきの言葉があった。研究者の中には、それらの民俗語彙ではなく、「漂海民」の用語を使う人もいる。

以下では、地域を問わず、原則として「家船（えぶね）」の語を用いることにしたい。

家船が、いつまで存在していたのか、いちがいにはいえない。それは一つには地域差によるが、より大きな理由は、彼らの暮らしも少しずつ変化してきたため、どのような形であれば家船と呼べるのか決しがたい面があるからだ。

令和四年四月、わたしが長崎県新上五島《かみごとう》町飯ノ瀬戸《いのせど》（五島列島の中通島の西端）で会った浜口好康さん（一九四九年生まれ）、久美子さん（一九四四年生まれ）夫婦は次のように話していた。

「エフネは自分たちが子供のころには、ここへ三〇艘ではきかないくらい来ていました。前の港のはずれ（西側）に、びっしりと船が並んでいましたねえ。浜口家の先代（久美子さんの父親。好康さんは婿養子である）は、その人たちが捕った魚介類を買い取って長崎市へ運んでいく問屋をやっていたんです。ここには問屋が三軒あって、いちばん大きな問屋は神戸や大阪へも行ってましたよ。

船には幼い子供も乗っていました。学校へは行ってなかったんじゃないんですか。いつも家族だけで船の上にいるせいか、子供たちはぼろを重ねたような服を着ていました。

エフネは、そのあと夫婦船《ふうふぶね》に替わりました。子供が乗ってなくて、夫婦だけになっていたんです。子供は学校の寄宿舎かどこかにあずけていたんじゃありませんか。夫婦船が来ていたのは、たしか二〇年ばかり前までだったと思います。豊島《とよしま》（広島県呉市沖の豊島のことらしい）からだって言ってましたねえ」

浜口夫婦の言う「子供のころ」とは、おおむね昭和三十年代のことである。例えば同三十五年（一九六〇）には、好康さんは一〇歳くらい、久美子さんは一五歳くらいであった。その当時の記憶は、どちらかといえば久美子さんの方がはっきりしているのは、五歳半の年長だからであろう。

二人が見た「エフネの人たち」が、いうところの家船生活者だったことは間違いあるまい。ただ、これよりさらに前、例えば大正時代とか昭和初期の家船の人びとは、捕った獲物を妻が停泊地に近い農村へ行商に出かけるのが一般的だったようである。おそらく、こちらが、より古い民俗であったと思われる。

平成に入っても飯ノ瀬戸へ来ていた「夫婦船」になると、いっそう大きく変化している。もはや、家族そろっての船暮らしはしておらず、これを家船と呼べるかどうか、人によって違ってくるのではないか。

五島列島の九州本土側の対岸、西彼杵《にしそのぎ》半島の西部も、家船の生活域の一つであった。そこの北端近くの沖に、寺島、大島、蛎浦《かきのうら》島、崎戸《さきど》島が飛び石のように連なっており、現在は四島とも橋で本土とつながっている。

令和四年の春、最先端の崎戸島の崎戸本郷（長崎県西海市崎戸町本郷）で漁船から降りてきた男性（一九五七年生まれ）は次のような話をしてくれた。

第２次大戦後に長崎県西彼杵半島の西岸で撮られた家船漁民の写真（現西海市大瀬戸町の大瀬戸歴史民俗資料館の展示写真より）

「エンブの人たちは、わたしが子供のころには、すでに陸《おか》に上がっていましたよ。あそこ（と対岸の蛎浦島の今泊《こんどまり》を指さしながら）の波打ち際に家を建てましてね、定住して漁業をやっていました。今泊には、もと船暮らしをしていたという人がたくさんいたんですが、その後だんだん、よそへ出ていって、いまでは二軒だけしか残っていません。その家も、もう漁業はしていませんねえ」
今泊は、一〇キロ余り南東の福島（西海市大瀬戸町瀬戸福島郷）の向島地区とともに、西彼杵における代表的な家船寄港地として知られていた。それが今日では、わずか数戸の小集落に零落し、そのうち家船の系譜に連なる家は二軒にすぎなくなっている。これは、辺陬《へんすう》の過疎化ということでもあるだろうが、家船の人びとにとっては、どこであれ仮の住まいであり、職業上の必要がなくなれば、ほかの集団より容易に他所へ居を移す傾向が強かったからではないか。

ともあれ、もう一つの大きな寄港地だった瀬戸福島郷で、わたしが会った男性（一九五二年生まれ）は、

「自分は大島（西海市大島町）で生まれましたが、小学生のころ家船を見た記憶がかすかにあります。大島ではエンブといってましたよ」

と話していた。

右に紹介した四人の生年を順に記すと一九四四年、四九年、五二年、五七年となる。そうして、この人たちが家船を目にした記憶は年齢が高いほどはっきりしており、若年になるにしたがって、それがぼやけてくることがわかる。つまり、この年代の人びとが子供だったじぶんに、九州北西岸では家船の最後の姿が見られ、ほどなく消えていったといえるのではないか。ただし、夫婦船を含めるなら、その終焉は三〇年以上も延びることになるだろう。

2　クシ地名の分布域は家船の生活域と重なる

家船についての記録は、かなり多い。おおかたは二〇世紀に入ってからのもので、その特異な生態に注目した民俗研究者、歴史家とくに漁業史を専門としていた人びと、地域の篤学者らによる報告である。あれこれ合わせたら、一〇〇点を軽く超すのではないか。

それらの指摘にしたがえば、家船の主たる活動域は九州の北西沿海と瀬戸内海だとして大過あるまい。近年の刊行である東靖晋《あずまやすゆき》『西海のコスモロジー』（二〇一四年、弦書房）なども、「家船の分布は、大きく分けて、九州西北海域と瀬戸内海が二大中心域を成している」と述べたうえで、九州ではとくに西彼杵半島一帯が「一大中心圏」だとしている。

そうだとするなら、瀬戸内海を含めて、クシ地名が濃密に分布する地域と、ぴたりと重なることになる。しかし、双方のこの重複は本当に関係があるのだろうか。

クシ地名が付いたのは、既述のとおり古くは縄文時代の前期にまでさかのぼる。それがいつごろまでつづいたのか判然としないが、おそらく奈良時代（七一〇―七九四年）にはもう、この地名が新たに付けられることは全くなくなっていたと思う。八世紀には記紀万葉や各国の風土記をはじめ相当量の文献が書かれたにもかかわらず、クシの語で岬を意味した使用例がないらしいからである。あれば、辞書に載っていたろう。ただし、地方にはなお、クシで岬を指す言い方が残っていなかったとはいいきれない。

それでも、いま存在するクシ地名の大部分が、生まれてから少なくとも一〇〇〇年、常識的には数千年はたっている可能性が高い。

一方、家船についての詳細な報告は、ほぼ二〇世紀にかぎられている。明治前期や近世、中世の記録が皆無ではないものの、それらはほんの概要を伝えるにすぎず、のちの民俗事例と照らし合わせて初めて、これはどうやら家船のことらしいと判断できる状態のようである。要するに、数千年前に付けられた地名の分布域と、つい近ごろの観察にもとづいた家船の生活域とを比較してみても意味があるのかという問題になる。

この種の問いに対して何らかの答を出すには、抽象論ではなく、具体的な話によらなければならない。

平凡社『長崎県の地名』の「寺島」の項には次のように見えている。

「（島内の大浦には）北の金ヶ浦ともども家船泊の波戸《はと》が設けられた。（一六八五年に創設された寺島牧場は）文化一四年（一八一七）に廃止された。その跡地に大村藩は蠣瀬《かきのせ》浦（現崎戸町＝原文の注）

などの家船の者を移住させ、居宅を与え、野地を畠に開かせたが、天保七年（一八三六）寺島が馬牧場用地になったため、再び海上生活に復したという。なお黒瀬浦に家船という地名が残る」

寺島は、西彼杵半島の北端近くの一キロたらず西方沖に浮かぶ、ほんの小島である。そこから西ないし南西に向かって大島、蛎浦島、崎戸島と合わせて四つの有人島が飛び石のように連なっている。あいだの水道は、いずれも寺島と本土間の呼子《よぶこ》ノ瀬戸《せと》より狭く、いまでは順ぐりに橋でつながっている。

『長崎県の地名』によれば、その寺島の大浦と金ヶ浦に江戸時代、家船の人びと用に波戸（埠頭、突堤）が設けられており、隣の大島の黒瀬浦には「家船」の地名があったことがわかる。さらに、蛎浦島の蠣瀬浦には家船の者がいて、いっとき寺島に移されて畠の開墾に当たっていた。つまり、ここに見えるだけで大島などの島嶼群に四ヵ所の家船寄留地があったことになる。

長崎県西海市崎戸島の崎戸本郷から、かつての家船の寄留地、今泊（前方の山すそ）を望む。

二〇世紀になってからのことだが、野口武徳『漂海民の人類学』（一九八七年、弘文堂）によると、蛎浦島東端の中戸地区に家船の基地があり、前記のように同島南端の今泊にも基地があった。

右の四島にかぎっても、過去に家船生活者が定期的に出入りしていた浦や泊りは、この六ヵ所以外にもあったのではないか。そうして、今日ではすっかり地付きとなっており、自らもずっと昔から、そこに定着する家系だと信じている漁民の中にも、家船の子孫である人びとが含まれていることは十分にあり得る。

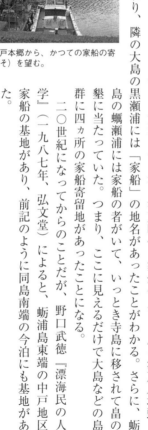

すなわち、家船の生活域といってもかなり曖昧なところがあり、きっちりとした境界線などは、もともと引くことはできまい。だから、それはぼんやりした面としてしかとらえられないと思う。研究者の中には、家船の「親村と枝村」「本拠と分布先」といった概念で、その系統と移動経路を考える人が少なくない。だが、それは適切な見方といえるのかどうか。次に、もっとも著名な親村の一つ、安芸の能地《のうじ》（現広島県三原市幸崎《さいざき》能地）を取上げることにしたい。

3　能地は、いつ家船の「親村」になったのか

瀬戸内海の真ん中あたり、広島県と愛媛県とにまたがる芸予諸島のうち、東側部分に位置する向島、因島《いんのしま》、生口《いくち》島、大三島、伯方《はかた》島、大島は現在、西瀬戸自動車道（瀬戸内しまなみ海道）でつながっている。

その大三島の北端に向かい合う、広島県本土の三原市に能地という小さな漁村があった。いまも漁港があるにはあるが、すでに漁業基地としての実質はほとんど消失しているといって過言ではあるまい。

能地は、家船研究者には、よく知られた地名である。瀬戸内海の家船を取上げた著述で、ここに触れていないものはないのではないか。その理由は、例えば羽原又吉《はばらゆうきち》『漂海民』（一九六三年、岩波新書）の次の一節からもうかがえる。

「能地・二窓《ふたまど》の家船が、枝村を内海各地にひろげていった範囲は、善行《ぜんぎょう》寺の過去帳によって、その一端がはっきりわかる。

同寺の過去帳は、宝永元年（一七〇四）から明治二十年（一八八七）にわたるが、この資料によって、枝村が実に福岡・山口・広島・岡山・愛媛・香川の六県、およそ一〇〇ヵ村をこえる数に達して

いる。このことを明らかにしたのは、河岡武春である。（以前、漁業史研究者のあいだで、能地の枝村は四県一二郡三〇ヵ村などといわれていた）」

ちなみに、二窓は能地から四キロばかり西の現広島県竹原市忠海《ただのうみ》東町二窓地区のことであり、ここも瀬戸内有数の親村の一つだった。

善行寺は、能地北方の山あいに建つ臨済宗仏通寺派の寺院で、能地家船の旦那寺であった。ただし檀家には、ほかの住民も多数、含まれていた。

河岡武春氏（一九二七—八六年）は漁村民俗、漁業史の研究者で、神奈川大学教授などの職にあった。河岡氏によると、能地の枝村には移住村と寄留村があり、ほとんどは東の小豆島（香川県小豆郡）と西の三田尻（山口県防府市南部）にはさまれた中国、四国地方の本土沿岸および、そのあいだに浮かぶ島々に点々と、あるいは狭い地域に密集していたという。

親村である能地と枝村との関係は、どのようなものだったのだろうか。

柳田國男門下の民俗学者、瀬川清子氏（一八九五—一九八四年）らの調査では、自らを能地の分かれだと考えていた家船漁民ならみな、旧暦の一月二十七、二十八日に行われる能地の常盤神社の祭礼には、必ず帰村して参加することを厳しく求められていたようである。これを守らない者は、村八分に似た扱いをされた。

それは例えば、縁組みに際して仲間から相手にされないことを意味する。家船の人びとは、農民はもちろん定住漁民からも通婚を忌避される状態が長くつづいており、原則的に仲間うちでのみ嫁入り、嫁迎えをしていた。常盤神社の祭りに帰ってこないような者は、そのつながりから外されたと思われる。

また、善行寺に残る天保四年（一八三三）の「宗旨宗門改《あらため》人別帳」の冒頭には、

「死体、死去の節は当歳子に至るまで早々つれかえること」

などと記されていた（『漂海民』一二二ページ）。

羽原又吉氏は、

「口碑によると、死者を甕《かめ》にいれて塩をつめ、はるばる能地へ送りとどけたという」

と付け加えている。

しかも、死者は善行寺の墓地に葬られたのではなく、常盤神社の横の浜に埋められたらしく、そこはいまも共同墓地になっているのである。

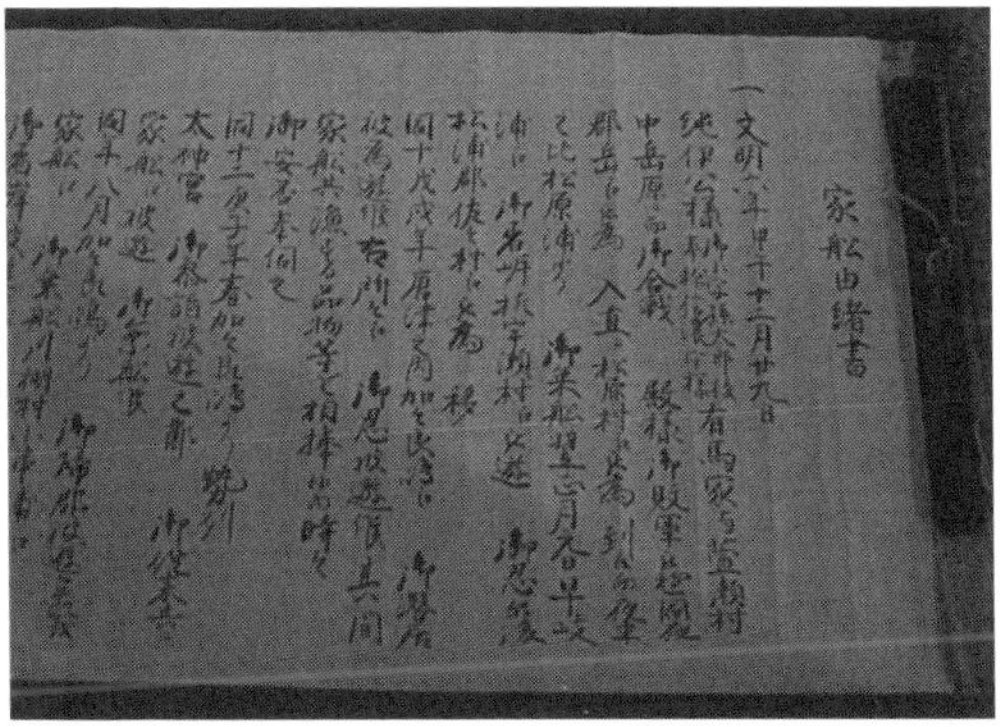

家船由緒書

一 文明六年甲午十二月廿九日

西彼杵家船が所持していた「家船由緒書」。文明６年（1474）の日付けになっており、そのころの一帯の領主、大村純伊（すみこれ）との縁を書き連ねている。（大瀬戸歴史民俗資料館の展示より）

能地の枝村が瀬戸内で一〇〇を超すほど増加したいきさつについて、羽原氏は「母村の人口があふれた」結果だとして次のように述べている。

「こうした親村・枝村の通交関係は、すくなくとも移住先で血族結婚ができるようになるまでは、維持される。しかしその後になると、自分たちは能地から来たという口碑だけを残し、両者の関係は絶えていく。

こうして能地は、枝村をぐんぐんつくるふしぎな底力をもっていたが、能地そのものは、さして栄えなかった」

これと似た見方をしていた研究者は珍しくないようだが、わたしはその理解には大きな問題があると思う。

能地が、ある時期から瀬戸内の少なからぬ家船漁民にとって親村、本貫の地だと意識されていたことは間違いあるまい。しかし、それはそんなに古くまではさかのぼらず、江戸時代になってからのことではないか。

江戸開府後、幕府と、それに連なる政治権力は、宗門改め人別帳の制度を発足させる。これは当初はキリシタンの発見、摘発を主な目的にしていたかもしれないが、ほどなく戸籍簿の役割をになうようになる。つまり、どこかの寺院の檀家として人別帳に登録されないかぎり、無宿（無籍）の扱いを受けた。

この制度は家船漁民にも及び、彼らは好むと好まざるとにかかわらず、いずれかの土地で檀徒になる道をえらばざるを得なかったのである。江戸期にあっても、深山幽谷に住んで木製の椀や皿などの木地を製作する木地屋や、のちに取上げるサンカのように（本章末）、大部分が「帳外」すなわち無籍のままであった集団は存在していた。だが、家船は原則的に有籍だったようである。

家船は浦から浦へ移動しながら生活する漁民であり、中世ごろまでは陸上の寺院との縁はいっさいなかったろう。葬送は基本的に水葬であったと思われる。先に挙げた能地・善行寺の天保四年の人別帳冒頭には、

「先祖の年廻生子たりとも、決して流すべからざること」

の一文が含まれている。

「年廻生子」は「としまわりうまれご」と読むのではないかと思う。つまり、親の年まわりが悪い年齢（厄年。男は四二、女は三三が最凶とされていた）で生まれた子は「流されて」おり、それを厳しく禁じる趣旨ではないか。そうだとしたら、そのような子は「流す」習慣があったことになる。

ともあれ、幕藩体制下で家船漁民にも、人別帳への編入圧力が強く加わったに違いない。しかし、貧しい漂泊漁民を受け入れてくれる寺院は、そうはなかった。たいした布施は期待できず、抜きがたい差別意識にしばられていたことは寺院も同じだったからである。

そんな中で、能地の善行寺が、なぜ家船の人びとを檀家として受け入れたのだろうか。同寺は、この一帯の豪族だった浦氏が創建している。浦氏は、その姓からも想像されるように、海民の出であり瀬戸内水軍の頭目の一つであった。水軍と家船の関係には不明な点があるとはいえ、むろん無縁ではあり得ない。これが、善行寺が家船の旦那寺になった最大の理由であったと考えられる。

それでも、この寺院が家船に対して、ほかの檀家と同じように接していたわけではない。既述のように墓地は別であったし、『漂海民』には、

「(家船が)能地に着くと、死者を積んだ船は波戸の内に入れず、坊主が船溜りの内側から読経したという話である」

と見えている。

要するに、能地が瀬戸内家船の有力な親村になったのは、それほど古いことではなく、しかも幕藩体制下の人為的な圧力による可能性が高い。それ以前の家船は、それぞれが瀬戸内の浦や船溜まりを拠点にしつつ非定住の暮らしをつづけており、どこかが本貫の地などということはなかったろう。

能地も、九州北西部ほどではないが、瀬戸内海のクシ地名の濃密な分布域に位置している。しかし、それは能地にかぎったことではなく、のちにここを親村とする家船漁民の生活域全体にいえることである。すなわち、分布域にしろ、生活域にしろ、その範囲はぼんやりとしていながら、やはり両者は重なっていたことになる。

4　豊後水道に沿って

九州の北東沿海は、知られているかぎりでは、家船漁民はそう多くはなかった。ただし、まれというのでもなく、とくに現大分県臼杵《うすき》市諏訪字津留《つる》は、研究者たちのあいだでは著名な家船の寄留地で

あった。

　津留は、臼杵川の河口左岸というより、もう臼杵湾の奥に当たる波打ち際に位置する漁村である。津留は江戸時代の資料には、その名では現れないようだが（硴江《かきえ》村に入っていたらしい）、現在はかなり大きな集落で、すでに無住になった家も含めれば一〇〇軒くらいはあるのではないか。

　ちなみに、ツル（漢字では津留、水流《つる》、鶴などと書く）の地名は九州には珍しくない。だいたいは山間の川沿いに開けた小平地に付いているが、ここの場合は海べりである。しかし、小さな平地であることに変わりはなく、そこに民家がびっしりと並んでいる。

　令和四年の春、わたしが二度目に津留を訪ねたとき、旅程の都合で午後八時を過ぎていた。だれかに声をかけて話を聞くには遅すぎる時刻で、実際あたりに人の姿はほとんど見かけなかった。やむなく、わたしは村の中を歩いてみることにした。そうして、出会ったのは犬を散歩させている青年だけだった。

　漁村というのはどこでもそうだが、狭い道をはさんで家々がすき間なく並んでいる。しかし津留の路地は、ちょっと比類がないほど狭かった。むろん車は通れない。自転車でも難儀するだろう。歩いていても、肩が両側の民家に触れそうなくらいである。玄関のたたきは、そのまま路地に面している感じで、どこへ行くにも人の家を訪ねるような格好になる。これでは、よそ者にとって昼間はさぞ歩きにくいだろうなと思った。

　津留の漁民を、かつて臼杵あたりの人びとは「シャー（シャア）」と呼んでいた。その呼称の由来については諸説あるが、わたしは土地の物知りが中国南部の福建一帯に居住していたシャ（畲）族と家船の習俗が似ていると誤解して、

「あれらはシャの末裔だろう」

と言いはじめ、それが住民のあいだに広がった結果ではないかと想像している。

津留の漁民自身は、安芸の能地から移住してきたと伝えていたらしい。彼らの言葉には安芸（広島）訛りが多いとの報告があり、それによって前住地は能地で間違いあるまいとする見方がある。たしかに、いまの住民の中には、能地ではなくても安芸の沿岸で移動生活を送っていて、そう遠くないころ津留に居ついた人びとの子孫がまじっていることは大いにあり得る。しかし、ここがもっと前から家船漁民の寄留地、移住地であったとしても少しも不思議ではない。

同じ大分県の杵築《きつき》市片野の納屋《なや》（現行の住居表示では東納屋と西納屋に分かれている）は、右の推測を多少とも裏づけているのではないか。

大分県臼杵市津留の清浄庵から津留の家並みを望む。

納屋は、津留から直線で四〇キロばかり北西の、国東《くにさき》半島南部の漁村である。ここは八坂川の河口右岸の干潟に立地して、古くから漁業専業の集落であった。檀那寺の浄土宗、正覚《しょうがく》寺に残る慶長年間（一五九六―一六一五年）の過去帳に「納屋」とあるというから、遅くとも戦国期には成立していたことになる。なお、納屋は「魚《な》屋《や》」の当て字だと思われる。大分県の最南部、佐伯市蒲江《かまえ》には名護《なご》屋《や》鼻、名護屋崎と呼ぶ岬があるが、この二つのナゴヤ（名護屋）も「魚小屋《なごや》」の意であろう。

前記『漂海民』には、

「明治の中期に六〇戸ほどあり、そのほとんど全部が親子兄弟の関係で、イトコの間柄はむしろすくない血縁集落であった」

と述べられている。

さらに、まわりの者たちが、

「彼らには、もともと土地がなかった」

と言っていたことや、自らが、

「佐賀関付近の一尺屋《いっしゃくや》の漁夫三人が、ここに漂着して村が始まった」

と言い伝えていることなどから、納屋の漁民が家船の系譜につながることは、まず間違いあるまい。

現大分市一尺屋は、速吸瀬戸《はやすいのせと》をはさんで愛媛県西宇和郡の佐田岬と向かい合う佐賀関半島の東岸に位置している。納屋からは別府湾を横切って、半島をまわり込めばすぐのところであり、そこから「漂着」したとしても帰るのに何の困難もない。つまり、伝承が語っているのは、彼らの祖先はこの一帯を移動していたが、ある時期に一部の者が納屋を拠点にするようになったということではないか。臼杵の津留は、一尺屋から南へ一〇キロほどになる。

要するに、大分県の沿岸にかぎっても津留、一尺屋、納屋と家船漁民の寄留地、移住地が確認でき、この海域もやはり家船の生活域であったといえる。ところが、これに重なるように、次のクシ地名が見いだせるのである。

- 国東市国見町櫛海《くしのみ》　国東半島の北端、亀崎と琵琶崎とのあいだに切れ込んだ湾の奥の地名。クシとクシにはさまれた海の意か。
- 国東市国見町櫛来《くしく》　右から東へ三キロくらいの、やはり湾奥の地名。
- 大分市一尺屋の串ヶ鼻　一尺屋は、この岬の付け根に位置している。
- 津久見市保戸島字串ヶ脇　古くは保戸島は岬の突端であったらしく、その岬（クシ）の脇の意であったか。
- 佐伯市蒲江《かまえ》大字猪串浦《いのくしうら》　西側の名護屋崎は目立つほど長い。『漂海民』によると、ここにも家船が出入りしていたという。

大分県には、おびただしくはないが、たしかに家船の姿がうかがえる。そうして、多くもなく少なくもないクシ地名が存在している。

それが、北の福岡県や南の宮崎県になると、どちらも大分県にくらべて明らかに少ない。これは偶然とは考えにくいのではないか。

5 クシ地名がないところには家船の姿もなかった

第四章9節でも述べたように、北陸や東北地方には、山容による櫛ヶ峰、櫛作り職人の集住地に付いた櫛引などを別にすれば、クシ地名は皆無のようである。一方、これらの地方に家船漁民がいたという報告も全くない（と思う）。

これに対して、クシ地名は九州北西や瀬戸内海にはざらにあり、それに近接した地方にも点在している。そうして、家船漁民の生活域も、その濃淡に比例するかのような形で広がっていた。つまり、二つとも、きわめて西日本的な概念だといえる。

しかし、西日本あるいは、その近くであっても、クシ地名、家船ともに、ほとんど見当たらない地域も存在する。その一つが三重県沿岸である。

民俗学者の宮本常一は『海に生きる人びと』（初版は一九六四年、未来社）の中で、

「海人《あま》のもっとも多い三重県志摩地方では、ごく近い過去に家船があったような様子は見えない」

と述べている。

家船の記録は、どこによらずとぼしい。その生態も生活域も、おおかたは二〇世紀に入ってからの観察と聞取りによって明らかにされたといってよい。だから、「ずっと昔のことはわからないが」と、

宮本は断っているのである。

それにしても、海人の本場の一つであり、家船の停泊に適した複雑な海岸線がつづく志摩に、家船の痕跡さえ残っていないのは相応の理由があるに違いない。おそらく、そのことと関係があるのだろうが、志摩を含む三重県には、はっきりしたクシ地名は全く確認できないのである。

宮本は同書で、また次のように記している。

「（長崎県の）対馬には船を家にする専業の漁民は古くはいなかったらしい。昭和二五、二六年の夏、私は対馬にわたって浦々にのこっている古文書をできるだけあさってみた。この島の旧家には十四世紀ごろから後の古文書が実にたくさんのこっており、私も何千通というほど見たが、専業漁民すなわち海人に関するものは曲《まがり》のもの以外はついに見かけなかった」

対馬市厳原《いづはら》町曲は、市役所がある厳原市街の北部、阿須《あず》湾の東岸に位置している。

宮本も指摘しているが、曲は、玄界灘に面した福岡県北部海岸の東寄り、鐘《かね》ヶ崎《さき》（現行の住居表示では宗像《むなかた》市鐘崎《かねざき》）から移住してきた漁民たちが居ついた漁村である。

鐘ヶ崎は海人の根拠地として知られ、対馬のほか壱岐、能登半島あたりへも進出していた。彼らを家船とする研究者もいるが、おおかたは、これに否定的ではないかと思う。同じ専業漁民であっても、生態にかなりの違いがあったらしいからである。

右に挙げたうち、対馬、壱岐、福岡県北部にはクシ地名がほとんど、能登半島近辺には全く見つからない。

さらに、鹿児島県の種子島、屋久島、奄美諸島、沖縄県の全体にもクシ地名は全く、あるいはほとんどなく、それに対応するかのように家船の観察例も報告されていない。

すなわち、クシ地名の分布の濃淡、有無と家船の生活域とは密接にかかわっていたらしく思われるのである。この想像が当たっているとすれば、日本列島に「クシ」の語を持ち込んだ言語集団は、家船の先祖たちであったことになる。

6　朝鮮半島に漂海民はいたか

日本語のクシと朝鮮語のコッが音、意味とも、よく対応していることは既述のとおりである。卑見では、この「クシ」は縄文時代の前期ごろに、日本列島へ渡来してきた漂海漁民がもたらした言葉の一つだったとしている。

そうだとするなら、半島のコッ地名の多い地域に、日本の家船に似た漂海民が観察されてもおかしくない。少なくとも、時代をさかのぼれば、そうであったことが推定されて初めて、わたしが言ったことも説得力をもつといえる。しかし残念ながら、そのような証拠は見つけられない。

家船のもっとも大きな特徴は、一つの船に家族の全員が乗って各地の浦や船溜まりを移動しつつ、主に主婦が農民たちを相手に獲物を行商して歩いたことにあると思う。彼らは陸に土地を所有せず、さだまった拠点も本来はなかった。近年の観察をもとに、

「それぞれが本拠をもち、盆、正月には必ず帰ることを掟としていた。生涯を船上で過ごし、死後、墓だけを陸地につくるのが、その伝統的生活だった」

との指摘もあるが、これは江戸時代になってできた伝統の可能性が高い。そもそも、石塔を建てて墓地とする風習が成立したのは江戸中期に入ってからであった。陸上の住民でさえそうだったのに、漂海民にもともとそのような習慣があったとは考えにくいことではないか。

家船の生業の根幹は潜水漁にあったと思われる。研究者たちが取材を始めた二〇世紀には、網漁や釣り漁、船からの鉾《ほこ》突き漁に従事する者たちも少なくなかった。しかし、これは彼らの本来の漁法で

はなく、のちに採用したものであったろう。古い時代、彼らが用いていたのは、もっぱら海中にもぐる方法だったふしがある。

潜ってアワビ、サザエ、ウニなどを捕り、あるいはヤスで魚を突いていた。本章の1節で紹介した五島列島中通島・飯ノ瀬戸郷の浜口好康さん（一九四九年生まれ）も、若いころは潜水漁師だった。すでに顔面全体を覆う「カップ」と呼ばれる宇宙服の頭部のような潜水具をかぶってもぐる漁になっていた。飯ノ瀬戸では潜水漁師は浜口さん一人しかいなかったが、三キロばかり南東の道土井《みちどい》にはたくさんいたという。二〇世紀の後半になっても、中通島では潜りでアワビ、サザエ、ウニなどを捕る漁業が盛んに行われていたのである。

その漁法で、われわれにまず思い浮かぶのは海女《あま》であろう。海女は日本各地に、いまもいる。地域的な広がりも東北地方にまで及んでおり、岩手県久慈市宇部町の小袖《こそで》では「北限の海女」が近年まで素潜り漁をしていた。もう、たぶんに観光化しているとはいえ、大正八年（一九一九）ごろには干しアワビにして一日に五五俵も出荷されていたということである。もっと南では、海女も男性の潜水漁師も、なお操業をつづけている。

朝鮮半島にも海女はいた。朝鮮で海女といえば、何といっても済州島（チェジュド）のそれが著名である。『朝鮮を知る事典』（二〇〇〇年、平凡社）の「済州島」の［潜女］の項には次のように記されている。

「朝鮮史書では《済州風土記》（一六二九）に〈潜女〉の記載がみられるが、古くは南朝鮮にひろく分布していたらしい。現在は済州島に限られ、約九〇〇〇人の潜女が操業している。（中略）捕採物は畑の肥料にする馬尾草が主であり、食用の海藻類、貝類は副次的で、農耕生活の一環として行われる」

海人（海女にかぎらず男性の潜水漁師も含めて）と、家船はもちろん違う。かつて、海女が「南朝鮮にひろく分布していた」としても、漂海民がいた証拠にはならない。

ただ、日本の場合も家船が「発見」されたのは二〇世紀になってからのことである。それに言及したもっとも早い文献は、大正十年（一九二一）に柳田國男が長崎市商業会館で行った講演「家船―水上生活―」の速記録であった。以後、家船の生態を観察し、その著述を残したのは多くが柳田門下の研究者か、柳田の学問の影響を受けた篤学者たちである。つまり、柳田民俗学の存在があって初めて、家船がわれわれの視野に入ってきたといって過言ではない。

いうまでもなく、その種の報告があろうとなかろうと、家船漁民がいたことに変わりはない。だが、その周辺の人びとには、ただの貧しい漁民、ときに軽侮の対象であった哀れな集団にすぎず、彼らのことを調べて記録を残そうとした者はほとんど皆無にひとしい状態が、ずっとつづいてきたのである。日本民俗学なる領域が成立していなかったら、おそらく家船漁民は生活域外の日本人には全く知られることなく姿を消していたろう。

昭和30年代の五島列島中通島の飯ノ瀬戸郷。家船が来たときには、写真の右下あたりに停泊していた。（浜口好康さん提供）

韓国で民俗研究が学問領域の一つとして認知されたのは、第二次大戦後もしばらくたってからであった。つまり、朝鮮半島に漂海民の記録がないからといって、いなかったとは断言できない。『日本奥地紀行』の著者として知られるイギリス人旅行家イザベラ・バード（一八三一―一九〇四年）の『朝鮮紀行』には、

「漢江に水上生活者はきわめて多い」（時岡敬子訳、一九九八年、講談社学術文庫、一〇六ページ）と見えている。

バード女史が朝鮮を旅行したのは日清戦争（一八九四―九五年）のさなかから直後にかけてのことであり、朝鮮はその戦場となって物情騒然としていた。そのためにバードの筆は、どうしても政治情勢に傾きがちにならざるを得ない面があった。きめ細かな観察を特徴とする彼女の記述が、右の程度で終わっているのは一つには、そのせいではなかったか。さらに、中国南部や東南アジアで、しばしば漂海民を目撃したと思われるバードには、もはやそう注意をひかれる民俗ではなかったのかもしれない。

ともかく、彼女が多数の水上生活者を目にしたのは漢江の河口付近であった。既述のように、そこはコッ地名の密集地の一角に当たっている。

ただし、その水上生活者が漂海民であった保証はない。彼らは漁民ではなく、水上運送業者だったことも十分にあり得る。その場合でも、もとの漂海民が運送業に転じた可能性は否定できない。日本でも、家船から海上運送に仕事を変えた例は少なくなかった。

要するに、バードの文章は簡単すぎて、一九世紀の終わりごろ漢江あたりに漂海民がいたのかどうかを判断する資料には使えない。

7 中国の蛋民と日本の家船

漂海民は、中国南部沿海のきわめて広い範囲に分布していたことが知られている。その中でも、広東省（香港周辺を含む省）の「蛋民」が著名である。

中国の漂海民にも、日本と同じように地方ごとに異なった名称があって、広東省でも最東部の潮州

（韓江の河口付近）では「福佬《ふくろう》」、この北東の福建省（台湾の対岸）では「科題」とか「曲蹄《きょくてい》」と呼ばれていた。以下では地域にかかわりなく、蛋民と総称することにしたい。なお、蛋民は蛋戸、蛋家ともいい、タンに「蜑《たん》」「誕」などの文字を当てることもあった。タンが元来、何を意味したかは不明だとされている。

蛋民と聞けば、香港のそれを思い浮かべる人も少なくあるまい。ここでは二〇世紀の後半まで、その姿が日常的に見られた。いや、いまもいるのではないか。ただ、香港は大都会であり、観光地であるため、早くからそれに適合した暮らし方に変わっていたらしい。つまり、形は家族そろって船上生活をしていても、料理船や売春を含む船遊びの船、あるいはもっぱらそれらに魚介類を提供する稼業へと変貌していたようである。

一方、香港から一〇〇キロ余り北西の珠江沿いの広州では、そのような条件に欠けていたこともあって、ひとあし早く蛋民が姿を消していた。彼らが陸上《おか》がりする前後に広州を訪れ、聞取りをした徐敏という人が雑誌『人民中国』一九五九年八月号に寄せた「珠江の変貌」と題するルポルタージュの一部が、前記の羽原又吉『漂海民』に紹介されている。次に、その中のさらに一部を引用させていただく。

「南堤に立って珠江をみわたすと、海珠橋から大沙頭へかけて、大小無数の川舟がもやっている。舟のうえには竿をはり渡して、洗濯物が干してある。みたところ、昔と何の変りもない眺めだったが、近くへ寄ってみると、舟の上はいたって静かで、たまに苫《とま》の中で洗濯物をたたんだり、赤ん坊を抱いて寝かしつけている子守の姿が見かけられる位のものだった。（一九四九年の）解放前は、年寄りから子供までこのせまい舟の上で芋の子を洗うようにひしめいていた。かまどの煙もたらこめ、あたりはまるで蜂の巣をつついたような騒がしさだった」

舟は住まいとして残しながら、働ける年代の者は陸上の勤め先へ通うようになっていたのである。徐敏氏は舟にいた二人の女性から話を聞いている。

「以前はわたしらの子供が陸へあがると蛋家仔《タンカアツアイ》というて馬鹿にされて、朝は元気に学校へでかけていっても、帰りはいつも泣いてかえって来よりました」

「あの頃（戦争中から戦争直後の国民党支配時代＝原注）の世の中はもうまっくらで、何といったらいいんじゃろかねえ。たべるものはなし、やっと仕事にありついたと思ったら、一日っきりで後が続かないし、くらしの立てようがないんですよ」

「今では毎日のように陸へひっこして行く人がありますよ。くらしはよくなる一方です。こんどおいでになる時には、わたしもきっと陸にあがっていますよ」

すでに水上居住者向けの新しい団地へ移っている人びともいた。徐敏氏は、彼らにも会っている。

「むかし舟の上でくらしておった時にゃ風にゃ吹かれっぱなし、雨にゃ濡れっぱなし、辛かったもんよのう。それがこんな立派な家に住めるとはのう」

「むかしは、一そうの舟に大人も子供もいっしょくたに住んでいて、仕事をするにも舟、ごはんを炊くのも舟の上、お客さんが来ても舟の上で、わたしらのような川のもんがこんなちゃんとした家に住めようとは思っとりませんでした」

中国のほかの地方でも、漂海漁民は同じころに最後の時代を迎えていたのではないか。現在、中国に漂海民がいるのか、いないのか、いるとすれば、その数はどのくらいになるのか、わたしにはわからない。ただ、いたとしても、その実態はもはや伝統的な漂海民とは著しく違っていることだろう。

なお、広州の船上生活者は厳密にいえば川の上で暮らしていたことになるが、このあたりの川の大きさと海までの近さを考えて、あえて漂海民としておいた。

中国の漂海民が文献に初めて現れるのは、北宋の楽史（九三〇―一〇〇七年）が撰した『太平寰宇《かんう》記』だとされている。可児弘明《かに》「良賤制度下の蜑戸《たんこ》について」（一九八六年、明石書店刊『増補アジアの差別問題』所収）に、その該当部分が見える。

「蜑戸、県の管するところ。生は江海にあり。舟船に居し、潮に随《したが》いて往来し、捕魚を業となす。もし平常陸に居せば死亡す。すなわち多く江東の白水郎《はくすいろう》に似るなり」

右の県とは、粤海道新会県すなわち現在の広東省江門市を含む珠江河口の西岸一帯のことである。ここは広州にも香港にもマカオにも近い。

長崎県西海市大瀬戸町で使われていた家船の模型。全長は10メートルほどであったという。（大瀬戸町歴史民俗資料館で）

「江東」がどこを指すのか、わたしにはよくわからないが、この場合は珠江の東側、広東省の東部や福建省の南部を意味しているのではないか。「白水郎」は漁師とくに海人《あま》のことである。この文字は日本の『万葉集』や『肥前国風土記』などにも見え、「あま」と読まれている。

ともあれ、『太平寰宇記』の蜑戸が一〇〇〇年後の広東省の蛋民と同じ集団であることは間違いあるまい。

同書から二〇〇年ばかりのちに成った宋の周去非著『嶺外代答』（一一七八年の自序がある）は、蛋民を「魚蜑」「蠔蜑《ごうたん》」「木蜑」の三種に分類している。

魚蜑は主に捕魚に従事し、蠔蜑は貝捕りに当たっていた。後者の大きな目的は真珠貝にあったらしい。木蜑は山から木を伐りだして筏《いかだ》に組み、その上に小屋を掛けて川をトっていく仕事をしていた。

蛋民の、いくらかでも具体的な姿を文献によってうかがえるのは、ここらあたりまでであって、それ以上に古い時代のことは不明である。つまり、彼らの系譜も起源も結局は、はっきりしていない。

しかし、その生態、民俗に日本の家船と重要な共通点があることは明らかであろう。そうである以上、家船と蛋民が系譜的につながるのではないかと仮定しても、こじつけにはならないと思う。

8 対馬海流に乗って

谷川健一『甦《よみがえ》る海上の道・日本と琉球』(二〇〇七年、文春新書)に驚くべきことが書かれている。

「江坂輝弥の話では、揚子江の河口の舟山群島あたりの漁師が魚を追って沖合に出て、対馬海流にのって、三、四時間もすれば、東北の方角に男女群島《だんじょ》をのぞむことができるという。また男女群島から五島までの距離も数時間で達することができる。

したがって、むかしの帆のついた手漕ぎ舟でも十時間前後で五島列島に到着することが可能であるという。それは東シナ海を黒潮が、東北東に向かって七ノットから八ノットの速さで流れているからである。中国の江南と九州の西海岸とをむすぶルートは、日本の先史時代の民俗文化に、はかり知れないくらいの大きな影響をあたえたことが想像される」(三六ページ)

舟山群島は揚子江(長江)の河口南岸の大都市、上海の南東に浮かぶ島嶼群である。ここから長崎県の五島列島までは直線距離でも六〇〇キロ以上ある。ちなみに、長崎県の男女群島(無人)は、五島の七〇キロばかり南南西に位置している。

谷川健一氏(民俗学者。一九二一―二〇一三年)が江坂輝弥氏(考古学者、慶應義塾大教授。一九一九―二〇一五年)から聞いた話では、中国の漁師は右の距離を一〇時間くらいで渡海していたというのである。時速にすれば、少なくとも六〇キロになる。真っすぐ直線的に走ったわけでもないだろうから、七〇キロや八〇キロは出ていないと、そうはなるまい。本当に、そんなことがあり得たのだろうか。

普通の帆船では最速で二〇ノット（時速三七キロほど）、競技用のヨットだと五〇ノット（およそ九三キロ）くらい出るときもあるらしい。国土交通省では二二ノット（四〇キロ）以上を高速船、三五ノット（六五キロ）以上を超高速船としている。また、黒潮は最大流速が四ノット（七・四キロ）ほどのようである。

これらの数字から考えて、ただの漁船が舟山群島を出て一〇時間前後で五島列島に着くということは、ほとんど不可能のように思われる。谷川氏の記したことには、何かの錯誤が入り込んでいるのではないか。

五島列島中通島有川郷の平串鼻

しかし条件がそろえば、舟山群島から五島まで一〇時間はともかくとして、意外な早さで着くことはあり得るだろう。黒潮（日本海流）は台湾の東方沖を北東に向かって流れ、奄美大島の西あたりで対馬海流を分流させている。舟山から西風を受けて東行したあと対馬海流に乗れたら、まる一日か一日半で五島に達する場合もあるかもしれない。仮に平均時速三〇キロで走ると、二四時間では七二〇キロ進むことになる。

この半分の速度だったとしても、まる二日で舟山から五島へ行ける。一万年前の中国南部の漁民にとっても、九州西岸はそう遠い水平線の果てでもなかったろう。初めは遭難の結果だったかもしれないが、やがて意図した移住先の一つになっていたのではないか。

中国南部の漁民は、九州西岸との先後関係は不明ながら、朝鮮半島の西岸にも渡海、移住していた可能性が高い。これも海流を利用すれば、そう無理なく到達できる地域に入っている。

ただし、日本列島と朝鮮半島へクシとコッの語をもちこんだ漁民は、それぞれ別のルートをたどって二つの海域へ渡ったのだと思う。クシ地名とコッ地名が濃密に分布しているのは九州の北西岸と半島西岸の中央部であり、あいだの対馬、済州島、半島南岸には、さして多くないからである。つまり、中間に空白域があるといえる。

これは、両地域のクシ、コッの語を使用していた言語グループ相互の行き来もひんぱんではなかったことを示している。この言葉が、一方から他方へ伝わったのだとすると、そのあいだにもっとクシ、コッ地名が多く残っていなければなるまい。

『甦る海上の道』には次のようなくだりが見える。

「鳥居龍蔵は山東省から朝鮮半島の西海岸に通じる海上の道をきわめて重視している。つまり山東省の先端は黄海を隔てて、呼べばこたえる近さで、朝鮮の西海岸の黄海道にある長山串と向かい合っている。この長山串の夢金浦あたりには、山東省から中国人がジャンクでおびただしく渡来している光景が近代日本の朝鮮侵略以前にもみられたという」

山東半島の先端と、長山串のとっさきとは、一八〇キロくらいしか離れていない。

夢金浦《モングムポ》は長山串の北岸の付け根に位置する港町である。人類学者の鳥居龍蔵（一八七〇―一九五三年）は、そこで山東半島からやってきた多数のジャンク（中国式の帆船）を目撃したというのであろう。ジャンクが順風を受ければ、二〇〇キロやそこらの距離は何でもあるまい。何千年も前の漁船にとっても、それはさして困難な航海でもなかったと思われる。ただし、日本から中国への場合も含めて、逆方向の旅は風と海流の関係で、なかなかそうはいかなかったのではないか。

とにかく、日本と朝鮮へクシとコッの語とともに渡来してきた漁民は、違うルートをたどってきたと、わたしは想像している。

その漁民の出自の土地をきっちりと特定するのは難しい。漂海漁民は中国南部の沿海だけではなく、フィリピン、インドネシア、マレーシア、ベトナム、カンボジア、タイ、ミャンマーなどでも確認されており、その系譜、起源も、相互の関連も全く、あるいはほとんどわかっていない。少なくとも、現時点では確かなことは何もいえないと思う。しかし、日本の家船漁民が列島へ渡海する前に暮らしていたのは中国南部の沿海域だったらしいふしはある。

次に、それをうかがわせる、ささやかながら不思議な事実を取上げることにしたい。

9　家船とサンカ

サンカとは何か。わたしは拙著『サンカの起源』(二〇一二年、河出書房新社)の中で、「箕《み》、筬《おさ》、川漁などにかかわる無籍、非定住の職能民のこと」だと定義しておいた。

これは、ぎりぎりまで簡略化した表現であり、もちろん問いに対する答として十分ではない。しかしここでは、あまり多くの紙数をついやすことはできないので、いまはとりあえず、その生業にしぼっていくらかの説明を加えておくだけにしたい。

サンカは大きく二つの系統に分けられる。細工系と川漁系である。

細工系の生業は、農具の箕か、機織り道具の部品の筬の製造、行商、修繕にほぼかぎられていた。これに一般の竹細工が加わっていた地方もあるが、副業的でサンカの特徴とはしがたい。なぜ、彼らの仕事が箕と筬に特化していたのかについては、まわりくどい説明が必要なので、詳しくは前掲書にゆずるほかない。ただ、かいつまんでいえば、箕も筬も呪具《じゆぐ》としての性格をもっていたことと関連している。

川漁系は、河川、池沼でスッポンなどのカメ類、ウナギ、魚介を捕って、それを農民らに行商して生活していた。

彼らを呼ぶ言葉にはテンバ、テンバモン、ミナオシ、ミーブチ、ミーヤ、ポン、ポンスケ、ノアイ、サンカ、オゲ、オゲタ、ケンシ、サンガイ、ヒニン、カンジンなど地方的差異があった。これをいちいち使い分けるのは煩雑であるうえ、そもそも通用範囲もはっきりとは把握できていないため、「サンカ」の語で総称することを始めたのは柳田國男である。以後、おおかたの者が、これにならっている。

細工系のうち、箕にかかわるサンカ（民俗語彙ではテンバ、ミナオシ、九州のヒニンなど）は昭和二十年代（一九四五—五四年）ごろまでは広い範囲で、従来とほとんど同じ暮らし方をつづけていた。わたしは、彼らの何十人かに面談して話をうかがっている。

細工系の筬を仕事にしていた集団と、川漁系は、これより三〇年ばかり早く姿を消していた。生業として成り立ちにくくなっていたからである。箕の方は、第二次大戦直後の食糧難の時代に、最後の大需要期をむかえており、それだけ消滅が遅れたといえる。

川漁系（サンカ、ポン、オゲなど）の生態は、稼ぎの場が川と海の違いがあることを別にすれば、家船と共通するところがすこぶる多い。彼らについては先学の報告がいくつかあるが、ここではわたしの聞取りから二つほどえらんで紹介しておきたい。

次は、平成二十三年（二〇一一）九月、岡山県の東端に位置する美作市《みまさか》東吉田で会った昭和八年（一九三三）生まれの男性の話である。

男性は二〇歳のころ、そこから南西へ五〇キロ余り離れた現岡山市北区建部町の旭川ダムの建設現

昭和10年代に兵庫県姫路市の市川の川べりで撮影されたサンカの夫婦。夫が漁をし、妻が行商に歩いていたという。（後藤興善『又鬼と山窩』1940年、書物展望社より）

場へ出稼ぎに行った。昭和二十九年にダムが完成する前のことで、まだ旭川はせき止められていなかった。

そこで働いているときのことだが、のちに長大な堰堤となる少し上流で、夜ごと川漁をしている中年の夫婦がいた。夜になると川に流し針を仕掛けてウナギ、ナマズ、ギギ（コイ目の淡水魚）などを捕っていたというのである。

その流し針は男性が住む美作市東吉田あたりでは「ヨヅケ」と呼ぶ形式のもので、やや太く、うんと長い道糸に、もっと細く短いテグスを互い違いに付けて、それぞれの先に針を結んだ仕掛けであった。どこか一ヵ所を引っかけたら、全部をたぐり上げることができる。それを恐れてのことであろう、夫婦は夜釣りをするふりをしながら、一晩中、流し針を見張っていたという。

そばに小さな川舟がつないであり、それにいろんな荷物を積んであった。舟で寝起きしていたのである。

男性が住み込んでいたのは「広鉄組《ひろてつ》」の飯場であった。その責任者が夫婦を見て、

「あれはサンカだ」

と言ったという。責任者は、

「あの連中は雨が降ったら橋の下に寝る」

とも話していた。

翌日、旭川ダムから直線で一三キロほど北西の真庭市野原の旭川べりで軽トラックの中にいた、やはり昭和八年生まれの男性は、わたしに次のようなことを語ってくれた。

「サンカですか、知ってますよ。橋の下に寝たり、天幕に泊まったりしながら、あちこち移り歩いていた川漁師のことでしょう。自分は見たことはないが、親やほかの年寄りたちから聞きました。だいたいは亭主が漁をして、女房が売り歩いていたんじゃないんですか。自分らの親くらいの年代の者なら年中、目にしてたし、サンカの天幕も見ていたと思いますよ。サンカの話は、よくしてましたねえ。サンカも、いまは新しく家を建てて暮らしてるようですよ。この上流の落合（町の名）には何家族もが定住したと聞いてます」

家船と川漁系のサンカとのあいだに、重要な共通点があることは明らかであろう。とはいえ、生活域が海と川沿いと決定的に違っている。だから、わたしは川漁系の起源について何かいったことはない。前掲書で、わたしが追究したのも、もっぱら箕作り系のサンカであった。

ところが、前記「良賤制度下の蜑戸《たんこ》について」に気になる一文が見える。

「陳序経は、『天下郡国利病書《りへい》』巻一〇〇、広東四、博羅県の条によって、同地の『蜑』には竹を編んで筐《きょう》、箕をつくるものと、捕魚をするものとの二種類があり、互いに『業を移さず』、また籍からいうと前者は東莞県、後者は帰善県に隷属する、と指摘している」（三二四ページ）

陳序経は『蛋民的生活』（一九四六年、商務印書館）の著者であり、『天下郡国利病書』は清の顧炎《こえん》武《ぶ》（一六一三―八二年）が編した全一二〇巻の資料集である。陳氏は顧炎武の巻第一〇〇を引用して右のように述べたのである。博羅県、東莞県、帰善県いずれも、現在の香港の北方になる。

すなわち、広東省の南部にいた「蜑」と呼ばれる集団には、

・竹を編んで筐（竹製のかご）、箕をつくるもの
・捕魚をするもの

の二つがあったとしているのである。

「捕魚をするもの」が、いわゆる蛋民を指していることは間違いあるまい。彼らが隷属（籍に入っていた、の意か）していた帰善県は現恵州市のあたりに位置していた。広州で珠江に合流する東江の流域沿いである。日本の川にくらべて、けた外れの広さだが、ここまで来ると、もう海とはいいがたい。川漁をなりわいにする蛋民といってよいだろう。彼らは籍の有無を別にすれば、日本の川漁系サンカに、かなり似ているように思える。

一方、「筐、箕をつくるもの」が隷属していた東莞県（現在の東莞市のあたり）は、恵州より西に当たる。この集団は、日本の細工系サンカに近い印象を受ける。

つまり、中国の蛋民と日本のサンカとは、その生業のあり方に無視できない共通点があったといえるのではないか。川漁と箕作りとは本来、何の関係もなさそうなことを考えると不思議な一致である。

ただし、中国の蛋民なる言葉、概念には、もとは漁民や箕作り職人の意味はなく、単に軽侮を込めた言い方だった可能性がある。その漢字に「虫」が付いていることからもわかるように、彼らは異民族で、漢民族からは賤視、差別の対象になっており、「タン」との蔑称を生んだのかもしれない。

日本の「サンカ」も、その語源は中世の被差別民の一集団だった「坂の者」に由来している。坂の者は日常言葉ではサカンモンと呼ばれていたと思われ、それがいつのころかに一部の地方で、語中の転音が起き、サンカモンと変化した。「新《あら》しい」がアタラシイに、「茶釜《ちゃがま》」がチャマガに、「針金《はりがね》」がハネガリに訛ったようなものである。サンカモンは、やがてモンがとれてサンカとなったが、地域によっては二〇世紀に入ってもサンカモンと言っていたところもあった。

＊

コラム⑥　日本語の系統論と形成論

日本語は、どのような言語グループに属するのか、どの言語と親類関係にあるのかについては、これまでさまざまな説が出されてきた。それは日本語の起源を求める作業だといってよいだろう。いま、小泉保『縄文語の発見』（一九九八年、青土社）にもとづいて、系統論をタイプ別に紹介しておきたい。

小泉氏によると、系統論は、

- 同祖論　日本語はあるXという言語とその起源を同じくしている、という見方。
- 重層論　日本語はあるXという言語にYという言語が積み重なってできた、とする見方。これには、二重層説と多重層説がある。
- 国内形成論　縄文時代の言語から原日本語ともいうべき弥生語ができあがったとする説。

の三つの型に分けられるという。

それぞれに比定された言語をタイプ別に挙げると次のようになる。

〈同祖論〉

- 琉球語　奄美、沖縄、宮古、八重山の四群島にわたる諸方言の総称。
- 朝鮮語
- モンゴル語
- ツングース語　東シベリア一帯に住む民族の言語。満州語など。
- アルタイ語　ツングース語、モンゴル語、トルコ語などを含む語族。

・ウラル語　フィンランド語、ハンガリー語など。
・南島語（オーストロネシア諸語）　ジャワ語、マライ語、サモア語など。
・タミル語　インド亜大陸の南端に近いタミル地方の言語。
・チベット語、ビルマ語（同語族とされる）

〈重層論〉

・南方語の上に北方語　オーストロネシア諸語を基層として、それにアルタイ・ツングース系の言語が重なったとする説。
・北方語の上に南方語　右とは逆の説である。
・多重説　いくつかの支流が集まって本流になるように、三つ以上の言語が合流して日本語が成立したとする考え方。

〈国内形成論〉

右に挙げた各説は、日本語―琉球語同祖論を別にすれば、いずれも縄文時代よりあとの変化を前提にしている。つまり、現今の日本語につながる弥生語は、その前の縄文語を駆逐して、それに入れ替わって成立したとしているが、そうではなく縄文時代の言語が今日の日本語になったとする立場である。異種言語の決定的な影響を否定しているといえる。小泉氏は、これを支持している。

一方、崎山理『日本語「形成」論』（二〇一七年、三省堂）が用いている「形成論」の意味は全く違う。崎山氏は、

「一般的な系統論の概念では、ある言語の系統とはその言語に全面的な刻印を与えた一つの言語について言われる。つまり、一つの言語の系統が複数の言語に由来することはあり得ないとするのが系統論の『立場』である」

としたうえで、一般的な系統論の考え方を否定し、日本語は、
「複数の言語からそれぞれの文法部分が提供され、一つの言語として形成された混合語である」
としている。具体的にはオーストロネシア語族とツングース諸語との混合語だとする立場である。

日本語を、どれかの「語族」に含めたり、どれか単一の言語と親類関係にあるとする説すなわち系系統論は、もう一〇〇年以上も前から、さまざまな人たちによって提起されつづけてきた。ヴァリエーションも加えたら何百通りにもなるだろう。しかし、おおかたの支持を得ている説は、いまだに現れていない。それが形成論が生まれた大きな理由の一つではないか。

系統論にしろ、形成論にしろ、個々の論の当否については、わたしにはわからない。ただ、どんな考え方に立つにしても、日本語および比較対照する言語を可能なかぎり古い時代にさかのぼって再現する作業をともなっていなければならないはずである。

ところが、日本語にかぎっても、弥生時代以前の姿を直接、明らかにしようとする試みが、ほとんどというより全くなされていない。

小泉保氏は、
「日本語の系統論では縄文時代の言語がほとんど欠落している」
として、日本語の方言について比較言語学的方法を用いた再現をしている。小泉氏は、

- 九州、関西、関東、東北の方言から「本土縄文語」
- 奄美諸島、沖縄諸島、宮古諸島、八重山諸島の方言から「琉球縄文語」

を再構成することができ、本土縄文語と琉球縄文語を比較することによって、「原縄文語」を再構成できるとするのである。

これは「日本語は、日本列島が孤立して以来一万年の間に、この島国の中で形成されたと考えなけ

ればならない」との前提に立っている。その証明はなされていないので、「弥生語が縄文語に入れ替わった」とする「弥生語交替説」をとる人びとには説得力をもたないのではないか。

崎山理氏は、

「日本列島に人類が住み着いた一万数千年前の旧石器時代以降、彼らの共通言語として『日本語』が立ち上がっていたとしても、言語学は経験的実証科学であるから、その現象自体は言語研究の対象にはならない。縄文時代の初期、中期に至っても何の言語データも残っていない」

と述べている。

本書は、まことにささやかで、かつ不十分ながら、「縄文時代の何らかの言語データ」を再現しようとする試みである。これを妄想として一蹴する人はいるだろう。しかし、本書の指摘の当否は別として、地名から縄文語再現の可能性をさぐる道があるとはいえると思う。

第七章　「耳」は、なぜ尊称とされていたか

1　『古事記』に見える耳の付く神名・人名

七一二年に成立した『古事記』（以下、記と略すこともある）の神武記（神武天皇条）によると、神倭伊波礼毘古命（カムヤマトイハレビコノミコト）すなわち神武天皇は、阿比良比売（アヒラヒメ）とのあいだに多芸志美美命（タギシミミノミコト）、岐須美美命（キスミミノミコト）の二子をなしている。

さらに、伊須気余理比売（イスキヨリヒメ）とのあいだに日子八井命（ヒコヤイノミコト）、神八井耳命（カムヤイミミノミコト）、神沼河耳命（カムヌナカハミミノミコト）をもうけた。このカムヌナカハミミノミコトは、のち即位して第二代の綏靖《すいぜい》天皇となる。

記では、初代天皇・神武の子として右の五人しか名を挙げていないが、ヒコヤイを除く四人に「ミミ（用字は美美か耳）」を付けていることになる。しかも、どんな理由があってのことか、ヒコヤイは『日本書紀』（七二〇年成立、以下、紀と略すこともある）には載っていない。

記には、「耳（タギシミミとキスミミ以外は、すべてこの漢字を用いている）」の付く神名・人名が、ほかにも少なくない。順に列挙すると、次のとおりである（読みにくいので片仮名で表記しておく）。

- マサカツアカツカチハヤヒアメノオシホミミノミコト
- スガノヤツミミノカミ
- フテミミノカミ
- トリミミノカミ
- ワカサノミミノワケ
- スエツミミノミコト
- クガミミノミカサ
- ミスキトモミミタケヒコ
- ミミノオホキミ
- ウヘツミヤノウマヤドノトヨトミミノミコト（聖徳太子）

紀の方には、さらに別のミミの名も出ているが、おおよそのところでは共通しているといってよいだろう。ただし、用字はだいたいは異なっている。

なお、右の「神武」や「綏靖」などの名は漢風諡号《しごう》と呼ばれるもので、記紀の成立から半世紀ほどのちに、大学頭《だいがくのかみ》などを歴任した淡海三船《おうみのみふね》が撰進したといわれている。諡《おくりな》あるいは諡号は、貴人の死後、生前の事績に対しておくる名のことである。いずれにしろ、記紀の時代には、まだなかったことになる。

一方、「カムヤマトイハレビコノミコト」や「カムヌナカハミミノミコト」などは、慣例的に和風諡号（国風諡号）と称している。しかし、どう考えても神武や綏靖が実在したはずはないので、諡号の言葉は不自然である。要するに、これがどのような性格の名なのか、確かなことはわからないといえる。

ともあれ、これだけ多くの神名と皇族、地方豪族の名に、ミミの語が使われていることは、記紀が成立したころのみならず、両書が参考にした文献が書かれたと思われる六―七世紀には、それが尊称だと考えられていたことを示している。そうして、それは実際には、はるかに古い時代にもさかのぼることが確実である。

その文献上の証拠として、コラム⑤でも取上げた陳寿（生年未詳、二九七年没）編『魏志倭人伝』を挙げることができる。

同書によれば、倭の投馬国（所在地については諸説ある）では、

•官を彌彌（ミミ）

•副を彌彌那利（ミミナリ）

といった。官は、おそらく投馬国の首長ないしは最高権力者、副は次位の者を指していると思われる。つまり、地方豪族であり、それに「ミミ」の名が付いていたのである。

『魏志倭人伝』が記されたのは三世紀の後半、すなわち古墳時代の初期であった。尊称としての「ミミ」の語は、少なくとも弥生時代の末期には存在していたに違いない。

さらに、『肥前国風土記』（おそらく八世紀前半の成立）に、

•小近《をちか》に土蜘蛛《つちくも》「大耳（オホミミ）」

•大近《おほちか》に土蜘蛛「垂耳（タリミミ）」

がいたことが見える。

小近、大近は、現在の五島列島北部の小値賀《おぢか》島（長崎県北松浦郡小値賀町）や、その周辺の島に当たるのだろうが、そこの土蜘蛛の首長に大耳、垂耳がいたことになる。

大耳らは、天皇（一二代の景光）に服属を誓って長蚫《ながあわび》などアワビの乾燥加工品を献上している。潜

水漁民の系譜に属する人びとであったらしい。

2　ミミが聖なる場所を指す例

文献では、一八〇〇年ばかり前の『魏志倭人伝』より古い時代のことは、結局わからない。それで、ここでも地名を使うことになる。

ミミ（漢字では、たいてい耳）の付く地名は、これまでに取上げたアオ（青）やクシ（串、櫛など）の付く地名にくらべて格段に少ない。つまり、その地名がもつ特徴を指摘する場合、例数がそう多くなくても分母が小さいので、割合はけっこう高くなる傾向があるといえる。それを前提に、まずミミ地名が聖なる場所と結びつく例を挙げてみたい。

•愛媛県上浮穴《かみうけな》郡久万《くま》高原《こうげん》町上黒岩字御三戸《みみど》

御三戸は、面河《おもご》川（仁淀川上流部の名）に支流の久万川が合流するあたりの地名である。

その二つの川がぶつかる位置に御三戸嶽と呼ばれる、すこぶる特異な形状の巨大な岩塊がそそり立っている。対岸に建つ役場の説明板には、高さ三七メートル、最大幅一三七メートル、長さ二三七メートルの石灰岩で「軍艦岩」ともいわれるとある。その「船首」は、山中にしてはかなり大きな二つの川の上流に向き、あたかも波をかき分けて進む巨船の感を呈している。ただし、この岩は後ろの鞍部をはさんで背後の山に連なっており、島ではない。

これだけのスケールの岩が、岩神信仰の対象にならなかったことなど、まず考えがたいといえる。実際、西側の対岸には、昭和三十年（一九五五）まで御三戸神社が建っていた。ところが同年、町村合併で旧美川村が誕生した折り、その中心域にあった社地が役場用地として提供され、久万川を二キロほどさかのぼった場所へ遷座されたのである。

御三戸神社の社伝によると、御三戸嶽を磐座《いわくら》とし、それを黒岩神と呼んで祀ったのが神社の始まりだという。すなわち、巨岩そのものを神体とする信仰に発しており、社地は遥拝所にほかならなかった。

黒岩神の名は、巨岩の色によっているのだろうが、この岩はもっと古くはミミドと呼ばれていたと思われる。ミミは聖地を意味し、ド（清音だとト）は「何かがあるところ」を表す言葉である。カマド（竈）やイド（井戸）のドである。つまり、黒岩とミミドは同じ対象を指している。社伝で黒岩の語が使われているのは、いつのころかにミミの語義が忘れられたからであろう。

現社地の二〇〇メートルくらい上流に、上黒岩岩陰遺跡がある。その最下層から出土した石器や土器は、同じ地層の木炭片を放射性炭素法で測定した結果、一万二〇〇〇年ばかり前、すなわち縄文時代草創期に属するとされている。一帯には一万年以上も前から人間が生活していたのである。

愛媛県久万高原町の御三戸嶽。左側は役場の建物で、ここに御三戸神社が祀られていた。

彼らが、すぐそばの御三戸嶽を見なかったはずはない。見れば必ず、その威容に驚きと恐れを抱いたに違いなく、そのころから巨岩は、信仰の対象になっていたろう。ただし、だからといって、当時すでに、それをミミドと呼んでいた証拠とすることはできない（わたしは、その可能性は十分にあると思うが）。

・宮崎県日向市美々津《みみつ》町

現在の美々津町は、耳川右岸（南岸）を指す行政地名になっている。しかし、もとは主として左岸側を呼んでいたことは、まず間違いあるまい。

美々津の「津」は、いうまでもなく「船泊《ふなどま》り」のことだが、その津はいまの幸脇《さいわき》港（美々津港、日向市幸脇）のことだと思われ、美々《みみ》（古くは単に、こういっていた）は、ここを中心に発達した町だからである。ただ、こちら側には平坦地が少ないため、廻船問屋などから形成された町場は耳川の南岸に開けたのである。

宮崎県日向市の美々津海岸に広がる柱状節理の大岩塊群

　現幸脇港を日向国（宮崎県）屈指の津にしたのは、すぐ東隣の日向灘へ突き出した権現崎であった。この最高所が五二メートルの岬は風波を防ぐ絶好の楯の役目を果たし、その奥に、これ以上はないような船舶の避難所をつくったといえる。

　権現崎は南向きに延びた半円形の岬だが、その東岸と南岸に柱《ちゅう》状節理《じょうせつり》の大岩塊群がむき出しの姿を見せている。柱状節理は、火山岩などが冷却したときにできる柱状の割れ目である。この威容と、風波除けとしての有用性が、古代人に岩神の観念を生まなかったはずはない。

現に港に面した西側には、湊柱《みなとはしら》神社という珍しい名の神社が祀られている。また、権現崎の名も、ここが信仰の対象であったことを示している。

さらに、幸脇港の耳川をはさんだ対岸には、立磐《たていわ》神社がある。ここも、その名からわかるように、もとは境内の柱状節理の岩塊群（最大は高さ一五メートル）を神体として祀ったのであろう。そうして、同時に向かいの権現崎の遥拝所でもあったのではないか。要するに、ここでもミミと岩神信仰が結びついていることになる。

なお、美々津には神武天皇にまつわる伝説が多く残っているが、これらはすべてお話であり、史実とかかわるものはないと考えて、本書では触れないことにした。

• 和歌山県東牟婁《むろ》郡那智勝浦町浦神《うらがみ》の耳ノ鼻

那智大滝《なちのおおたき》の一二キロばかり南方で、熊野灘が西に向かって深く切れ込んでできた「玉ノ浦」という細長い入り江がある。波の静かなことで知られ、紀州藩が編纂した『紀伊国続風土記』（一八三九年に完成）には、

「村（湾奥の浦神村のこと）中の田地皆《みな》海岸を以て畔《あぜ》となし、高低殆《ほとんど》海面と均《ひとし》くして満潮といへとも田地に入る事なきは風浪の静なるを知るに足れり」

と述べられているほどである。

浦の南側で、天然の大防波堤の役目を果たしているのが浦神半島であり、その東端は「耳ノ鼻」と呼ばれている。言葉で聞いても文字で見ても妙な感じの、この名は何を意味しているのだろうか。

鼻が岬を指す語であることは、いうまでもない。問題は耳とは何かである。その答は、この場所の地形、形状にある。といっても、わたしは行ったことはないのだが、グーグル地図の写真によると、

一帯は荒々しい岩場になっており、そこに何本もの海蝕洞窟がトンネルのようにうがたれている。洞窟は中で枝分かれしたり、また合したりしながら、ときに光に満たされ、あるいは闇をつくっている。それは、すこぶる神秘的で印象的な景観をなしているようである。

この周辺を漁場にしていた人びとが、ここの岩場と洞窟に特別の思いを抱かなかったなどということは、どう考えてもあり得まい。それは漁民たちにとっての岩神そのものであったろう。つまり、愛媛県の御三戸《みみど》や宮崎県の美々津と同じく、きわめて古くから信仰の対象であったに違いない。それゆえ、ミミと称したのである。

・岡山市中区長利《ながとし》の耳岩神社

JR山陽本線東岡山駅の二キロくらい南東に、耳岩神社という、そう大きくはない神社がある。その名からであろう、近ごろでは耳の病気にご利益があるとされているらしい。

社殿の背後に岩壁があり、その真ん中あたりの裂け目が耳の穴に似ていることから、耳岩の名が付けられたとする指摘もある。しかし写真を見ると、それは耳の穴らしくない。むしろ、女陰の形に近い印象を受ける。女陰型の岩の窪みを神体とする信仰は、

・高知市介良《けら》乙の朝峯神社（延喜式内社）

・長野県佐久市内山の肬水《いぼみず》神社（石宮《いしみや》とも）

など、各地に決してまれではない。

ただし、いつのころからか、それが「不謹慎」だと感じられるようになって、いまでは神体は別にあるとしている場合も少なくない。

例えば、朝峯神社では、後背のなだらかな山容の介良山を小富士と呼び、祭神を富士山周辺に多い浅間神社と同じコノハナノサクヤヒメとして、神社の起源を富士山信仰に結びつけている。だが、本

殿の後ろの石段を登りきったところに高さ六メートルほどの巨大な岩の「女陰」が口を開けており、本殿に向かって拝礼をすれば、いやでもそれを拝んでいることになるのである。同社が現在も「安産・子授け」「酒造・水商売」の神さまとされていることは、もとの信仰の残影に違いない。

岡山市の耳岩も原初の形は、岩神信仰の一類型である女陰信仰にあり、その岩壁を「聖なる岩」の意でミミイワと名づけたのだと思われる。

3　聖地は磐座《いわくら》にかぎらない

圧倒的な迫力の岩塊や岩壁、岩場あるいは、たとえ小さくとも風変わりな形状や特異な光沢の石などに神性を感じ、それを神とあがめる信仰は、おそらく人類に共通しているのではないか。その観念を日本語では石神《いしがみ》信仰、岩神信仰、磐座《いわくら》信仰などと呼んでいる。前節で挙げた四ヵ所は、ミミの語が付く岩神信仰の例になる。

人が神聖視するのは、もちろん石や岩にかぎらない。次は、ミミの付く聖山と「聖なる原」を取上げてみたい。

・奈良県橿原《かしはら》市木原町の耳成山《みみなし》（一三九メートル）

耳成山は周知のように、天香久山《あまのかぐやま》（一五二メートル）、畝傍山《うねび》（一九九メートル）と並んで大和三山の一つにかぞえられている。いずれも、奈良盆地で暮らしていた古代人が崇敬してやまない聖山であった。

耳成山は、そのうちでもっとも低いが、どの方角から見ても円錐形に近い形の山容で、しかも完全な独立峰である。その点と、三山が畝傍山を頂点とする二等辺三角形の各点に位置していることから、とくに耳成山は人工的に土を盛って築かれたのではないかとの奇説をとなえる人さえいる。

日本人の山岳信仰には、富士山に代表される秀麗な形の高山に対するものと、人里から遠くない場所の鍋を伏せたようなゆるやかな山容の「丘」を対象とするものの、二つの型があるらしく思える。天香久山は後者の典型であり、畝傍山と耳成山は頂がやや盛り上がっているが、とがっているというほどではない。要するに、三山とも神名備《かんなび》型すなわち人里近くの聖山としての条件をそなえているといえる。

ミミナシのミミは、おそらく前記の岩神信仰の対象に付いたミミと同じ語であろう。ナシについては、どんな意味なのか、わたしにはわからない。

・福井県三方《みかた》郡美浜町宮代の弥美《みみ》神社と御岳山《おたけやま》（五四八メートル）

弥美神社は、JR小浜線美浜駅の近くで若狭湾（日本海）に注ぐ耳川の下流東岸に鎮座している。一〇世紀前半に成立した『延喜式』の神名帳《じんみょう》に名が載る式内社である。

福井県美浜町の弥美神社は、御岳山を遥拝するような場所に鎮座している。それは800年前に現在地へ遷座する前も同じであった。

『福井県史　通史編1』（福井県）によると、藤原京（六九四―七一〇年）跡出土木簡に「三方評《こおり》 耳五十戸」「三方郡《こおり》 耳里」などと記したものがあるというから、ミミの地名は遅くとも七世紀末にはできていたことがわかる。弥美神社も、そのころにはすでに地域住民の信仰する聖地になっていたのではないか。

この神社が元来、何を神体としていたかは、現地を訪ねると容易に想像がつく。社殿が、一キロ余り東北東に位置する御岳山を遥拝するような場所に建っているからである。しかも、同社は嘉禄年間（一二二五—一二二七年）までは現在地から六〇〇メートルばかり西の字《あざ》「逢《あい》の木《き》」にあったとされているが、そこからも御岳山が真正面に望めるのである。つまり、遷座の前も後も、この山を遥拝する場所に社殿がつくられていたことになる。

御岳山は、なだらかな稜線の山容で、「ふとん着て寝たる姿」と俳句に詠まれた京都の東山に似ている。すなわち、典型的な神名備型の山である。原初には、あるいはこの山をミミと称していたのかもしれない。

•大阪府堺市堺区大仙町《だいせん》の「毛受《もず》の耳原」

大仙町は、日本最大の古墳として知られる大仙陵古墳（仁徳天皇陵）の所在地である。

墳丘長五二五メートルの、この前方後円墳が仁徳天皇の陵（みささぎ）である確証はないが、同天皇が近くの巨大古墳のいずれかに埋葬されたことは、まず間違いあるまい。一帯には、かつては一〇〇基以上、現在でも四四基の古墳が密集しており、百舌鳥《もず》古墳群と呼ばれている。天皇や、その関係者のものが多いとされ、ここがとくに神聖視される場所だったことを示している。

『日本書紀』の仁徳紀には、次のようなくだりが見える。

「八十七年の春正月の戊子《つちのえね》の朔　癸卯《ついたちみづのとうのひ》（十六日）に、（仁徳）天皇　崩《かむあが》りましぬ。冬十月の癸　未《みづのとひつじ》の朔己　丑《つちのとうしのひ》（七日）に、百舌鳥野《もずの》陵に葬《はぶ》りまつる」

一方、『古事記』の仁徳記では、

「この天皇（仁徳）の御年、八十三歳。丁卯《ひのとう》の年の八月十五日に崩りましき。御陵は毛受の耳原にあり」

となっている。

いまの百舌鳥古墳群のあたりを「耳原」と称していたことがわかる。ここでミミの語と聖地とが結びついているのである。むろん、これだけなら、ただの偶然かもしれない。ところが、古墳群―モズ（モズノ）―ミミハラの三つが対応している例が、もう一つ存在するのである。

・大阪府茨木市耳原《みのはら》の耳原古墳

同市耳原三丁目に、直径二一メートル（もとは三〇メートル以上）の円墳、耳原古墳が残っている。ここから二七〇メートルほど南西に鼻摺《はなずり》古墳（耳原方形墳）があり、二〇〇メートルくらい西には耳原西古墳があった（墳丘は、すでに失われている）。小規模ながら、古墳群が形成されていたのである。

耳原は、いまはミノハラと読んでいるが、当ててある文字からみて、古くはミミハラといっていただろう。三つの古墳が築造されていたあたりの小字を「毛受野《もずの》」といっていた。

つまり、ここでも三〇キロばかり離れた堺市大仙町と同じように、古墳群のある場所にモズ（モズノ）、ミミの語を含む地名が付いていたことになる。これはいったい、どういうことなのだろうか。

まず考えられるのは、茨木が堺を模倣した可能性である。しかし、それは実際には、まずあり得ない。堺の「耳原」は、長いあいだ忘れられた地名であった。堺市には、昭和四年（一九二九）から同三十四年にかけて「耳原町」があったが、これは仁徳記の一節を借用して新たにつくった地名であり、ずっと存在していたわけではない。

これに対して、茨木の方には江戸時代すでに「耳原村」があった。今日の耳原町は、それを踏襲しているのである。とはいえ、茨木の物知りが江戸期に『古事記』から耳原の名を引っぱり出してきた可能性が絶対にないともいえない。しかし、同書は本居宣長《もとおりのりなが》（一七三〇―一八〇一年）が『古事記伝』を著すまで、その内容は知識人たちにさえほとんど知られていなかった。だから、その中にしか見えない耳原の名を村名に付けようとしても、それを受け入れる者は、まずなかったろう。地名というのは、おおかたの住民が納得のうえ用いて初めて定着するものである。
そうだとするなら、茨木の耳原も毛受野も、堺とは別個に付けられたと考えるしかあるまい。そのミミの語は、これまでに挙げたミミと、おそらく同義であろう。モズが何を指しているのか不明ながら、あるいはこの言葉にもミミと似た意味があったのかもしれない。

4 「耳取」とは何を意味しているか

既述のように、ミミの付く地名は決して多くはない。いろいろの地名辞典からひろっていっても、一〇〇集めるのに難儀するのではないか。わたしは、いまのところ五〇たらずしか把握できていない。そんな中で、他を圧して多いミミ地名が一つある。「耳取」（読みは例外なくミミトリまたはミミドリ）である。これはあくまで、わたしが気づいた範囲でのことだが、その数は一五にのぼる。こんなミミ地名はほかにはなく、その意味を追究することによって、ミミという語の原義を知ることができそうな気がする。逆に、これが何を指して付けられたのか全く不明だとするなら、ミミについては結局、何もわからないといってよいことになるだろう。

そこで、まず耳取なる地名を北から順に列挙しておきたい。

①岩手県滝沢市耳取山（少なくとも現在では地名として扱われている）
②岩手県紫波《しわ》郡矢巾《やはば》町煙山《けむやま》字耳取
③岩手県和賀郡西和賀町耳取
④秋田県横手市上境字耳取
⑤秋田県横手市大雄《たいゆう》字耳取
⑥秋田県横手市雄物川《おものがわ》町造山《つくりやま》　字耳取

⑦宮城県栗原市一迫《いちはさま》字嶋躰《しまたい》耳取
⑧宮城県大崎市古川耳取
⑨宮城県多賀城市高橋字耳取北
⑩新潟県見附市耳取町
⑪長野県小諸市耳取字耳取
⑫愛媛県大洲市長浜町・同県八幡浜市日土《ひづち》町境の耳取峠（標高五九〇メートルほど）
⑬愛媛県大洲市肱川町・同県喜多郡内子町境の耳取峠（六〇〇メートルほど）
⑭鹿児島県曽於《そお》市財部《たからべ》町の耳取峠（三八〇メートルほど）
⑮鹿児島県南さつま市坊津《ぼうのつ》町の耳取峠（一五〇メートルほど）

一見して、すぐ気づくことは⑫、⑬、⑭、⑮で耳取が峠の名になっていることである。そうだとすれば、ミミトリとは峠のことではないだろうかとの予想をたてたくなる。

実際、右の四ヵ所以外にも、その地名が付いた場所が峠のような地形になっているところがないわけではない。例えば、

⑦宮城県栗原市一迫字嶋躰耳取

である。

この小集落のあたりは標高が一〇〇メートルくらいだが、西側は距離およそ七〇〇メートルで比高差がおよそ三六メートルもあり、耳取に向かってかなりはっきりした登り坂になっている。東側は八〇〇メートルに対して比高差は二〇メートル、こちらも緩いながら登り坂である。つまり、耳取は峠に当たっているといえる。

⑪長野県小諸市耳取字耳取

も、集落の南はずれから、その中心までの二五〇メートルばかりで二〇メートルの比高差があり、小さな峠道だといってもよいだろう。

もし、耳取の地名がこの六ヵ所しかなかったとしたら、わたしはためらうことなく、ミミトリの本来の語義は峠のことだとしていたろう。しかし、全く峠らしからぬところも半分ほどを占めており、この解釈は当たっていないことになる。

それではミミトリとは何のことかだが、その前にトウゲ（峠）なる言葉の原義について、ひとことしておきたい。

トウゲの語源はタムケ（手向け）だとする指摘は、しばしば見かける。通説だといってよいかもしれない。峠の入り口や頂に祀られている道祖神などに、何かささやかなもの、または神への感謝を「たむける」習俗があったとして、それがトウゲに転訛したというのである。もっともらしく聞こえるが、わたしは信じていない。

長野県小諸市耳取の弥美登里（みみとり）神社。小さな峠道を登ったあたりに鎮座している。

峠のことを中国地方あたりでは、一般にタワといっている。これが四国地方などでは、トウ（トー、トオとも表記できる）となることが多い。峠の文字を用いていても、土地の人びとはタワ、トウと読んでいたのである。ただし、近ごろでは峠の読みはトウゲだと学校で教わるものだから、これが正しいと思ってトウゲと発音する人も増えているらしい。

タワとは、山の稜線が下向きに「タワんだところ（弓なりに曲がったところ）」のことである。そこがいちばん低くなっているので、山を越えるときには動物でも人でも鳥でさえも、その部分を通っていく。その道がタワゴエ（越え）であり、語尾のエの音が脱落してできた言葉がトウゲだとする方が、タムケ説よりずっと合理的だと思う。トウがタワの音便化であることは、いうまでもない。

タムケがトウゲに変化したとする考え方では、西日本の広い範囲で峠のことをタワ、トウと呼んでいる理由の説明がつかないのではないか。

5　トリとは「境」のことである

峠は山のこちらと、向こうとの境である。つまり、二つの生活域の境界をなしている。だからのちには、しばしば行政圏の境界とされた。

『古事記』（七一二年成立）の神代記には、

「この島（四国）は、身一つにして面《おも》四つあり。面毎《ごと》に名あり。故《かれ》、伊予国は愛比売《えひゆ》と謂《い》ひ、讃岐国は飯依比古《いいよりひこ》と謂ひ、粟国は大宜都比売《おほげつひめ》と謂ひ、土佐国は建依別《たけよりわけ》と謂ふ」

と見えるように、そのころすでに四国は現在の愛媛、香川、徳島、高知の四県に当たる区域に分かれていた。

この四県が山脈の脊梁をもって境界とされていることは、地図を見れば一目瞭然である。その境界は、おそらく当時も同じであったろう。国境《くにざかい》（今日の県境）には多くの峠があったはずであり、道行く人びとにとっては、そこがそのまま境であった。

前節⑫愛媛県大洲市長浜町・同県八幡浜市日土町にまたがる耳取峠は、以前には伊予国宇和郡と喜多郡との境界であった。

⑬愛媛県大洲市肱川町・同県喜多郡内子町にまたがる耳取峠

も、行政境に位置している。
⑭鹿児島県曽於市財部町の耳取峠
⑮鹿児島県南さつま市坊津町の耳取峠
は、いまでこそ二つの自治体にまたがってはいないが、もとは何らかの意味での境をなしていたに違いない。

境界にえらばれるのは山の稜線とはかぎらない。川の場合も多かった。
④秋田県横手市上境字耳取
は、JR奥羽本線後三年駅の一・五キロくらい南の、べったりした水田地帯の中の地名である。このあたりは古い時代には、出羽国平鹿《ひらか》郡と仙北《せんぼく》郡との境になっていた。耳取は現在、横手川（雄物川の支流）の両岸に分かれて存在しており、もとの二つの郡は、この川を境としていたらしい。上境《かみざかい》の「境」も、おそらくそれによる地名であろう。ここのミミトリが境を意味していたことは、まず間違いないのではないか。
⑧宮城県大崎市古川耳取
も、右によく似ている。

ここはJR陸羽東線西古川駅の一・五キロほど北西に位置して、やはり周囲はべったりした田園地帯である。旧陸奥国玉造《たまつくり》郡と賀美《かみ》郡（江戸時代に加美郡の表記に変わった）の境に近く、すぐ東側を多田川（鳴瀬川の支流）が流れている。

ほかにも、
①は現岩手県盛岡市と滝沢市
⑨は宮城県仙台市と多賀城市

⑩は新潟県長岡市と見附市
⑪は長野県小諸市と佐久市
の、いずれも境界に近い。

これらは、あくまで現今の自治体についてのことであり、また中にはただの偶然も含まれているかもしれない。しかし、自治体の範囲というのは古い時代の境界線にしたがっている場合が多く、先の例と合わせて考えれば、ミミトリと境界とのあいだに一定の対応が見られることは間違いないと思う。そうして、境を意味するのはトリの部分だけである。これにミミが付いているのは、後述のように境に位置する場所は神の領域だとの信仰があったからであろう。

トリが境を指す言葉であったことは、トリイ（文字はたいてい鳥居だが、鳥井も少しある）という地名と、神社の鳥居のことを調べていけば、さらに確実に立証できる。

6 鳥居（鳥井）峠と神社の鳥居

峠に、しばしば鳥居（鳥井）という名が付いていることに気づいている人は、少なくあるまい。次に、その例を挙げてみる。標高は概数を含んでいる。

①鳥居峠（八八九メートル）　福島県大沼郡昭和村と同県南会津郡南会津町の境。国道４０１号に、新たに新鳥居峠（八四二メートル）ができている。
②鳥井峠（二七六メートル）　福島県耶麻《やま》郡西会津町と新潟県東蒲原《かんばら》郡阿賀町の境。若松街道（現在の国道49号）の峠だったが、新道ができたため、いまはほとんど使われていない。
③鳥居峠（一三九二メートル）　群馬県前橋市と同県桐生市の境。赤城大沼の一キロ余り南東に位置している。大沼側からここまでは県道70号が通じている。

④鳥居峠（一一一三メートル）　山梨県韮崎市清哲《せいてつ》町の青木鉱泉の二・七キロほど東に位置する。古い時代の山越え道だと思われる。
⑤鳥居峠（一三六八メートル）　群馬県吾妻《あがつま》郡嬬恋《つまごい》村と長野県上田市の境。国道１４４号の峠である。
⑥鳥居峠（一一九九メートル）　長野県塩尻市と同県木曽郡木祖村の境。旧中山道の峠で、菊池寛の小説『恩讐の彼方に』の舞台の一つになった。
⑦鳥居峠（一二三一メートル）　和歌山県海草《かいそう》郡紀美野《きみの》町釜滝に所在。役場の三キロほど東になる。
⑧鳥居峠《たわ》（六一九メートル）　このタワは前々節で説明した中国地方に多い峠を指す言葉である。「鳥居ヶ乢《たわ》」とも書く。中国横断自動車道の蒜山《ひるぜん》高原ＳＡから二・五キロほど南東に位置して、いま下を鳥居トンネルが抜けている。
⑨鳥居峠（三二四メートル）　宮崎県日南市東弁分《べんぶん》乙にある。ＪＲ日南線内之田駅の五キロほど東に位置する。
⑩鳥坂《とっさか》峠（六八メートル）　香川県善通寺市と三豊《みとよ》市の境。国道11号の峠である。鳥坂は「トリイ坂＝峠への道」と同趣旨の名だと思われる。峠の両側に、それぞれ鳥坂の地名がある。

これだけでも、「トリイ」が境界を指していることは明らかであろう。

ただし、そこに鳥居が立っていたから、その名が付いたのではないかと考える人もいるかもしれないので、これについて卑見を記しておきたい。

右に見える峠に鳥居が立てられていた形跡は、少なくとも現状からはうかがえない。ただ、⑧の鳥居峠の北西側登り口には石の二本柱が立っているようである。これには横に渡した笠木も貫《ぬき》も付いていないが、鳥居の代用とみなせないこともない。しかし、これはやはり境界を示す柱ではないか。境界には柱を立てる風習があった。それは次のような峠の名からもわかる。

・境柱《さかいばしら》峠　愛媛県伊予市中山町と同県伊予郡砥部《とべ》町中野川の境に位置する。この柱は標識でもあったろうが、原初はむしろ聖なる場所の印だったのではないか。神の数をかぞえる単位に「柱《はしら》」の語を用いることからもわかるように、柱は神性の象徴であった。これについては、またのちに詳しく取上げたい（第八章5節）。

・京柱《きょうばしら》峠　徳島県三好市と高知県長岡郡大豊町境の国道439号の峠である。境の字をキョウと音読みしているうち、いつのころかに「京」と書くようになったらしい。

・評議《ひょうぎ》峠　三重県熊野市井戸町と同市木本町境の峠。この文字によって、どんな地名説話が生まれていたにしても、その本来の語義は「標木《ひょうぎ》」であったと思われる。標は標識の標でもあるが、またシメ（占め）の意ももつ。すなわち、注連縄《しめなわ》のシメで、神の領域との境界線をも指していた。

山梨県北杜市明野町上手（うえで）の延喜式内社、宇波戸（うわと）神社の鳥居。向かって右の柱の裏に「貞観六年（864）」の文字が刻まれている。これが追刻でないとの証拠はないが、形式からみて現存する最古級の鳥居だとされている。

要するに、ミミトリのトリとトリイのトリは同義であって、境のことにほかならない。そうして、ミミは神聖の意、トリイのイは、「所在するところ」を指す接尾語だと考えられる。『広辞苑』では、右のイについて、

「（接尾語的に）存在すること。存在する所。田井、宮井」

と説明されている。つまり、トリイとは「境があるところ」「境となっているところ」のことである。

一方、神社の鳥居の語源に関しては、

「神に供えた鳥のとまり木の意」「トリイ（鶏居）の義」「鳥がとまる木に似ていることから」

など、鳥居のトリを空飛ぶ鳥のことだとする説が主流、通説のようになっている。いずれも、自分が知っている言葉のみで語源を考えているだけのことであり、わたしには実証を欠いた空論としか思えない。

卑見では、神社の鳥居も峠のトリイと全く同じ言葉で、境界を意味している。鳥居が神社の入り口に立っているのは、神の世界と人間の領域との結界だからである。

7 境と沓掛《くつかけ》

話がややわき道にそれるが、ここで「沓掛」という地名について多少の説明をしておきたい。それによって、ある時代までの人びとが境をどんな場所だと考えていたのかが、よくわかるのではないかと思う。

沓掛は各地に、なかなか多い地名である。次に、そのいくつかを例示してみる。

- 宮城県黒川郡大衡《おおひら》村大瓜沓掛
- 福島県二本松市田沢字上沓掛、下沓掛
- 栃木県宇都宮市上欠《かみかけ》町沓掛
- 茨城県坂東市沓掛
- 埼玉県深谷市沓掛
- 神奈川県厚木市上荻野字沓掛
- 長野県北佐久郡軽井沢町中軽井沢（一九六〇年まで沓掛といっていた）
- 富山県黒部市沓掛
- 三重県亀山市関町沓掛

・滋賀県愛知《えち》郡愛荘《あいしょう》町沓掛
・和歌山県海南市下津町沓掛
・山口県下関市豊北《ほうほく》町田耕《たすき》字沓掛
・宮崎市清武町今泉字沓掛

沓掛の多くは峠の山口にあるとし、旅人が峠越えに際して道中の無事を祈って草鞋などを手向ける場所に付いた地名だとする説がある。

たしかに「沓掛峠」というのもあり、長野県軽井沢町の旧沓掛のように、その条件に合うところも少なくない。しかし、茨城県坂東市の沓掛や富山県黒部市の沓掛など、べったりした平野部に位置する例も、それに負けないくらいある。

「クツ」という日本語は、いまでは足先全体をおおう履き物を指すが、古くは下駄も草履《わらじ》もクツといった。かつて、そのクツを村境などの境界に掛ける風習があって、そこを沓掛と呼び、のちに地名になったのが右に挙げた沓掛である。

高知県高岡郡津野町北川字宮谷（みやだに）の村はずれに掛けられていた大わらじ。足半（あしなか。かかとの部分がないわらじ）の形に作るのが慣例だという。（2010年2月撮影）

なぜ、そんなことをしていたのかといえば、境はどこによらず、神の世界と人間が暮らす社会との境界だと考えられており、いい神も悪い神もそこを通って村へやってきて村人に幸いやわざわいをもたらすと信じていたからである。つまり、神には善神と悪神があって、クツは悪神の侵入を防いでくれるとする信仰が、沓掛の習俗を生んだのである。おそらく、クツには悪しき霊を踏みつぶす力があると思われていたのではないか。

現代人にとっては、神はもっぱら人を助け、守ってくれるありがたい存在になっているが、古代人の信仰では、神とは一方で人を傷つけ、害する恐ろしい魔物でもあった。境には、その両方の神が忍び寄っていた。境は、だから聖なる場所であるとともに、凶霊の地でもあったことになる。

沓掛は、悪霊の侵入を妨げるための風習であり、ミミトリの地名はミミの語義から考えて、逆に善神を迎えまつるという観念を前提にして付けられたのであろう。

8　ミミはミ（御）と同義の言葉である

陸地が海に向かって突き出しているところを、現代語ではミサキ（岬）といっている。この言葉は、いまでは一語のように意識されているだろうが、もとは「御崎《みさき》、御先《みさき》」と表記しうるような意味の複合語であった。

サキは、おそらくサカと同源だと思われる。サカは今日では、もっぱら斜面、傾斜した道を指しているが、原義は境のことではないか。つまり、サカイとは「境界となっているところ」（イはトリイのイと同じ）のことであった。山への入り口は神の住む世界と、人の世との典型的な境界だったから、サカ（境）がのちに坂＝傾斜地の意をもつようになったのであろう。東北地方などでは、傾斜地のことをヒラといっている。「六平」と書いてムサカと読む姓の人がいるが、これはヒラが傾斜地（坂）を指す地方の方言をもとにした用字ではないか。

ミサキのサキは、海（神の世界）と陸（人の世）との境界に位置している。それは陸地でいえば、山と里とのあいだのサカ（坂）にひとしい。要するに、もっとも重要な境界の一つであった。だから、神聖を表すミ（漢字では、ふつう御と書く）を付けることが多かったのである。

卑見では、ミミは右のミを重ねた言葉である。この指摘には、それなりの証拠を示すことができる。しかし、ここではまず次の二つの例を取上げておきたい。

『日本書紀』垂仁《すいにん》紀には、新羅の王の子、天日槍《あめのひほこ》は船で但馬国（兵庫県の北部）にやってきて、その国の前津耳《まへつみみ》の娘、麻拕能烏《またのを》をめとって但馬諸助《もろすく》を生んだとある。そうして、紀は「前津耳」の語のあとに、割注で次のように記している。

「一《ある》に云はく、前津見といふ。一に云はく、太耳といふ」

前津耳は、また前津見とも太耳ともいったというのである。ここではミミ（耳）とミ（見）が同じ意味に使われている。

前津耳は但馬の豪族であろうから、その名に付いた「耳」は既述のように尊称に間違いあるまい。そうだとするなら、ミ（見）も同様のはずであり、今日ふつうには「御《み》」の文字を用いる語に相当する。つまり、両方とも神聖の意をもっているといえ、ミミはミを重ねた言葉だとしても、こじつけになることはないと思う。

次は岬の名の話である。

隠岐諸島（隠岐島）は、島根半島の五〇キロばかり北方に浮かんでいる。本土に近い方にあって、それぞれに複雑な形をした三つの主要な島からなる島前《どうぜん》と、その北東に位置して、ほぼ円形の一つの島を指す島後《どうご》の両地域を合わせて隠岐諸島という。ちなみに、単独で隠岐島と呼ばれる島はない。

島後の北西岸、島根県隠岐郡隠岐の島町北方《きたがた》と南方《みなみがた》にわたって、重栖《おもす》港という、またとないほどの天然の良港が日本海に向かって口を開けている。

ここを最適の船泊りにしているのは、湾の入り口で蟹の爪のように両側から突き出した二つの岬である。しかも両岬は、入り口をふさぐ形で中央に向けて延びており、どんな風波にも耐えられる巨大

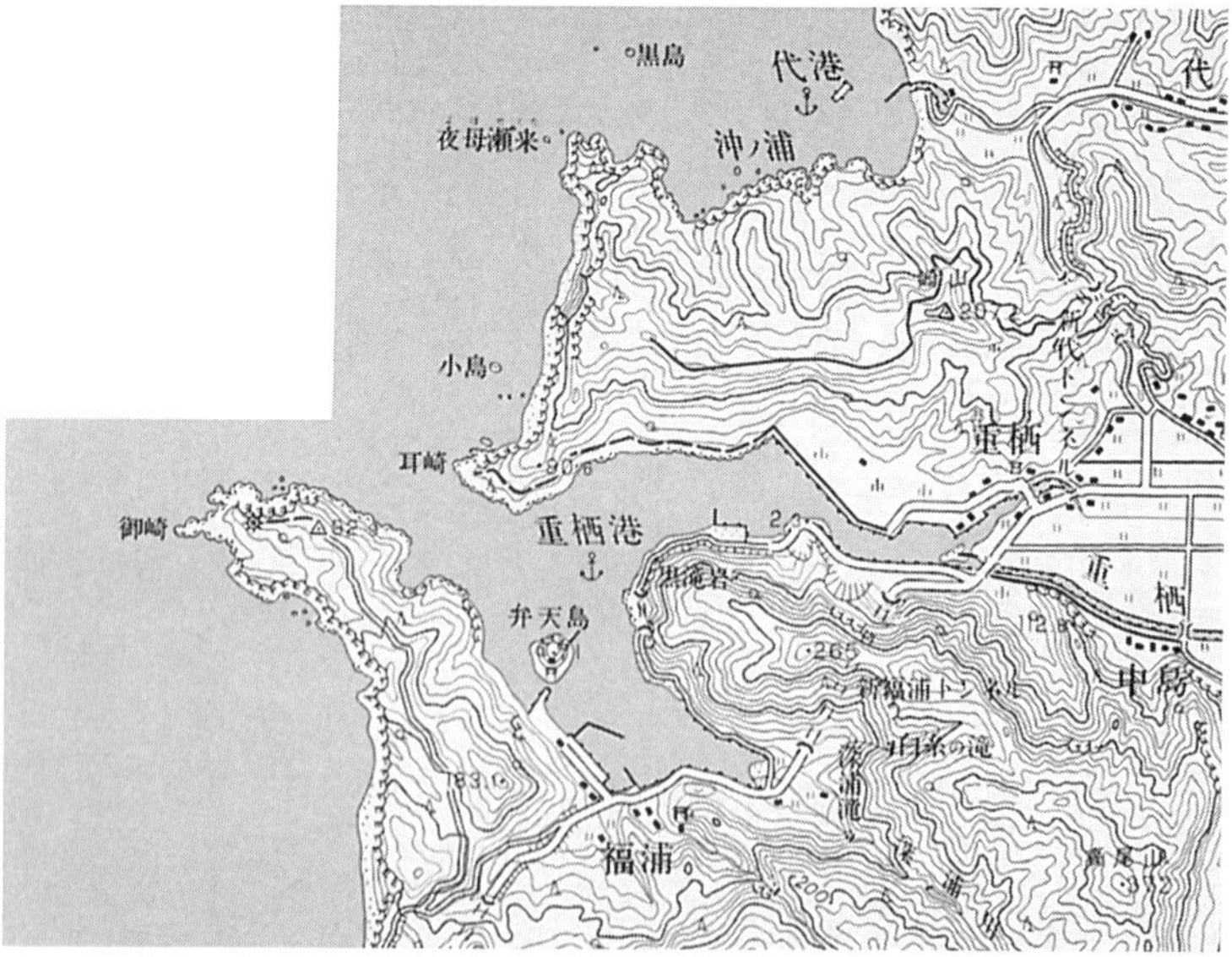

島根県隠岐の島町・重栖湾周辺の地形図（5万図「西郷」より）。耳崎と御崎が並ぶ。

な防波堤となっている。

その二つのうち、東側に耳崎、西側に御《み》崎《さき》の名が付いているのである。この入り江を生活の場とし、また避難所としていた海の民が両岬に感謝し、それゆえに神聖視していたことに疑問の余地はなく、その気持ちが耳崎、御崎の名を生んだに違いない。

とにかく、ここでミとミミとが、ぴったり対応していることになる。両方ともミでも、またミミでも区別がつかないから、同じ意味の言葉を使い分けたのであろう。

耳崎の地名は少なくとも、もう一つある。

・高知県室戸市室戸岬町字耳崎

である。ここも、古くからの船泊りである現室津《むろつ》港の風波を防ぐようなところに位置している。

土佐湾（太平洋）に面した高知県南部の海岸は東半分で出入りがとぼしく、船の停泊、避難に適した入り江が、ほとんどというより全くない。にもかかわらず、土佐は北を四国山脈にさえぎられて畿内方面への往復は、古代から主に海路を利用していた。となると、津（船泊り）が欠かせない。その結果、川港《かわみなと》を開発するしかなかったのである。

室津も、もとは室津川の河口に開けた川港であった。江戸初期以来のたび重なる築港工事で、いまでこそ外港のようになっているが、中世までは川に入り込んだ、ささやかな津にすぎなかった。

その南側で、西に向かってせり出した小高い山崎があり、その突端が耳崎である。すなわち、風波除けになる岬に耳崎の名が付けられていたことになる。動機は隠岐諸島の耳崎と同じであったろう。

9　ミミ地名が少ない理由

既述のように、ミミの語が付く地名は、いたって少ない。耳崎など、わたしが気づいた範囲では、右の二つしかないほどである。

これは、なぜなのか。理由は必ずしもはっきりしないが、一つにはミと同じように、ある時代から、この言葉が接頭語に変化したためかもしれない。接頭語は、どれによらず単音節が多い。つまり、簡略化される傾向がみられる。

本章の1節で挙げたように、古代の文献に現れる神名・人名は、

- タギシミミ
- キスミミ
- カムヤイミミ
- カムヌナカハミミ
- フテミミ

など、いずれもミミそのものを主要な構成要素としている。だから、修飾語をともなっているので

ある。ところが、地名だと、

- ミミド（御三戸）
- ミミツ（美々津）
- ミミハラ（耳原）
- ミミトリ（耳取）
- ミミサキ（耳崎）

のように、ミミが語頭に付いている場合がふつうになる。接頭語的な用法になっているのである。そうなれば、いきおいミとの混交、ミへの同化が起きたのではないか。双方は意味が同じなのだから、その変化は自然なことだったろう。

さらに、ミミはしだいに聴覚器官の耳を指すようになって、これとの区別の必要もミとの合体をうながしたのではないかと思われる。

海に向かって突き出した陸地を指すサキ（崎）に付く接頭語は今日、ミ一辺倒の感さえある。そうして、ミサキはとうとう普通名詞にまでなってしまっている。そんな中で、ミミサキは奇跡的に残った、はるか昔の用法だといえる。

ここでついでにオサキ（いまでは尾崎と書くことが多いが、御崎、御先の当て字が語義に近い）のオについて、ひとことしておきたい。

オにも、もちろん尊敬の意があるが、これはオン（御中などのオン）の下略らしい。オンはオホ（大）ミ（右に述べたミ）が変化した言葉だとする説が当たっているのではないか。すなわち、オホミ→オホム→オホン→オン→オと推移してきたようである。

いずれにしろ、サキが神の世界と人の世の境界に位置することから、神聖視されていたためミとかミミ、オの語が付けられたに違いない。

なお、前にも取上げた「地先の小島」を人びとが神聖視していたのも、同じ理由によっている。こちらも、きわめて強固な信仰であったらしく、いまも弁天さまなどを祀って海の神さまとしている例はおびただしく、おそらくその数は数百どころではすむまい。

前記、隠岐諸島島前の重栖湾に浮かぶ弁天島も、その意味での典型である。

＊

コラム⑦　語音の変化について

近ごろでは、もうほとんど使われていないのではないかと思うが、小鳥を捕まえる罠《わな》の一種で、わたしが子供のころ住んでいた高知市あたりでコボテと呼んでいる道具があった。構造がやや複雑であり、どんなものか言葉では説明しにくい。ただ無理にひとことでいえば、餌をついばみにきた鳥が支えの棒に触れたとたん、首をはさまれる仕組みとでもなるだろう。

柳田國男・倉田一郎編『分類山村語彙』（初出は一九四一年）によれば、この装置には実にさまざまな方言があったことがわかる。ざっと列挙すると、

- コブチ・コブツ・コブテ・コブト・コボテ・クブチ・クブテ・ゴボチ・ゴンブッ・ゴンブチ・ゴンボチ・クミヂ・クグシ・クブッチ・クグチ・クグス

といった具合である。みな聞きなれないひびきの言葉ばかりで、これでは原義が何のことやら、だれにもわからないのではないか。

ところが、このほかにも、

・クビッチョ・クブッチョ・クミッチョ

の方言が収集されている。この音と装置の構造から考えて、どうやら元来は「首打ち」を意味した言葉だったことは間違いないらしいと判断できる。すなわち、クビウチがコボテなどに訛っていったのである。

柳田は、この転訛の多さを「よほど発音の紛はしい語だつた」からだとしている。たしかに、それはあったろう。だが、この罠が発明されて名が付いたのが、きわめて古い時代だったため、各地でもとの姿が想像しがたいほどに変化したということもあるように思われる。

地名にも似た例がある。その典型として、「崖」を指す地形語を挙げることができる。

・ガケ・カケ・カキ・ハケ・ハキ・ハゲ・ハガ・ホケ・ホッケ・ボケ・バケ・バッケ

などである。これらは、「欠け」(打ち欠いたような地形)からの変化であろう。

この語群は、語頭がk音のものとその濁音、h音のものとその濁音の二つの系統に大別される。双方は、もとは同じ言葉であった。日本語では古くは「鋸《のこぎり》」をノホキリ、「含《ふく》む」をフフムといい、また「岐神《ふなとのかみ》」をクナトの神と称したり、「噛《か》む」と「食《は》む」が相通じているように、k音とh音が交替する例は決して珍しくない。

右の音に対しては、いろいろな漢字が当てられている。

・徳島県三好市の大歩危《おおぼけ》・小歩危

は、吉野川中流域の大峡谷として知られている。ここは両岸が壮大な規模の崖になっており、「歩くのが危ない」にぴったりの地形だが、その漢字はあくまで当て字であって、言葉の意味はホケ(連濁でボケとなっている)、つまり崖のことにほかならない。

・福島県河沼郡会津坂下《ばんげ》町

は珍しい字を用いているが、このバンゲはバッケの訛りである可能性が高い。

•同県同郡柳津《やないづ》町大柳《おおりゅう》 字白ハッケ

も、おそらく「白っぽい崖」のことではないか。

バッケに音が近いボッケが崖を指す例として、

•茨城県守谷市赤法花《あかぼつけ》

がある。ここの小貝川に臨んだ岸には、現在も赤土の崖が見られる。

徳島県三好市の大歩危峡。「歩くのが危ない」の当て字にぴったりの地形だが、その原義はあくまでホケ（崖）のことである。

右のクビウチとガケおよび、その転訛語群は、語音がはげしく変化した例になる。

その一方で、長いあいだ音がほとんど、あるいは全く変わっていない場合も珍しくない。本章で取上げた「耳取」は、その一つになる。この地名は少なくとも一五ヵ所が確認でき、その範囲は東北から九州へ及んでいる。

ミミトリのミミは「神聖」を、トリは「境界」を指すとするのはわたしの解釈だが、そういう語義があることは、どんな辞書にも載っていない。かといって、何を意味するのか、だれにもわからないのではないか。いつの間にか、原義がすっかり忘れられてしまったからである。

卑見が全くの見当違いでないことは、京都の「三大墓地」に付いた地名の由来からもうかがえる。三大墓地とは周知のように、

・化野《あだしの》（京都市右京区）
・蓮台野《れんだいの》（同市北区）
・鳥辺野《とりべの》（同市東山区）

のことである。

前の二つの地名が何を意味しているのかは、辞書を開けば容易に想像がつく。しかし、鳥辺野はそうはいくまい。これはトリとは境界のことだとして初めて、なぜこんな地名が付いたのか理解できるように思われる。

トリの意味の忘却は、遅くとも記紀万葉が成立する八世紀までには起きていた。だから、辞書にはミミトリやトリベノの語義を解釈するのに役立つことは何も書かれていないのである。次章以下で述べるように、ミミの語は縄文時代にすでに生まれていたことがほぼ確実である。そうだとするなら、ミミトリの地名も、そのころに付けられていたことは十分にあり得る。その数千年間に、もとの意味がすっかり失われたのであろう。

ところが、語音は全く変化していない。同じ音のまま広い地域で使われつづけて、今日に化石のように伝えられたのである。それはアオ（青）や、岬を指すクシ、そしておそらくトリイなどの語についてもいえることである。

第八章　ミ（御）の語源は数詞の「三《み》」である

1　聖数という信仰

『古事記』によると、スサノオノミコトが退治した「八保《やまた》の大蛇《おろち》」は「八つの頭」と「八つの尾」をもち、その長さは「八つの谷」と「八つの尾根」にわたるとされている。また、オロチを退治するに際してアシナヅチ、テナヅチの神に「八《や》塩折《しおおり》の酒」を醸造し、「八《や》門《かど》」を作り、その門ごとに「八《や》桟《さ》敷《ずき》」を結うことを命じている。

このほかにも大八島《おおやしま》、八柱《やばしら》の神、八《や》尋殿《ひろどの》、八《や》尺《さか》の勾玉《まがたま》、八尺の鏡、八尋の矛《ほこ》など、とにかく記には「八」の数字がやたらに出てくる。それは『日本書紀』においても全く変わることがない。そういう表現のとき、「八」が「七」や「九」になることは決してないのである。

これはなぜかといえば、記紀や、その基礎資料が成立した六―八世紀ごろの日本では、八が特別視され、神聖な数字とされていたからである。それに近い気分は今日なお、はっきりと残っている。さすがに神聖とまで考える人は、そうはいないだろうが、八は縁起のよい数字とみなされていることは周知のとおりである。

その理由として、漢字の八の字形が末広がりだから、といわれたりする。しかし、これは俗説で、八の特別視は漢字が輸入されるずっと前に始まっていた。なぜ、そうなったのかは、これからおいおい説明することにしたい。

日本における八のような数字を聖数と呼んでいる。聖数は民族によって異なっており、また時代に応じて変化することもある。いま外国の例のいくつかを、「日本古典文学大系」中の『日本書紀 上』（一九六七年、岩波書店）の補注「『八』について」（五五一ページ）から引用させていただく。

まず、古代ギリシャである。

「古典的ギリシア人は3を聖数として、それに神秘な価値を与えた。それは、ギリシア人にも3以上数え得なかった古い時代があり、3が究極の数を意味していて、後世の進歩した文化が『無限』に対して与えたような特性を、当時の人が3に与えた結果と思われる。かように神秘化され神聖視された数を聖数という（しかし、それは後にはその意味が忘れられ、単に愛好・愛用する数と化していることもある）」

これにつづく文章では次のように述べられている。

「ローマ人・ケルト人・チュートン人・スラヴ人の神話では3及び9が聖数、中国人は、3・5・7・9の奇数を陽数として重んじ、満州人・ツングース人は5・25が聖数である。高句麗・百済は5、新羅は6である。アメリカ・インディアンは4を聖数とし、その中のナフア族は8をも聖数とする。ポリネシアのイースター島の一部にも8を聖数とする所がある」

ギリシャ人についての説明にあるように、聖数は、ある時代における最大数がえらばれたと考えられる。つまり、人が認識していた究極の数が聖数とされたらしい。

中国人（漢民族）の場合は、ややぼやけているような印象を受けるが、彼らがもっとも重視していた、あるいはしている数字は、やはり陽数のうちでも最大の九である。これが重なると、さらにめでたくなり、重陽《ちょうよう》といっている。陰暦の九月九日は「重陽の節句」であり、節句の中でももっとも大事にされている。重陽とは、また「天」をも指しているほどである。

聖数は、ほとんどの民族で、九までの数字からえらばれている。これは聖数という信仰が生まれたのが、まだそのような発達段階にあった時代だからであろう。「補注」に例示されている聖数のうちでは、ツングース人（固有満州人）の25だけが二桁の数字になっているが、それは元来の聖数5が重なっているためではないか。

ともあれ、一桁という条件が取りはらわれると、最大数は「無限」とひとしくなってしまう。すなわち、数字では表せない。だから、二一世紀の現在になっても、もとの聖数（いまでは、ただの縁起がよい数字かもしれないが）は、みな原則的には九までのいずれかにかぎられているのである。

2 「八」の前は「三」が聖数であった

記紀と、その基礎資料が成立した六—八世紀のころ、日本人が八を聖数としていたことは、これらの文献に八が多出することから明らかである。しかし、八は原初の聖数としては少し大きすぎる。数の観念を獲得したばかりの人間集団が、いきなり八を最大数としたはずはないからである。

この前段階があったに違いなく、その時点での聖数は三であったと考えられる。それを裏づけているのが、

- 御心（みこころ）・御宝（みたから）・御仏（みほとけ）をはじめ、
- 御門（みかど） とくに皇居の門を指したことから、のち朝廷の意に用いられ、ついには「帝《みかど》」の語になった。
- 御位（みくらい） しばしば天皇の位を指した。

・御厨（みくりや）　皇室の領地、神饌《しんせん》を献納する神社の領地。
・御霊（みたま）　神の霊。
・御手洗（みたらし）　神に詣《もう》でる際に手や口を洗うところ。
などの言葉である。

こう言うと、そのミは「神聖を意味する接頭語」で、数詞の三（み）とは関係がないのでは、との反論が出るかもしれない。たしかに、日本人が文字を知った古墳時代ごろには、それが数詞との意識はほとんどなくなっていたろう。だが、ずっと時代をさかのぼると、やはりミは三に由来していたことは、まず間違いない。そう考えるしかない理由がある。

それを示す前に、二〇世紀に入っても、二を最大数としていたらしい、ある民族集団のことを紹介しておきたい。

司馬遼太郎が昭和五十一年（一九七六）、『別冊文藝春秋』に発表した『木曜島の夜会』というノンフィクション作品がある。これは第二次大戦前にオーストラリアへ渡り、白蝶貝《ちょうがい》や黒蝶貝の採取に当たった和歌山県出身のダイバーたちの物語である。蝶貝は、主に欧米で高級ボタンの材料として珍重されていた。

そのうちの一人、吉川百次（一九一四年、現和歌山県東牟婁《むろ》郡古座川《こざがわ》町の生まれ）は、昭和四年（一九二九）から一〇年間ほどをオーストラリアで過ごした。次は同国最北部の木曜島での話である。

「現地の島々にいる土着人は、のんきな連中で、数をあらわす言葉は一と二しかなく、三からむこうはない。神様が人間を生んでいらい、そういう数だけで済む暮らしを大昔からつづけてきたから、人がよくて極楽にうまれた人間というのはこういうものかと思った。皮膚の色は紫がかった黒色で、体格はりっぱなものです」

吉川氏は、司馬にそう語ったという。

ちなみに、「島々にいる土着人」とはトレス海峡諸島の先住民のことで、いわゆるオーストラリアのアボリジニーとは違う。民族的には、メラネシア人やパプアニューギニア人との関連が強いとされているらしい。

当時のトレス海峡諸島民が、一と二を表す言葉しかもたなかったというのは、あくまで吉川氏の理解であって、本当にそのとおりだったのかどうか、わたしにはわからない。しかし、どんな民族であれ、文明のある発達段階までは、そのような状態にあったことは当然、考えられることである。

現在の「神武天皇陵」の入り口。神武が実在したはずはないが、門に神聖の意の御（ミ）を付けた御門（ミカド）の語が、のちに帝（ミカド）を指すようになった。

前記の『日本書紀　上』の補注に見えるように、ギリシャ人、ローマ人、ケルト人、チュートン人、中国人にも、こういう時代があり、それは日本人の場合も同じであった。ギリシャ人が、のちのちまで三に「神秘的な価値」を与えていたように、日本人も三を神聖視していたころの記憶を何千年後まで残していた。だからこそ、

- 御屋（みや）　宮の語源。
- 御輿（みこし）　神輿《しんよ》すなわち神の乗り物。
- 御事、御言（みこと）　命《みこと》、尊《みこと》の語源。

などの言葉が生まれたといえる。

- 御崎（みさき）・御坂（みさか）・御岳（みたけ）・御島（みしま）

なども、神聖視していた場所に御《み》＝三《み》を付けた例になる。

3　大湯環状列石の「数字の表示のある土版」

秋田県の北東端、十和田湖に近い鹿角《かづの》市十和田大湯に、大湯環状列石と名づけられた四〇〇〇年ばかり前（縄文時代後期に当たる）の遺跡が残されている。列石は英語でストーンサークルといい、かなりの大きさの石（大湯の場合は平均で重さ三〇キロほど）を、ある意図にしたがって並べた配石遺構のことである。

大湯では、それは万座《まんざ》環状列石（外径で、およそ四八メートルのほぼ円形）と、野中堂環状列石（外径で、およそ四二メートルのほぼ円形）の二群からなり、二つは外径の端が九〇メートル（両列石の直径の和にひとしい）くらい離れている。

注目すべきことは、万座と野中堂との中心部を結んだ線の一方は真っすぐ冬至の日の出の方向を指し、もう一方は夏至の日の入りの方角につながっていることである。近くには日時計とおぼしき組み石も遺存しており、この配石群を築造した人びとが季節の変化と区切りをはっきりと認識していたことは疑いようがない。数の概念も、すでに相当の域に達していたろう。

わたしが、いま取上げようとしているのは、その辺のことではなく、この遺跡から出土した「数字の表示のある土版」についてである（その写真と図は「はじめに」の3にも載せておいたが、もう一度、掲げておく）。

土版は、土を焼いて作ったカルタのような土製品で、高さ六センチ強、上辺四センチ弱、下辺四センチ強、厚さ一センチ余りほどの大きさである。その表面に目、口、左右の乳、体の正中線が、裏面に耳が、箸の先でも押しつけたような丸い窪み（口のみは、やや大きい）で表現されている。そうして、右の乳（向かって左）は窪み三つ、左は四つと左右非対称になっており、耳は左右とも窪み三つ

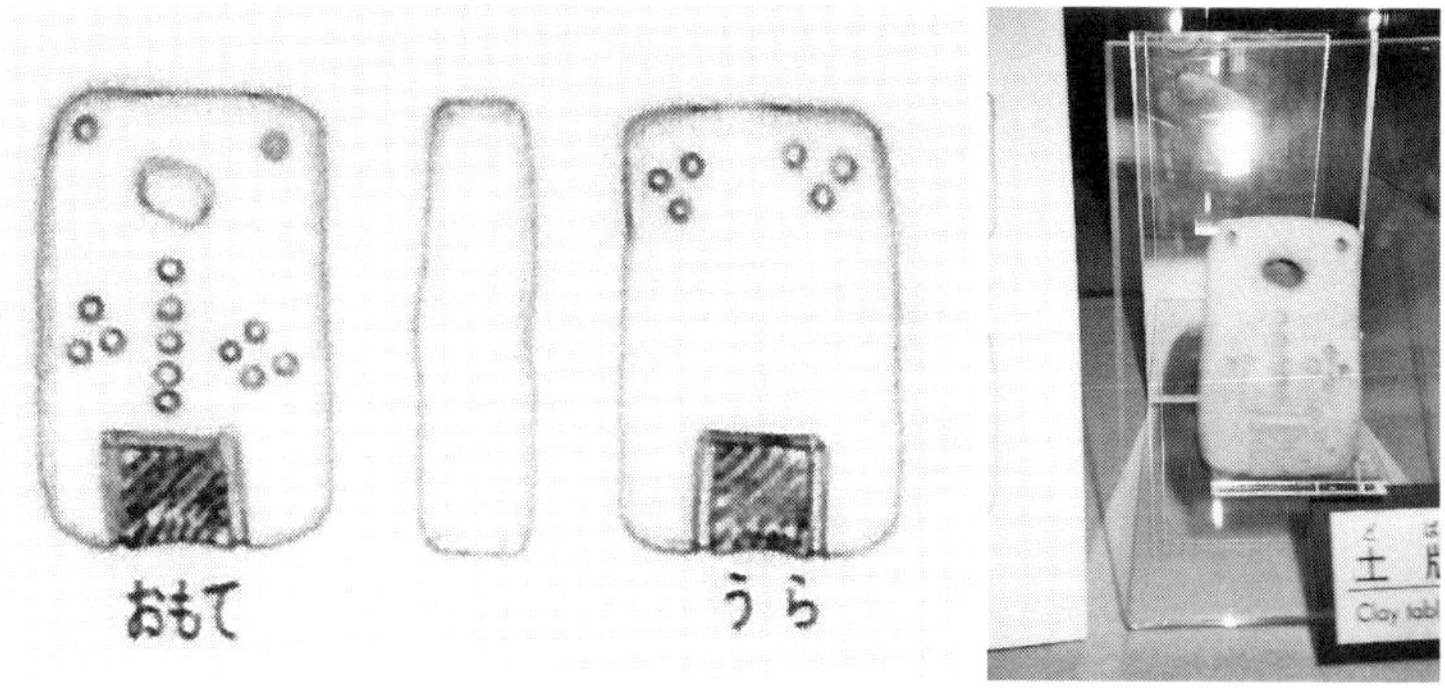

秋田県鹿角市の大湯環状列石で発見された「数字の表示のある土版」

ずつで示されている。

単に、これらの器官と、その位置を表すのが目的なら、みな窪み一つだけを刻めばよいはずなのに、そうはしていない。とくに、乳は左右で窪みの数が違っている。つまり、これが1から6までの数字を表示していることは、だれの目にも明らかであろう。中でも気になるのは、耳を点三つずつとしているところである。これは、なぜなのか。

日本語で数詞の三の音はミである（サンが中国音からの借用であることは、いうまでもない）。一方、聴覚器官の耳の音はミミである。これはもちろん、われわれが文字を使いはじめた古墳時代ごろからのちについてのことであって、縄文時代に、それぞれを何といっていたのか文字資料のみではわからない。

しかし、当時すでにミといい、ミミといっていたからこそ、点三つで耳を表現した可能性が、きわめて高いと思う。もし、三の音がヨとかイツであり、聴覚器官をハナとかアゴと呼んでいたのだとすると、数詞の六を窪み三つずつで表さなければならない必然性はないはずである。というより、まことに間の抜けた話になる。

冬至や夏至の概念を正確に知り、それを計算できた人びとが、そんな見当はずれのことをするとは、とても考えがたい。彼らは、いまと同じように、三はミ、耳はミミと称していたからこそ、右のような土版を作ったのであろう。それは、さらに当時の人びとが、6とは3プラス3だと認識していたことをも裏づけているのではないか。こう言えば、そこまでの推測は行きすぎではないかと感じる方が少なくあるまい。もっともなことだが、そう考えることには相応の理由がある。

4　日本語の数詞と「倍数音則」

日本語で1から10までをヒト、フタ、ミ、ヨ、イツ、ム、ナナ、ヤ、ココノ、トオということは、四、五歳の子供でも知っている。

これは記紀のころ、すなわち証拠をもって確かめうるかぎりの昔から、ほとんど変化していない。ただし当時は、ヒトとフタは語頭がh音ではなくf音で、さらにその前にはp音であったというのが、国語学のほぼ定説となっている。つまり、ピト、プタと発音していたらしい。また、トオのオも今日のオとは少し違っていて、ヲと書ける音（ウォに近い音）であった。しかし以下では、なじみのある現代語の表記を用いることにしたい。当面の話に関しては、それで間に合うと考えるからである。

なお、いうまでもないことだが、イチ、ニ、サン、シ……は中国語からの借用であり、もともとの日本語ではない。したがって、ここでは考慮の対象とする必要がないことになる。

1から10までの数詞のうち、1（ヒト）と2（フタ）、3（ミ）と6（ム）、4（ヨ）と8（ヤ）、5（イツ）と10（トオ）の発音がよく似ていることは、昔から内外の学者が指摘してきたところである。すなわち、10までの数詞で、ある数と、その倍数の関係にある組合せが五つあるが、2と4を除く四組の音にわずかな違いしかないといえる。

ただし、イツとトオとは一見したところでは、ほかの三つの組合せほどには似ていないので、この点について、ある説を紹介しておきたい。

東洋史学者の白鳥庫吉は論文「日・韓・アイヌ三国語の数詞に就いて」（一九〇九年）の中で、トオの古形はイトであったとしている。その根拠としてイツもイトもともに「至《いた》る」「頂《いただき》」などのイタと語源を同じくし、五本の指を折って数をかぞえる際の極上値がイツ、イトだったと解釈している。

語頭のイが脱落することは、古代語にはたまにあったらしい。国語学者の橋本進吉は「国語音韻の変遷」（一九三八年）で、ドコ（何処）はイドコ（いづこ）の、バラ（薔薇）はイバラ（茨）の転じたものだと述べている。

二人とも、もっと詳しく論じているが、その指摘は十分に合理的で、わたしは間違っていないと思う。

ともあれ、右に挙げた事実は2、6、8、10が、それぞれ1、3、4、5を基にしてできたことを意味していると考えられる。

2が1＋1、10が5＋5からつくられたとの推測は、常識的にも納得がいく。しかし、6と8は5＋1、5＋3であっても不思議ではない。現に、われわれが指を折って数をかぞえるときには、そうなっている。

それが古代の日本人では違っていて3＋3、4＋4と理解されていたらしいことが、音の近似（母音が交替しているだけ）からうかがえる。つまり、6は左右の指三本ずつ、8は四本ずつを出していたのである。

このような発想と造語法は、多くの国語学者、言語学者から日本語の数詞の大きな特徴だとみられている。わたしは、それを勝手に「倍数音則」と呼んでいるが、これと同じタイプの数詞をもつ近隣言語は知られていないようである。数詞は重要な基層語の一つであり、もしほかの民族の数詞に同様のものがあれば、それを根拠に、その言語と日本語との同系論が必ずや出ていたろう。

いずれにしろ、日本語の場合、3（ミ）と6（ム）とのあいだには密接な関連があるとしてよく、6は起源としてはミミにひとしいことになる。そうであるとするなら、これと「数字の表示のある土版」とを合わせて、四〇〇〇年ほども前すでに3をミ、耳をミミといっていたとしても、こじつけにはなるまい。

3（ミ）が縄文語だとしたら、当然1（ヒト）、2（フタ）も、ひいては少なくとも10までの数詞は、すべて縄文語になるはずである。それは耳についてもいえる。

この時代、大湯環状列石を作った人びとが3および3＋3を神聖視していたらしいことを示す別の状況証拠も、同じ遺跡の一角に残っているのである。

5　縄文の六本柱

ここで、右の指摘の裏づけになると思われる大湯環状列石の六本柱へ話を移す前に、青森県の著名な縄文遺跡「三内《さんない》丸山遺跡」の六本柱のことを取上げておきたい。

JR青森駅から南西へ四キロほど、青森市三内字丸山には日本最大の縄文集落跡が残っている。ここは縄文前期から後期にかけて（六〇〇〇―四〇〇〇年くらい前）の遺跡で、よく整備され、当時の暮らしを視覚的にも理解できるように重要な遺構がたくさん復元されている。

その中で、もっとも人の注意を惹き、かつ知られているのが、「大型掘立《ほったて》柱建物」であろう。その柱の太さは半端ではない。直径が一メートルばかりもあり、それが六本、サイコロの「六の目」のような形で並び、中心間の距離はすべておよそ四・二メートルにそろっているのである。発掘時、根の部分が土中に残っていて、樹種はクリであることがわかったが、そんなクリの巨木は日本ではもう調

大湯環状列石そばの６本柱。３本ずつは完全な同一線上に立つが、その２組のあいだでは、お互いの延長線からわずかにはずれている。

青森市の三内丸山遺跡に復元された「大型掘立柱建物」。左側は超大型の竪穴住居

達できない。復元にはロシアからの輸入材を用いている。

この実物大の復元模型は、しかし何か不自然な印象を与える。六本柱に三層の床が付いているが、屋根がない。これでは「建物」とはいえない。遺跡を管理する青森県では当初、屋根ものせて壮大な「縄文神殿」として再現したかったらしい。

ところが、一部の考古学者から、その計画に慎重な意見が出た。はっきりしているのは、地中にうがたれた直径、深さとも二メートルほどの六個の穴に、直径一メートルくらいと推定されるクリの大木の残骸が遺存していたことだけで、その上部構造がどうであったのかは全くわからないのである。建物だった可能性もあるが、柱のみが天に向かって立っていただけかもしれない。双方の見方の妥協として作られたのが、現在の「大型掘立柱建物」なのである。こんな奇妙な構造物は、ほかの考古遺跡からも、また民俗事例からも存在が確認できないのではないか。

考古学者の小林達雄氏は『縄文人追跡』（二〇〇〇年、日本経済新聞社）の中で、むき出しの柱だけが天を衝いて立っていただろうと強く主張している。この解釈は、おそらく間違っていないと思う。単に柱を立てることを重要な行事とする祭礼は、いまも日本各地に、すこぶる例が多い。長野県諏訪湖畔に鎮座する諏訪大社（上社本宮《かみしやほんみや》、同前宮、下社春宮、同秋宮の総称）で、七年ごとに行われる御柱《おんばしら》祭は、その代表例である。

右の推測を裏づける有力な状況証拠となるのが、大湯環状列石の六本柱である。万座環状列石の南西、現在はべったりとした平原に高さおよそ五メートルのクリの柱が六本、ほぼ一直線に並んでいる。ただし厳密にいえば、三本ずつは完全な同一線上にあるが、その二組のあいだでは、お互いの延長線からわずかにはずれている。もちろん、すべて復元模型である。五メートルという高さは、発掘時に残っていた柱穴の直径五五―六〇センチから推定したものである。また、クリの木を用いているのは、ほかの穴から見つかった木片の炭化物が多くクリ材であったことによる。

六本柱が同時に立てられたとは、いいきれない。しかし、三本ずつは間違いなくそうであろう。完全な同一線上に、等間隔（一〇メートルくらい）で並んでいるからである。いずれであれ、上部に床や屋根がのっていなかったことは、はっきりしている。これは、どう想像してみても建物を支えた柱ではない。柱だけが真っすぐ立っていたのである。

柱のみが突っ立っていたことが確実な考古遺跡の例を、もう一つ挙げておこう。

北の三内丸山が日本最大の縄文遺跡なら、西の佐賀県吉野《よしの》ヶ里《り》町・吉野ヶ里遺跡は、弥生時代を代表する集落跡といえる。

その北部に位置する「北墳丘墓」からは、二二〇〇年ばかり前（弥生中期に当たる）の大型甕棺《かめかん》一四基が出土している。埋葬の特徴から、被葬者はいずれも首長クラスの人物だとみられている。要するに、そこは集落の権力者たちを葬った集団墓地であり、また壮大な祭壇でもあった。

その祭壇は、推定値にもとづき南北四〇メートル、東西二七メートル、高さ四・五メートルほどの台形の土壇として復元されている。そうして、その南隣に、高さ七メートルの一本柱が空に向かって立っているのである。直径五〇センチくらいの電柱のような丸太の棒はヒノキである。発掘された柱穴に木材は残っておらず、もとの樹種はわからないが、同遺跡のほかの場所で見つかった木片ではクリがもっとも多く、ヒノキやスギがこれに次いでいた。クリの大木は、もう近隣では得られないので、ヒノキで復元したのである。

吉野ヶ里から一五キロほど東南東の同県鳥栖《とす》市の柚比《ゆび》本村《ほんむら》遺跡でも、ほぼ同じ状況の一本柱の跡が確認されているということだから、この時代の、この地域に柱を一本だけ立てて、聖域の目印ないし神の憑代《よりしろ》とする信仰があったものと思われる。

6　六本柱は何を意味していたか

大湯環状列石の六本柱や吉野ヶ里遺跡の一本柱などの考古遺構、諏訪大社の御柱祭に代表される柱立ての神事、神をかぞえる際の何柱という単位——これらからは、古代人が柱というものを、いかに神聖視していたかがうかがえる。そのような信仰は、なぜ生まれたのだろうか。

その本質は、わたしは樹木崇拝にあると思う。古代人は自然発火の火を利用する場合は別にして、木と木をこすりあわせて火種を得ていた。つまり、錐《きり》のように先がとがった堅い木をヒノキのような発火しやすい木に何度もはげしく揉みこみ、摩擦熱によって火を起こしていたのである。それを古い日本語では「火きり」といった。檜《ひのき》の語源が「火の木」であることは定説となっている。

木が発火点に達したとき、ふいに木の中から火が出現する。人はそれを見て、火が木の中から生まれたと感じたろう。それを種火にして木をくべると、木は赤々とした炎に変わりつつ、やがて灰になってしまう。木こそ火の生みの親、いや火そのものだと信じたに違いない。これが人びとが広く木を神聖視した理由である。

さらに、石器時代の道具の中には、石と木がセットになって初めて目的にかなうものが少なくなかった。武器や狩猟道具は、だいたいがそうであった。自分たちの命を守り、暮らしを支える道具は、しばしば石と木からできていたのである。これが木と、また石への信仰を生んだ、もう一つの理由であった。神秘性と有用性、この二つの概念こそ神々の発生と深くかかわっていた。

巨大な柱は「木の王」「木の親玉」だと意識されたに違いない。そうなれば、もう神と変わるところはなかった。今日でも、神をかぞえるのに二柱《ふたはしら》、三柱《みはしら》などというのも、それゆえであろう。

大湯環状列石では、高さ五メートルの太い柱が六本も並んでいた。既述のように、それは建物の支柱ではない。ただ、突っ立てていただけである。神としてあがめる以外の目的はなかったことになる。

そうして、その配置は「∴∴」の形になっていた。これは単なる六本ではない。三本と三本である。

佐賀県の吉野ヶ里遺跡の北墳丘墓わきには、ただ１本の柱が立っていた。

わざわざ、そうしなければならない理由があったからこそ、互い違いに並べたはずである。これは、四〇〇〇年ばかり前、ここで暮らしていた人びとが「三」を特別な数だと考えていたからではないか。

そうだとするなら、三内丸山の六本柱の配置「⁝⁝」も、意味するところは結局、大湯と同じに違いない。すなわち、聖数の三を二つ並べて、その神性をいっそう高めようとしたのだと想像される。

「御（ミ）」が神聖を意味する接頭語であり、「耳（ミミ）」がカムヌナカハミミとかタギシミミ、フテミミノカミなどのように古代の文献に尊称として現れるわけは、右のような前提に立って初めて理解できるのではないかと思う。

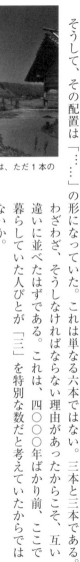

7　数詞を神聖視した理由

三を神聖な数字だといい、かつては尊称であった耳なる言葉は「三三（ミミ）」を語源としているという以上、なぜ単なる数詞に、そこまでの意味を与えたのかの説明がいることになる。コヨミ（暦）という言葉がいつごろできたのかわからないが、その原義が「日《か》読《よ》み」であることは、ほぼ定説となっている。それは日をヨム（計算するの意）技術のことであった。古い時代には常に一部の限られた人間がまず習得し、そして独占していたことだろう。

それは、やがて周辺の者たちへも徐々に広がっていく。しかし、そのころには、もっと高度の知識、精密な技術が生まれており、やはり特定の人間ないし集団に占有されていたに違いない。

彼らのことを「日知《ひじ》り」といっていた。のちには「聖《ひじり》」の文字を当てるようになる。要するに、シャーマンである。古代社会に最初に生まれた権力者は、世界のどの地域にあってもシャーマンを兼ねていた。というより、シャーマンそのものであった。

彼らが「読んだ（計算した）」のは日ばかりではない。月も同じことであった。『日本書紀』の神代記が引用する「一書」には、月の神のことを「月弓尊《つくゆみのみこと》」「月夜《つくよ》見尊《みのみこと》」「月読尊《つくよみのみこと》」というと記されている。このころにはもう、元来の意味がほとんど忘れられて妙な字を当てているが、「月読」だけは遠い昔の記憶を伝えている。

いまもときどき使われる「サバ（鯖）を読む」という言いまわしに、かすかに痕跡をとどめているように、ヨムとは数をかぞえることである。日や月をヨムことは、すなわち日の神、月の神の意思を占い、うかがうことにほかならない。それができて初めて、冬至や夏至の概念を理解し、ひいては大湯環状列石の二つの配石遺構（万座と野中堂）を作ることも可能であった。

それは、ほかの人びとにとっては魔法のような技術であったろう。もちろん、これはかなり発達した段階でのことだが、数という観念には原初から不思議な力が隠されていたことは、多くの者が感じとっていたろう。それが、数を理解しはじめたばかりのころの人間に、もっとも神秘的な数すなわち最大数への信仰を生んだといえるのではないか。

大湯から出土した「数字の表示のある土版」は、普通サイズの名刺を二つ折りにしたくらいの大きさで、大人なら手のひらの中にすっぽりと納めることができる。おそらく、何かといえば握って持ち歩き、手がふさがっているときは懐《ふところ》かどこかに入れていたと思われる。手があいたら、また握る。つまり、お守りであった。神の加護を祈り、邪霊の侵害から身を守るための呪符《じゆふ》である。

そこに象形化された数字が掘り込まれている。これは、数詞を神としてあがめていた信仰そのものだといって過言ではあるまい。

そこには6までの数しか表現されていない。これは考えすぎだと思うが、六本柱の数と同じである。土版の裏には6だけが記され、しかも3＋3になっている。これも柱の立て方と共通している。そうして、柱も土版も神を表しているのである。

8　古代人は体の各器官も神とみていた

耳の語源は、ミミ（3＋3）であるらしいと記してきた。これが当たっているとすれば、古代人は耳にきわめて高い神性を与えていたことになる。なぜ、そんな観念が生まれたのだろうか。ミ（三）とミミ（耳）とのあいだに深いつながりがあったことを、より明らかにするため、今度は耳の方からミに迫ってみたい。

耳は、人体にそなわっている器官の一つである。人間は、その器官のそれぞれを神秘的な存在と感じていたようである。ものを見たり、音を聞いたり、臭いをかいだりする能力をもつからであろう。現代人は、それをあまりにも当たり前のことだと考えているが、古代人は例えば日をふさいだとたん、いままで見えていたものが視界から消え去る事実に、不思議な驚異を覚えていたらしく思われる。

それは乳《ち》（女性の乳房、チブサのチ）に対してもいえる。

記紀には「チ」の名で呼ばれる神々が少なくない。

雷《いかつち》、迦具土《かぐつち》、久久能智《くくのち》、武御雷《たけみかつち》、石土《いわつち》、野椎《のつち》、天之狭土《あめのさつち》、国之狭土《くにのさつち》などである。

このうちカグツチ、ククノチ、ノツチなどは、それぞれ火の神、木の神、野の神だと述べられているから、カグ（篝火《かがりび》のカガと同源）、クク（木々）、ノは火、木、野を指し、ツは現今の「の」と同じ助詞、チは神を意味することになる。すなわち、イカツチは厳《いか》の神（厳《いか》めしく恐ろしい神）、イワツチは石と土のことではなく、磐《いわ》の神の意である。いま、チにはふつう「霊《ち》」の漢字を当てている。

乳（チ）と霊（チ）は由来を同じくするといえば、首をかしげる方も少なくないだろうが、縄文時代の土偶や石偶には乳房を誇大に表現したもの、ほとんど乳房だけのものが珍しくない。前章2節でも取上げた愛媛県上浮穴《うけな》郡久万《くま》高原町の御三戸《みみど》嶽に近い上黒岩岩陰遺跡からは、そのような「人体線刻礫」が一三点も出土している。

そのうちの一つは、いびつな楕円形の緑色片岩の上半分に髪と左右の乳房、下半分に腰蓑《こしみの》のような線と逆三角形が彫られている（次ページの写真参照）。逆三角形は、おそらく陰部であろう。ただし、下半身の縦の線は「腰蓑」ではなく、逆三角形は意図的につけられたものではないとの見解もある。石の長さは五センチに満たない。紐を通す穴があいていないことから、「数字の表示のある土版」と同じように手に握る呪符だったのではないか。

この女性像には顔がない。手も足もない。真ん中に乳房が、でんと描かれている。まるで、ほかは

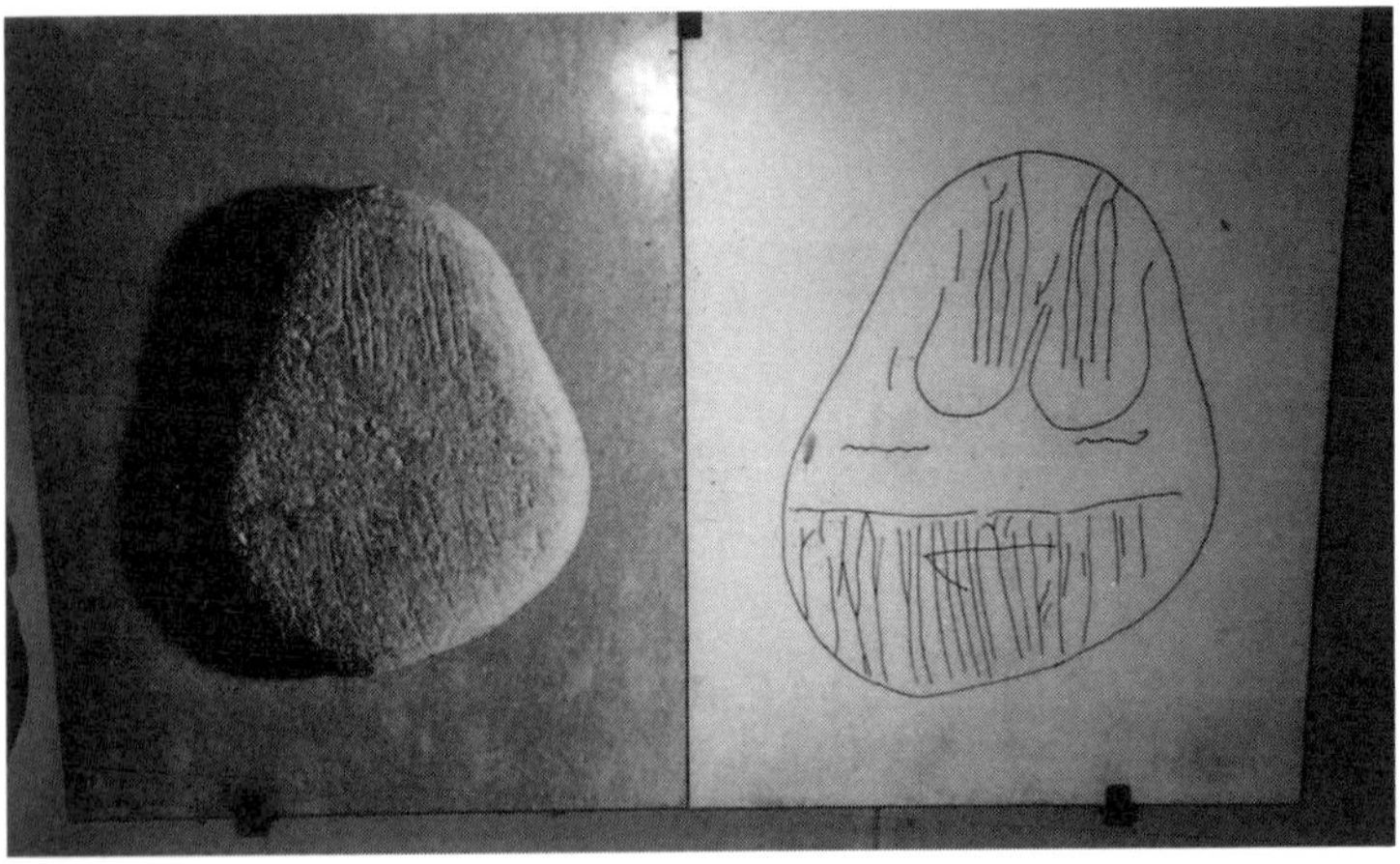

愛媛県久万高原町・上黒岩岩陰遺跡から出土した人体線刻礫の一つ。左はレプリカ（複製）、右は模写図

必要がないかのごとくである。すなわち、乳房を神だと考えたお守りだったといえる。

チはまた、血にも通じているに違いない。血は器官ではないが、命を支える本源的な構成要素と認識されていたろう。

頭も古代人には、命に直接つながる神聖な器官だったと思われる。アタマのタマが、タマ（魂）と同語であることは疑いあるまい。アは、おそらく神聖を意味する接頭語で、同じ概念を指すイ（イ串《ぐし》、イ垣《がき》など）やユ（ユ庭《にわ》、ユ笹《ざさ》など）に近い言葉ではないか。あるいは、ア、イ、ユは互いに母音交替形の関係にあるかもしれない。

そうして、日本語のカミ（髪）はカミ（神）と音が同じである。つまり、語源をひとしくしている。といえば、「何を馬鹿な」と一笑に付されることだろう。そもそも八世紀ごろまでは髪のミと、神のミとは発音が違っていたではないかという指摘が耳に聞こえる気がする。この辺のことを含めて、髪と神については語るべきことが多いので、次節にまわして、いまは耳の話をしておきたい。

日本においても、またたぶん世界中のどの地域にあっても、耳飾りは大昔から人びとが一貫してこだわりつづけてきた装飾品であった。いや、それは正確には呪具であって、ただの装飾品ではなかった。耳にも霊力・呪力があり、それを象徴し、強調するモノ（モノノケなどのモノ）だと考えていたのではないか。

大きな耳は福相の第一条件であるとともに、長命のしるしだとする俗信も、耳に宿る呪的な力への信仰に発しているに違いない。前章1節で名を挙げた肥前国の土蜘蛛《つちぐも》「大耳（オホミミ）」や「垂耳（タリミミ）」、『古事記』に見えるフテミミノカミ（おそらく太耳の神の意）なども、これである可能性が高いと思う。

9　神と髪と上

柳田國男や折口信夫らにも大きな影響を与えたイギリス人の民族学者、ジェイムズ・G・フレイザー（一八五四―一九四一年）の『金枝篇』には毛髪の呪力について、いくつかの話が紹介されている（以下では、吉川信訳の『初版　金枝篇』上下二巻、二〇〇三年、ちくま学芸文庫版を使わせていただく）。

「ヴィクトリア（オーストラリア南東部の州のことか＝訳者注）のいくつかの部族では、旱魃のときに妖術師が人間の髪を燃やした。旱魃でない限り髪を燃やすことはなかったが、これは洪水を恐れてのことであった。また川の水位が下がると、妖術師は水の量を増やすために、川に人間の髪を入れた」（上巻二六四ページ）

「ニュージーランドでは、刈られた髪は、『偶然にであれ意図的にであれ、だれかに触れられないように』大地の神聖とされる地点に置かれた。酋長の刈られた髪は丹念に集められ、近隣の埋葬地に安

置された。タヒチ人は、刈った髪を神殿に埋めた」（上巻二六五ページ。このあとに類似の例が多数、列挙されている）

「複数の民話で、人間の魂や力が、自身の髪の毛に懸かっているものとして描かれ、この毛が抜かれると死んでしまうか弱くなってしまう。たとえばアンボンの原住民はかつて、力の源泉は髪の毛であると考え、髪を刈られると力がなくなると考えていた」（下巻四一九ページ）

「（蛮人は）人間のもっとも取るに足らない遺物―切られた髪や爪、唾《つば》、残飯、あるいは当人の名前そのもの―それらの一切が、妖術師によって本人を破滅に追いやるものに変えられる、と空想している」（下巻四三四ページ）

雨乞いに髪を燃やすというヴィクトリアの例は、人間の髪を燃やすと蛇が集まってくるという日本各地に伝えられている俗信と、ぴったり符合しているといえる。蛇は竜と並んで水の神を象徴する動物だからである。

右の迷信については、例えば相模民俗学会の会誌『民俗』6号（一九五四年）所収の安西勝「マムシ聞書」には次のように見えている。

著者が、現神奈川県相模原市緑区久保沢の「蛇捕り名人」安池巳之助氏に、

「オッサンは、何かのにおいでマムシを呼びよせるっちゅうことだけんど……」

と訊いたところ、安池氏は、

「そんなこたあねえ。頭の毛《けば》を燃すと、そのにおいで寄ってくるちゅうけんど、そりゃあウソだな。やってみたあけんどキキメはなかった」

と答えたという。

わたしは、似たことを別の報告で読んだこともあれば、聞取りの折り、髪の毛を燃やすと蛇が寄っ

てくるとの話は、

「テレビで見たことがある」

と言った人にも会ったことがある。これは、かなり広く知られている伝説ではないか。

いずれであれ、それは髪には神を動かすほどの呪力が宿っていると信じた古代人の信仰を今日に伝えたものであるに違いない。人または「鬼」の頭髪を神体ないしは寺宝としている（あるいは、していた）社寺があるのは、その結果であろう。

・埼玉県草加市新里《にっさと》町の毛長《けなが》神社

は、「女性の髪」を神体としていた。それは何点かの記録にも出ているし、そのような伝承もある。

埼玉県草加市の毛長神社。女性の髪を神体としていた。

「毛長」の神社名が、これによるものであることはいうまでもない。横を流れる荒川水系綾瀬川の支流に「毛長川」の名が付いていることから考えても、相応に知られた伝説であったと思われる。

・茨城県常総市大房《だいぼう》の真宗大谷派、東弘寺

は、いまも「七難のそそ毛」と呼ばれる「寺宝」を保存している。これは「鬼の頭髪」だといわれ、高さ一五センチたらずの金属容器に納められている。成分を調べた人がいるが、何かの動物の体毛らしい。

ともあれ、これら二つと同じような伝承をもつ社寺が、全国に少なくとも一〇ヵ所ばかりも存在する（した）のである。

髪への信仰があった以上、髪の霊力を守り、それを強化するための呪具であった櫛が特別視されなかったはずはない。

記紀でイザナギが黄泉《よみ》の国（死者の世界）から逃げ帰るとき、追ってくる黄泉醜女《よもつしこめ》に向かい、「御《み》角髪《みづら》」に差していた「湯津津間櫛《ゆつつまぐし》」を投げて、しばし追跡をふせいだのも、櫛の呪力を頼ってのことである。ミミヅラは男子の髪型の一種であり、ユツツマグシとは爪のように先がとがった神聖な櫛の意であろう。

考古遺跡とくに縄文時代の遺跡からは櫛が豊富に出土している。何千年も前の木製品がなぜ残っているのかといえば、ウルシを厚く塗り重ねているからである。ウルシは古墳時代になっても黄金や鉄、朱（辰砂＝硫化水銀）などと並ぶ貴重品であった。それを惜しげもなく使っているのである。人びとが櫛に寄せた思いが、ここからもうかがえる。

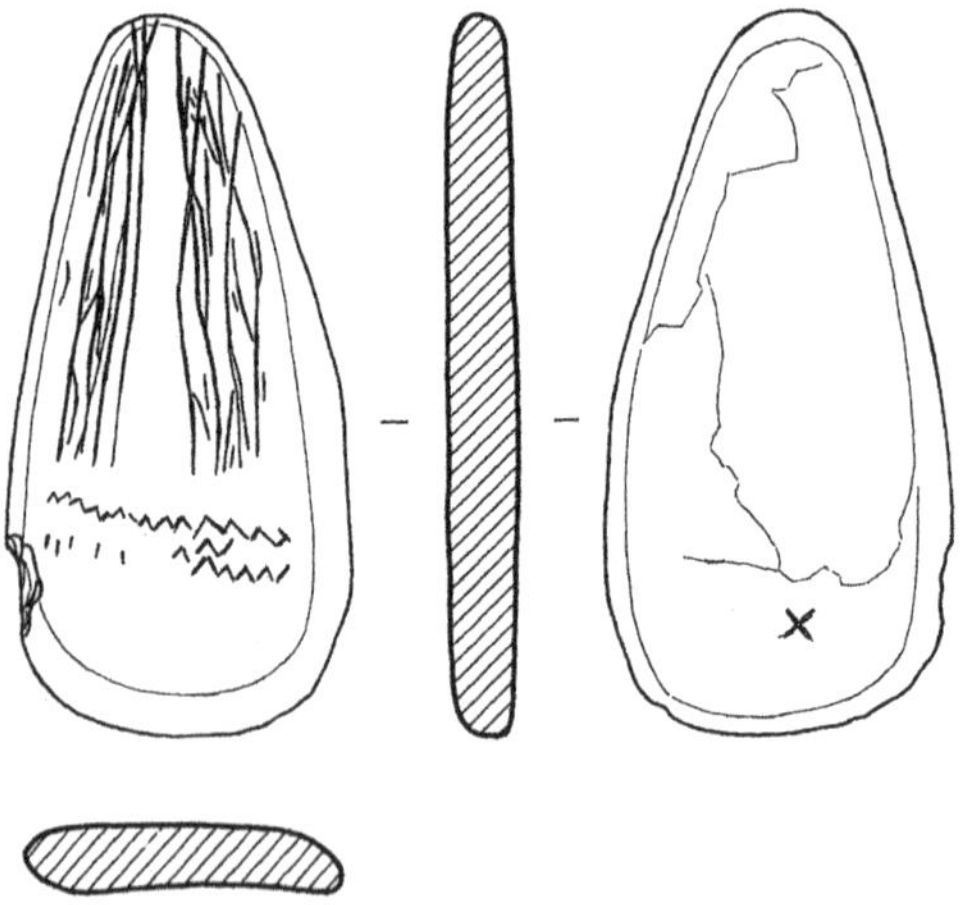

愛媛県上黒岩遺跡の線刻礫の一つ。表面には波線を別にすると、髪しか描かれていない。

ここで再び、愛媛県久万高原町の上黒岩岩陰遺跡から出土した人体線刻礫の話にもどりたい。

既述のように、この遺跡では一三点の線刻礫が発見されている。それらに、もっとも多く、そして明瞭に描かれているのは、実は乳房ではなく頭髪である。『愛媛県上黒岩遺跡の研究』（二〇〇九年、国立歴史民俗博物館）によると、一一点に刻まれ、実質的には髪だけという石も少なくない。

そのうちの一つは、やはりいびつな楕円形で、先に示した礫よりやや長く、幅は逆に狭い（模写図を参照）。下から三分の一ほどのところに横帯のような模様が引かれているが、これが何を表しているのかはっきりしない。この波線を除くと、あとは髪だけである。ただし、裏の下方に「×」印が見え、これは肛門だと思われる。

また、乳房がでんと刻まれた方の小石（前節）にも、それに垂れかかるように髪が描かれ、前掲の写真には写っていないが、裏に肛門を指すとみられる「×」印がある。

とにかく、上黒岩出土の線刻礫によるかぎり、髪は人体で最重要の器官だと考えられていたらしいことがわかる。縄文時代に、ここで暮らしていた人びとにとって、髪を刻んだ小さな石を握っていることは、神をにぎっていることを意味していたのである。

そうだとするなら、フレイザーが書き残した文章や、人間の髪を燃やすと蛇が集まってくるとの俗信、人や鬼の頭髪を神体、寺宝にしていた社寺の存在などと合わせて、「髪」と「神」ひいては「上《かみ》」は、みな語源をひとしくするといっても、そう無理なこじつけにはなるまい。

ただし、髪、上のミと、神のミとは八世紀ごろまでは発音が微妙に違っていたことを根拠に、それを強く否定する見解があるので、これについては次のコラム⑧で卑見を述べることにしたい。

＊

コラム⑧　上代日本語の八つの母音

神《かみ》と上《かみ》とは同じ語源の言葉だという説を初めて文章化したのは、江戸時代中期の国学者、本居宣長のようである。ただし、そんなに突飛な連想でもないから、似た趣旨のことを書いた人は、もっと前にもいたかもしれない。

しかし今日では、この見方はどうも評判が悪く、ときに手きびしい批判を浴びている。国語学や言語学の専門家になるほど、その傾向が著しいのではないか。理由は簡単で、日本の古代には神のミと上のミとは発音が違っていたとするからである。

現代の国語では、いうまでもなく母音はア、イ、ウ、エ、オの五つしかない。これは平安時代の半ばからずっと変わっていない。ところが、それ以前には母音が八つあった。録音機もない時代のことなのに、どうしてそんなことがわかるのかといえば、記紀や『万葉集』および同時期の若干の文献で使われている万葉仮名の分析から、そう判断できるのである。

例えば、神のミには常に「微《み》」「未《み》」の字を用い、上のミには「美《み》」「弥《み》」などを当てて、その逆になることがない。もし双方のミの発音が同じであれば、ミと読めるどの漢字を使ってもよいはずなのに、そうはしていない。いつも、きちんと書き分けて混同することがないのである。これは発音が違っていたためではないかと考えられる。

こういう視点から全万葉仮名の使用例を精査した結果、キ、ケ、コ、ソ、ト、ノ、ヒ、ヘ、ミ、メ、モ、ヨ、ロおよび濁音のあるものは、その濁音に、二種類の音があったことが確認されたのである。

この法則を発見したのは国語学者の橋本進吉氏（一八八二―一九四五年）で、同氏の命名により一方の音系列を甲類、他方を乙類と呼んでいる。例えば、神のミは乙類であり、髪や上のミは甲類になる。

両類の違いは、kiとかtoとか子音と母音とが複合した音節にのみ現れ、ａｉｕｅｏの単純な母音音節にはみられない。すなわちア、イ、ウ、エ、オの音価に関しては現在と同じであったろうと推定されている。

両群の音価の差が具体的にどのようなものであったかについては、研究者のあいだで多少の見解の相違はある。だが、奈良時代を中心にした一世紀ほどの上代日本語に、そのような特徴があったとする橋本氏の指摘は、今日では定説となっているとしてよいだろう。

橋本進吉説の強みは、記紀万葉というきっちりした文献資料にもとづいているところにある。だから、いま仮に、奈良朝ごろの日本語に甲乙類の区別があったとしても、もっとずっと前、例えば弥生時代や縄文時代の日本語には、そんな区別はなかったのではないかという立場をとろうとしても、橋本説と同じ程度に人を納得させうる証拠など示せるものではない。

しかし、いくつかの事実をつなぎ合わせていくと、そのような推測をする余地はあると思う。

まず、和銅五年（七一二）に『古事記』の序文を書いた撰者の太安万侶《おほのやすまろ》は甲乙の区別が完全にできたのに、それからわずか一〇〇年ほどのちの平安朝初期には、区別自体がほぼなくなっていたらしいということがある。これは、一言語における音韻の変化としては急激すぎる。そんなことが起きたのは、この音則が日本語に本来的に存在した特質ではなかったのでは、との疑問を抱かせる。

次に、『万葉集』は八世紀中に成立していたにもかかわらず、そこに見える東歌《あずまうた》、防人《さきもり》歌では甲乙の使い分けが著しく乱れていることがある。この点について橋本氏は、

「（それらが）東国の言葉で、大和その他中央部とは違った田舎の言葉であるため」

ではないかと述べている。

だが、その東国方言こそが古来の日本語に近く、大和周辺で話されていた言葉は、朝鮮半島からの渡来人の影響を強く受けた、むしろ例外的な日本語だったとの見方も可能なのではないだろうか。

甲、乙二種類の音価の差は、実は母音調和によるものであることが、今日では明らかにされている。母音調和とは、ひとことでいえば母音が二つの系統に分かれ、一単語の中では別系統の母音が共存しない現象のことである。これはアルタイ語族（モンゴル語、トルコ語、満州語など。朝鮮語も、これに入るか、少なくとも近いとする説が多い）に著しい特徴とされ、例えば朝鮮語には現在もそのまま残っている。

日本語を漢字を用いて表記する方法を開発したのは、半島からの渡来人であった。飛鳥《あすか》時代や奈良時代の木簡や文献は、その技術系譜のうえで文字化されている。この当時の文字技術者たちは多くが渡来系であったと推定されているが、彼らが日ごろ話していた日本語が、音韻を含めて半島の言語の要素を相当に混交していたとしても不思議ではない。

今日の古代史研究者のあいだには、甲類と乙類の音韻差を絶対視する人も珍しくない。だから例えば、「甲斐《かい》（山梨県）」の語源を考えるとき、山にはさまれた土地を意味する「峡《かい》」だとする説の当否について、甲斐《かひ》（古代の発音ではカヒ）のヒは乙類であるのに対し、峡《かひ》（やはり古くはカヒ）のヒは甲類であり、したがって「甲斐＝峡」説は「学問的に成立しがたい」といった表現にもなる。甲乙の違いは本当に、それほど厳密なものだったのだろうか。

『播磨国風土記』の揖保《いひぼ》郡の条には、「上岡《かみをか》の里」の地名ができた理由として、ここに出雲国の阿菩《あぼ》の大神がとどまったことから、「神阜《かみをか》」と名づけたのがもとだと述べられている。『風土記』は八世紀の成立で、まだ甲乙の区別が厳格だったはずなのに、「上」と「神」とを相通ずる語として扱っているのである。

右より、もっと本質的な疑問もある。奈良時代には四段活用の已然《いぜん》形（例えば、「行けど」のケ）は乙類だが、命令形（「行け」のケ）は甲類であった。一つの動詞の活用語尾が甲・乙に分かれていたのである。もし、先の言い方にならえば、四段活用の已然形と命令形は語源が同じだとする指摘は、「学問的に成り立たない」となりはしないか。

要するに、甲類と乙類を絶対視することには、いろいろ問題が多いといえる。わたしなど、神と上とのミの音が少し違うのは、双方の混同を避けるために、わざとそうしたと考える方が理にかなっているとさえ思っている。もっとも、これとて甲乙の差が本来、日本語にあったとしての話である。

第九章　縄文語の輪郭

1　「タニ」言語圏と「ヤ」言語圏

日本語のクシという言葉が串、櫛、岬の三つの意味をもつことは、すでに述べたとおりである。そうして、岬を指すクシの語が付く地名に著しい片寄りがあることにも何度も触れた。重要な基層語でありながら、地名が列島全域に分布していないことは、この言葉がほかの基層語より遅れて渡来したことを示している。

この一事からだけでも、日本語が原初から一本の流れとして列島で成長をつづけたのではなく、複数の言語の混合語として今日の形が形成されたことをうかがわせているように思われる。ただし、混合といっても、それが言語の構造、いいかえれば文法にまで及んでいるのかどうかは、なお議論の余地があるのではないか。

いずれであれ、少なくとも語彙については、すでに縄文時代から相当に大がかりな混合があったとみられ、それに参与した言語族も二つとはかぎらない。ここでは、クシとは別の基層語であるタニ（谷）とヤ（しばしば谷《や》の漢字が当てられるが、これは後述のように誤用である）の分布域を取上げることによって、クシの場合とは異なる混合について考えてみたい。

金田一春彦『ことばの歳時記』(一九七三年、新潮文庫)所収、二月七日の項の「タニとヤ」には次のように見えている。

「八百年前の寿永三年の二月七日は、源平両家の一ノ谷の合戦が行なわれた日だ。一ノ谷は、今の神戸市須磨区の海に近い地であるが、この一ノ谷に限らず、京都の黒谷《くろたに》、鹿《しし》が谷《たに》など、関西の地名では『谷』の字はすべてタニと読む。

これに対して関東では、埼玉県の熊谷《くまがや》や、深谷《ふかや》や、神奈川の保土《ほど》が谷《や》などヤと読むのが一般である。その境界は、どのへんかというと、太平洋方面は愛知・三重県の県境、日本海方面では東にずれて新潟・富山の県境がそれで、愛知県下では刈谷《かりや》、三谷《みや》のようにヤと読み、新潟県下でも小千谷《おぢや》のようにヤと読むが、富山県下では倶利伽羅谷《くりからだに》のようにタニと読む。

東京は関東の中央に位するから、当然、四谷《よつや》・渋谷《しぶや》・世田谷《せたがや》でわかるようにヤが多いが、旧市内に限り、鶯谷《うぐいすだに》・清水谷《しみずだに》・茗荷谷《みょうがだに》のようにタニというのが折々まじる。これは、江戸時代の都人士が京都の風にあこがれて名前を付けたのが起こりであろう」

地名に「谷」の文字が用いられている場合、大ざっぱにいって西日本では「タニ」、東日本では「ヤ」と読むことに気づいている人は少なくあるまい。その境界はどのあたりか、右の読み方にはどの程度の例外があるのか、タニとヤとは同義かどうかなどについて、『ことばの歳時記』にもう少し付け加えておきたい。

まず境界だが、これは厳密な線を引くことはむつかしい。日本海側では富山県以西は、きわめてわずかな例外を除いてタニである。ところが、すぐ東側の新潟県糸魚川《いといがわ》市や上越市ではタニとヤ、ヤチ(ヤと同源の語、後述)が混在しており、それは同県中部の長岡市でも同様である。

太平洋側では静岡県はヤが主流だが、西部になるとタニも現れはじめ、愛知県の知多半島や名古屋市あたりではタニが多いようである。中間の長野県ではだいたいはヤ、木曽谷の南部はタニが優勢のように思われる。

右の境界線は決定的なものではなく、とくにタニ地名は東北地方にまで入り込んでいる。

・福島県耶麻郡猪苗代町渋谷《しぶたに》

・山形県米沢市入田沢字八谷《やたに》（廃村で地名も消失）

・青森市大谷《おおたに》

・青森県東津軽郡外ヶ浜町蟹田山本字小谷《こたに》

など、そう珍しくはない。

これに対し、先の境界線の西側、ことに近畿地方以西で確実にヤ地名といえる例を、わたしはまだ見つけられないでいる。

福島県猪苗代町渋谷（しぶたに）のそばを流れる長瀬川。写真ではわからないが、川の石が赤茶色に染まっている。シブタニの地名は、これによって付いたと思われる。

・和歌山県紀の川市丹生谷《にゅうや》

も、おそらく例外ではない。

同地は以前は「にゅうのや」と助詞をはさんで発音し、もっと昔は「丹生屋」と書いていた。これは、その地の氏神に丹生神社（一般に水銀鉱の神）を勧請して社殿を建立した際、「丹生の屋」と呼びはじめたとされているからである。つまり、谷は屋の当て字の可能性が高い。

・京都府南丹市日吉町四ツ谷《よや》

も、『ことばの歳時記』に引用されている東京の四谷などと並んで、もとは「四軒の家があるところ」すなわち「四つ家《よや》」に由来する地名で、これらの谷もやはり屋、家の当て字だと考えられる。いきなりこういっても、「本当か」と首をかしげる向きも少なくないことだろうが、ヨツヤ、ミツヤ（三つ屋）、フタツヤなどの地名は全国的にざらにあって、それらを調べてみると、立村して間もないころの家の数によっているらしいことがわかる。詳しくは、拙著『東京の地名』（二〇一四年、河出書房新社）を参照していただくと幸いである。

なお、完全な「タニ」言語圏のうちに位置しながら、

・福井市菅谷《すがや》

のような地名がないわけではない。これはどうやら、「菅（すが・すげ）の群生する湿地帯」を指すようである。

2 「沢」の付く川の名も西日本には少ない

タニ地名とヤ地名が列島内で偏在しているように、タニと似た意味のサワ（沢）地名もヤ言語圏への片寄りを見せており、西日本には目立って少ない。いま群馬県と高知県を例に、そのあたりを見てみる。

資料としては、国土地理院の五万分の一図の「中之条」と「伊野」の部を使うことにする。前者は群馬県吾妻《あがつま》郡中之条町を中心に同郡東吾妻町、高山村、沼田市、渋川市などの全部または一部を含み、ほぼ中央を吾妻川（利根川の支流）が西から東へ流れている。後者は高知県吾川郡いの町南部を中心に高岡郡日高村、佐川町、越知《おち》町、高知市西部の一部を含み、ほぼ中央を仁淀川が東流している。

「中之条」には、沢の付く水流または地名が四〇くらいある。この数字は深沢、深沢川のように、同

じ名の地名と沢が併存する場合、一つとして計算している。また、深沢川や泉沢川などの「川」は地図作製者が付加したもので、元来は単に深沢、泉沢であったろう。

この東西二二キロ強、南北一八キロばかりの範囲に、「タニ」の付く水流や地名は一つも見えない。東吾妻町大戸《おおど》には「大谷沢」の地名と「大谷沢川」の名をもつ流れがあるが、これはオオヤザワであってオオタニザワではない。この一帯にはタニ（谷）という言葉は存在しなかったのではないかと思われるほどである。

一方、「伊野」にはタニ（谷）の地名と河川名が四〇ばかりあるのに、沢は一つもない。ちょうど「中之条」と逆になっている。

右は、ほんの一例にすぎない。ほかの場所を調べてみても、東日本にはサワが著しく多く、西日本ではタニが圧倒的に目立っている。その境界線は、おおよそのところでは、タニとヤとのそれに近いといってよいだろう。ただし、東にタニが、西にサワが皆無というわけでもない。これも一例にすぎないが、群馬・新潟県境の谷川岳（一九七七メートル）の南東麓に、

・群馬県みなかみ市谷川《たにがわ》

の地名があり、高知・愛媛県境近くに、

・高知県吾川郡いの町長沢

がある。

要するに、タニは西日本に卓越した地名であり、ヤとサワは東日本に優勢な地名だといえる。そうして、タニに対する言葉はサワであって、ヤではない。ヤはヤチ、ヤツ、ヤトなどと同義で、湿地帯を指す地形語だからである。関東地方の渋谷、市谷、熊谷などのヤを、その漢字によってタニのような地形だと思っている方がいるが、そうではない。これはヤあるいはヤチ、ヤツ、ヤトが付く地名を

一〇ヵ所かそこら現地に当たってみれば、おのずとわかってくることである。その場合、東京都心のように都市化が進んだところではなく、地形が大きくは変わっていない土地をえらぶことが必要になる。

千葉県茂原《もばら》市周辺では、ほとんどがヤツといい、まれにヤとも呼んでいる。漢字は例外なく「谷」の一字である。『角川日本地名大辞典』の「小字一覧」によると、茂原市には二五〇〇くらいの小字が存在するが、そのうちのざっと一割、二五〇余りが大谷《おおやつ》、東谷《ひがしやつ》、杉之《すぎの》谷《やつ》などヤツ地名である。いずれも、低湿地に位置している。そもそも、同市の一帯にはタニのような地形は、ほぼないといって過言ではない。

千葉県野田市内のヤツ（湿地帯）。近くには「谷津」の地名もある。ノダもヤツも湿地帯を指す地形語である。

これに対して、西日本では湿地帯のことを何というのだろうか。もっとも一般的にはノダ（文字は野田など）のようだが、ニタ、ヌタも珍しくない。九州あたりではムタ（牟田など）となることも多い。ただし、これらはムタを除き東日本にも普通にあって、決して西日本に偏在しているわけではない。

ノダ、ニタ、ヌタ、ムタは、「のたうつ（転げまわる。元来は湿地帯で、そうすることを意味した）」のノタ、イノシシの「ぬた場（イノシシが体に泥を塗りつける場所）」のヌタ、料理法の一種の「ぬたあえ」のヌタなどと語源を同じくしていると思う。

3　タニとヤ・サワとの分布域が異なる理由

それでは、なぜ「タニ」言語圏と、「ヤ・サワ」言語圏とのあいだに、かなり明瞭な境界線が存在するのだろうか。

これはやはり、境界線をはさんで二つの異なる言語圏があったと考えるほかないのではないか。つまり、この東側と西側とでは、違った系統の言語を話す民族が暮らしていたのだと思われる。

そうして、二つの語彙群は少しずつ、またときに急激にまじり合った。その結果、双方が使っていた語彙は少なからぬ量が、ともにのちの日本語を形成していったろう。ところが、言葉の記録の中でもっとも保守的な地名に、もとの言語圏の痕跡を残した。それがタニであり、ヤ・サワであった。

このほかにも精査すれば、タニとヤ・サワとに似た対立を示す語は見つかるのではないか。いま、ほんの一例を挙げると、カワチ（川内、河内）がある。この地名は西日本にはざらにあり、「二つの川にはさまれたところ」「川に臨んで増水時には水につかるような場所」に付けられている。

しかし、この平凡で意味もわかりやすい語が、東日本にはごく少ないのである（むろん皆無ではない）。関東地方の利根川や鬼怒川流域など、それこそカワチに当たる地形だらけなのに、この地名は案外に珍しい。一帯には本来、「カワチ」という言葉はなかったかのごとくである。

以上は語彙についての話だが、問題は両者の文法構造も何らかの割合で混合したかどうかである。混合したとしても、おそらく半々といったことはなく、どちらかが主で、もう一方は従であった可能性が高い。あるいは、文法の点では、優勢な方の言語のものだけが受け継がれ、他方は基本的に影響を与えなかったのかもしれない。

右の混合が、いつごろ起きたのか、現時点では推測する方法がない。わたしは、遅くとも縄文時代にさかのぼると思うが、これまでに挙げた青木、青島をはじめとする固有名詞および、耳やヒトからトウまでの普通名詞のように、その成立が縄文期より前だったとする証拠を示すことは困難である（お断りしておきたいが、わたしは今日に残る青木などの地名が、みな縄文時代に付けられたといっているのではない。中には、そのような例が含まれるとしているだけである）。

混合がいつであれ、その前にも後にも、両地域間の人の往来は当然あったに違いない。だからこそ、境界線がきっちりとした一本線にならず、お互いの地名の中に少数の例外が認められるのである。「タニ」と「ヤ・サワ」とのあいだの境界線と、「クシ」が分布する地域と非分布域とのあいだに引ける線とは、明らかに異なっている。すなわち、現今の日本語は語彙に関するかぎり、「タニ」「ヤ・サワ」「クシ」の語に代表される少なくとも三つの語族の混合によって成り立っていることになる。

もちろん、このあと漢字を輸入して以来、中国語のほかに大量の漢字語（漢字の意味をもとに日本でつくられた言葉）が語彙に加わっていることは、いうまでもない。さらに、近代になって、おびただしい横文字言葉を受容して、その数がなお増えつづけているのは周知のとおりである。

中国と欧米からの外来語は、いまおくとして、いわゆる大和言葉でも決して、はるか昔から列島で成長しつづけてきた単一の言語ではなく、いくつかの語族の混合により生まれたことは、まず間違いあるまい。

日本語の系統論が、本格的に研究されはじめて一世紀以上がたつのに、なおおおかたを納得させる定説が現れない理由も、主としてここにあるのではないか。そのうえ、比較の対象にされている言語の方も混合語であるかもしれず、そうなると日本語と何々語は系統を同じくするとか、しないとかの議論は見当違いのものになりかねない。

話が、ここまで進んだところで、次に本土縄文語とアイヌ語との関係を取上げることにしたい。

4　アイヌ語による地名解釈の系譜

日本列島の先住民族はアイヌ人であり、したがって古い時代に付けられた日本の地名はアイヌ語で解釈することができるという考え方は、いまもなかなか多くの人びとに支持されている。

日本のどこの地名であろうと、アイヌ語によってその意味を説明しようとすることが始まったのは、明治時代にさかのぼる。それに先鞭をつけたのは、イギリス生まれの日本研究者、バジル・H・チェンバレン（一八五〇―一九三五年）と、やはりイギリス出身のキリスト教宣教師でアイヌ研究者のジョン・バチェラー（一八五四―一九四四年）の二人であった。

この人たちの地名解釈が、「いきなり比較主義」すなわち同情のない言い方をすれば語呂合わせにすぎなかったことは、今日ではすでに常識となっている。それは似た音のアイヌ語を、ほとんど前提なしに日本の地名に当てはめ、この地名の由来はこうだと説明する方法である。例えば、チェンバレンでは、「大和　クリの木にかこまれた池」「出雲　岬の湾」、バチェラーでは「富士山（疑いもなくアイヌ語であるとしたうえで）火の女神フチによる」といった具合である。

しかし、二人の指摘にはもはや学史上の意義しかないことは、少なくともきちんとした研究者なら、おおかたが認めるところとなっている。いまさら逐一、あげつらうようなことでもない。それに、二人が自説を発表した当時は、民族学や考古学など隣接諸科学の水準はまだ現在とは比較にならない段階にあった。アイヌが広く日本全土の先住民族だと考える人びともたくさんいて、そのような立場をとれば当然、西日本にもアイヌ語地名が残っていて何ら不思議ではないことになる。さらに、いいアイヌ語辞典もなかった。

わが国の民俗学の創始者であり、地名学の創始者でもあった柳田國男の『地名の研究』が単行本として出版されたのは昭和十一年（一九三六）、右のような条件下においてのことであった。

この本が全体としては傑出した地名研究書だということは、これを手にしたことがある人なら、たいていうなずけると思う。世に出てすでに八〇年以上がたつが、総合点で同書をしのぐような地名の本は、まだ現れていないのではないか。

とはいえ、しょせん人間がしたことだから、完璧ではありえない。とくに、その中のアイヌ語地名論には少なからぬ問題がある。一例を挙げれば、柳田は、先に本書でも取上げた「ヤチ」をアイヌ語だと考えていた。同書「一四　湿地を意味するアイヌ語」には次のように見える。

「さて右三つのアイヌ語（トマン、ニタト、ヤチの三語＝引用者）が、われわれの部落の間にかくのごとく盛んに頒布せられおる事実は、はたしていかなる推論をくださしむるかというに、ある時代においてわれわれの祖先とアイヌの祖とが雑処しておったことである」

煩雑を避けるためトマン、ニタトには、ここでは触れないことにする。ヤチは既述のように東日本におびただしい地名であり、これがアイヌ語だとしたら、柳田の指摘のように当然、関東地方あたりで和人とアイヌ人が雑処していたことになるだろう。

しかし、ヤチ、ヤツ、ヤト、ヤは、いずれもアイヌ語ではない。それは、地名に関するかぎり、依然としてアイヌ語の大地である北海道に、これらの語が付いた地名が皆無に近い事実から明らかである。

柳田が、ヤチなどをアイヌ語だと判断したのは、バチェラーの『蝦和英《かわえい》三対辞書』（一八八九年に発刊されたアイヌ語、日本語、英語の対訳辞書）によっている。だが、これはアイヌ民族出身のアイヌ語学者、知里真志保《ちりましほ》氏（一九〇九―六一年）が「欠陥が多いというよりは、欠陥で出来ている」と酷評したような代物であった。第二次大戦前には、これがもっとも普通に用いられていたのである。

ちなみに、知里氏の『地名アイヌ語小辞典』（一九五六年、北海道出版企画センター）には、ヤ、ヤツ、ヤトは立項されておらず、ヤチには「泥」とあるだけで、湿地帯の訳は載っていない。

ともあれ、柳田はほかにも、

•「土のくずれる崖」を指すママ
•出雲国のイヅモ（岬の意にとっていた）

などもアイヌ語だとしていた。これらは西日本にも存在する地名だから、結局、この地域にもアイヌ人が住んでいたというのが柳田の立場であった。

日本全国どこの地名だろうと現代アイヌ語で解釈して、これもアイヌ語、あれもアイヌ語だとする論は、その後も絶えることがなく、いまもなかなか盛んである。

再びほんの一例だが、高知県南西端の足摺《あしずり》岬は「アシュ・ソ・リ」で、「風が吹きつける裸岩の山」の意だとしたアイヌ語地名の本がある。何となくそれらしいところがあって、よくこじつけたものだと感心してしまう。

しかし同岬は、もとは「サタ岬」といい――「サタ」の名が付く岬は全国で少なくとも三ヵ所あって、どれも典型的な岬である――、サタに「蹉《さ》跎《た》」という難しい漢字を当てていた。これをいつのころからか、「あしずり」と訓読みするようにもなり、のち「足摺」に文字が変わったのである。したがって、アイヌ語とは何の関係もない。

この例は、日本の地名の中には音がアイヌ語のある種の言葉と同じであったり、似ているものが珍しくないことを示している。それをやみくもに並べて、この地名の語源はアイヌ語であるといってみても所詮、語呂合わせにしかなるまい。

これは、つい近ごろのことだが、

「縄文語はアイヌ語に引き継がれた」

とする、もと国際日本文化研究センター所長、梅原猛氏（一九二五―二〇一九年）の説によって、「アイヌ語の助けを借りて、多くの縄文地名に遭遇できた」と述べている文章も目にした。著者はコマキ、ノジリ、マゴメなどの地名はアイヌ語で読めるとし、だから「縄文語とみなせる」としている。

しかし、これらは明白に日本語であり、例えばマゴメは漢字では「馬込」と書ける言葉である。馬込は牧に放牧してある馬を捕まえる際、馬を追い込むために設けた狭い空間で、まわりは土手で囲まれていた。

幕末成立の『成田山参詣記』に見える野馬込めの図（青木更吉『小金牧を歩く』より引用）

5　山田秀三氏が開いた新局面

アイヌ語地名論を、机上での言葉合わせからフィールド調査にもとづく実証に高めた研究者が、第二次大戦後になって現れる。山田秀三《ひでぞう》氏（一八九九―一九九二年）である。

「地名学」などという講座は現在でも、どこの大学にもないように、これを専門としているプロの学者はいない（と思う）。山田氏も、アマチュアであった。東京帝大政治学科を卒業後、戦前はずっと商工省の官僚として過ごした。戦後は実業界に転じ、長く北海道曹達《ソーダ》株式会社（本社は東京）の社長、会長の職にあり、さらに相談役も歴任して、企業経営から完全に手を引いたのは八二歳のときである。

山田氏が初めてアイヌ語地名に関心を抱いたのは、仙台鉱山監督局長として宮城県仙台市に赴任していた昭和十六年（一九四一）からの二年のあいだであったという。「〇〇内《ない》」といった、北海道と東北以外にはほとんどない地名が管内でやたらに見られることに気づいたのである。

氏は戦後すぐ、アイヌ語学の権威の金田一京助氏（一八八二―一九七一年）を訪ね、アイヌ語とアイヌ語地名について教えを乞う。山田氏は、その後、金田一氏の弟子であった知里真志保氏の知己も得て、北海道の工場に滞在中はしばしば二人で道内を歩きまわった。その折りは山田氏が地名の指導者役、知里氏がアイヌ語の教師役をつとめたという。

山田氏のアイヌ語地名研究は、一貫して現地調査を主にしていた。そこら辺によくあって、ごく狭い範囲を指す地名をえらび、そこの地形、地物の特徴がアイヌ語の意味と合致するかどうかを丹念に確かめていく方法である。

山田秀三氏（向かって左）と知里真志保氏（『アイヌ語地名の研究　3』より）

そうやって、例えばソーベツ、サツナイ、トヨヒラなどが、それぞれ「ソー・ペッ（滝のある川）」、「サッ・ナイ（乾いている川＝まとまった雨が降ったときだけ水が流れる川）」、「ツイ・ピラ（崩れている崖）」の意であることを知る。

それは、武蔵国の「ムサシ」はアイヌ語の「ムン・サ・ヒ（草の野原）」を語源とするといった大ざっぱなアイヌ語論とは異質のものであった。この解釈を発表したプロの学者（外国人だが）は「武蔵は東京に変わる以前は、日本で一番大きい草の野原だったに違いない」と述べ、だから語義と土地の状況が一致するとしている。これは二〇〇九年に書かれた文章で、何十年も前の指摘ではない。

しかし、ムサシは八世紀成立の『万葉集』に初出した当時、すでに広大な地域を指す名になっていた。元来は、そのどこかの特徴をとらえて、そう呼んだはずだが、それがどこかはわからない。したがって、ムサシの命名理由は調べようがないのである。それを無理に試みても、結局こじつけにしかなるまい。

ちなみに、ジョン・バチェラーはアイヌ語で「静かな傾斜に白波が寄せる所」としており、朝鮮語で「主城《むねさし》」の意だとした人もいた。ほかにも、日本語やそれ以外の言語に由来を求める説が、あれこれ一〇ほどもあるのではないか。

山田氏は、北海道でおぼえたアイヌ語地名の意味を、やがて東北地方に応用する作業を始める。そうして、本土にもアイヌ語で付けられた地名が少なくないことを多くの人が納得できる形で明らかにしたのだった。氏は、本土のアイヌ語地名は、おおむね東北北部にしかないと考えていた。それを次のように文章化している。

「これも何回か書いたことであるが、東北地方を南下して来ると、東は仙台のすぐ北の平野の辺、西は秋田山形県境の辺から北にはむやみにあったアイヌ語型のナイ（アイヌ語で川・サワを意味する語＝引用者）のつく地名が、それから南では突然全く希薄になる」（『東北・アイヌ語地名の研究』）

いくぶん遠まわしな表現になっているが、ほかの個所とも合わせると、山田氏はアイヌ語地名の分布域は右より北にかぎられると判断していたといってよい。

ただし、氏は晩年に至って、分布の南限線はもっと南へ下がる可能性があるかもしれないとして、そのための証拠集めに意をそそぐことになる。その結果、東北南部のみならず関東北部の栃木、茨城県あたりの地名もいくつか名を挙げている。わたしは、その全部に対して疑問をおぼえているが、氏はあくまで「ひょっとしたら」と前置きして記しているだけなので、ここではこれ以上の言及はひかえておきたい。

なお、金田一京助氏は、古代史に登場する「蝦夷《えみし》」とはアイヌ民族のことだとしたうえで、アイヌ語地名の分布域は「勿来《なこそ》の関と白河の関を結ぶ線より北側」である（『古代蝦夷とアイヌ』）との立場をとっていた。

　勿来の関は現福島県の太平洋岸の最南部、白河の関は同県中通りの、やはり南端に置かれていた。また蝦夷は、いまの新潟県北部にも住んでいたから、金田一氏はアイヌ語地名は東北地方のほぼ全域と新潟県北部に分布するとしていたことになる。

6　東北南部より南にアイヌ語地名はない

　山田秀三氏の研究に触発されて、わたしが東北地方のアイヌ語で付けられたとおぼしき地名の場所を意識的にまわりはじめたのは、ごく新しく平成二十七年（二〇一五）になってからのことだった。わたしは、とにかく自分の目で現地を見ることにこだわった。

　現地調査をつづけていて、わたしは山田氏の指摘にうなずいたことが少なくなかった。例えば、オサナイである。同氏は北海道と東北の何ヵ所ものオサナイを実際に調べて、その地名の意味を「オ・サッ・ナイ（川尻が・乾く・川）」と解釈していた。

岩手県岩泉町小本の長内沢。下流では、ふだん全く水が流れていない。

　これだけではたぶん、多くの人にとって、どんな川なのかぴんと来ないのではないか。わたしも初めは、そうだった。そもそも、そんな川は見た記憶がなかった。だが、オサナイの名が付く地名を歩いていて、「川尻が乾く」というしかない川が本当にあることを教えられたのである。
・岩手県下閉伊《しもへい》郡岩泉町小本《おもと》の長内《おさない》沢
は、その一つであった。

長内沢は、岩泉町域を東流して太平洋へ流れ出る小本川の支流で、全長は二キロくらいしかない。その下流部でのみ、ふだんは全く水が流れていないのである。国道45号（岩泉道路）と同455号（小本街道）が交差するあたりで、この沢をまたぐ小さな橋がかかっているが、車で走るとほとんどの人が橋を渡ったことに気づかないのではないか。橋は短く、下は草原になっているからである。

平成二十八年十一月中旬、橋のわきに住む六〇歳前後と思われる男性は次のような話をしてくれた。

「この川はふだんは、いまのように全く水が流れていません。だけど一キロほどさかのぼると、ふつうに水が流れています。途中から水が川床の下へもぐるんですよ。そうです、伏流水になるんです。ところが、一度まとまった雨が降れば、たちまち暴れ川に変わります。それで、いまは上流をせきとめて水を小本川へ落とすトンネルができています。トンネルができたから、この辺が涸れたんじゃありません。その前からですよ」

このような川を、アイヌ人たちはオ・サッ・ナイと呼んでいたのであろう。

その後、わたしは本州以南でオサナイの地名をさがして、これまでにちょうど一〇ヵ所を見つけた。九ヵ所は東北北部の三県に、一ヵ所は宮城県石巻市北上町女川《おながわ》に位置している。石巻の女川字幼《おさない》が最南部で、これより南側に存在する例には気づいていない。

そのすべてを見てあるいた結果、七ヵ所が「川尻が乾く川」に当たると判断できた。では、なぜ全部ではなかったのか。

北海道と東北北部にオサナイ（北海道の場合はオサツナイなど近似の音を含めて）の名が付く地名、川名が多いことには、金田一京助氏も早くから気づいていた。同氏は、その語義について「北奥地名考」（初出は一九三二年）の中で、

• オ・サン・ナイ　山の尾の・突き出た・川

•オ・サル・ナイ　川尾に・草原ある・川
•オ・サッ・ナイ　尻・乾いた・川
の三つの可能性があると指摘していた。
オは人間でいえば尻、陰部のことであり、川なら河口、山なら尾根の先端になる。サンは「出る」、サルは「湿原、茂み」、サッは「乾く、水が涸れている」である。山田氏は、これを受けて何ヵ所もの現地を見たあと、三番目のオ・サッ・ナイを採ったのである。
わたしの現地取材では、それが一〇ヵ所のうち七ヵ所であったことになる。二ヵ所は一番目のオ・サン・ナイの日本語化であろうと思えた。残る一ヵ所はいずれでもなかった。もし、金田一氏の記したことが全面的に正しいとしたら、二番目になるはずだが、過去に草原があったとしても、それが今日に残っているとはかぎらない。つまり、右に分類できるのかどうか、いまとなっては確かなことはわからないといえる。
オサナイのほかに、アイヌ語だと考えてまず間違いないモヤとタッコが付く地名の場所も、それぞれ一二ヵ所、一五ヵ所を訪ねた。この数は、その時点で把握できていた全部に当たる。両語の意味は、
•モヤ（もとのアイヌ語はモイワ）―字義どおりには「小さな聖山」だが、実際にはかなり大きな山も含まれる。アイヌ人が神聖視していた山である。
•タッコ（同じくタプコプ）―モヤと似た概念の言葉だが、山そのものではなく「聖山の遥拝所」を指す場合も少なくない。
である。
右の合わせて三七ヵ所の所在地を白地図の上に落としたのが次の図で、記号は黒三角がモヤ、白丸がタッコ、黒丸がオサナイになる。

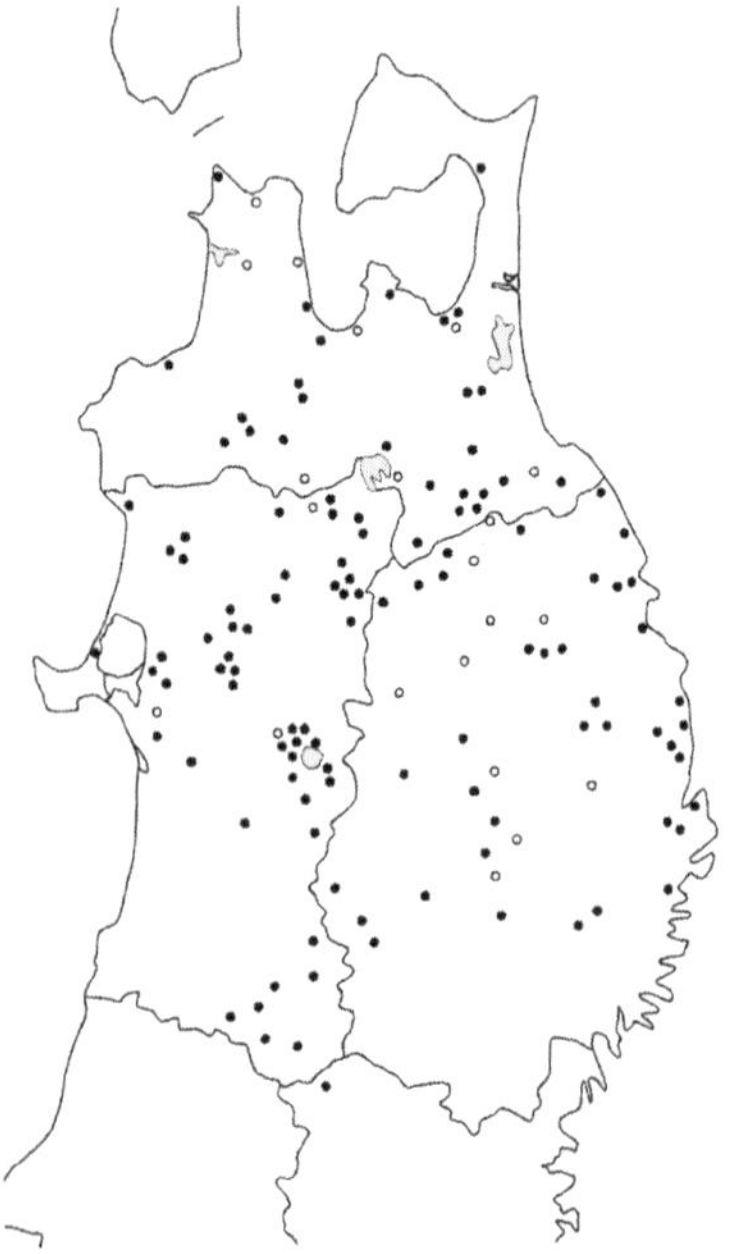

アイヌ語の「ナイ」「ペッ」（ともに川の意）が付いた地名 136 ヵ所の分布図。黒丸がナイ（115）、白丸がペッ（21）である。

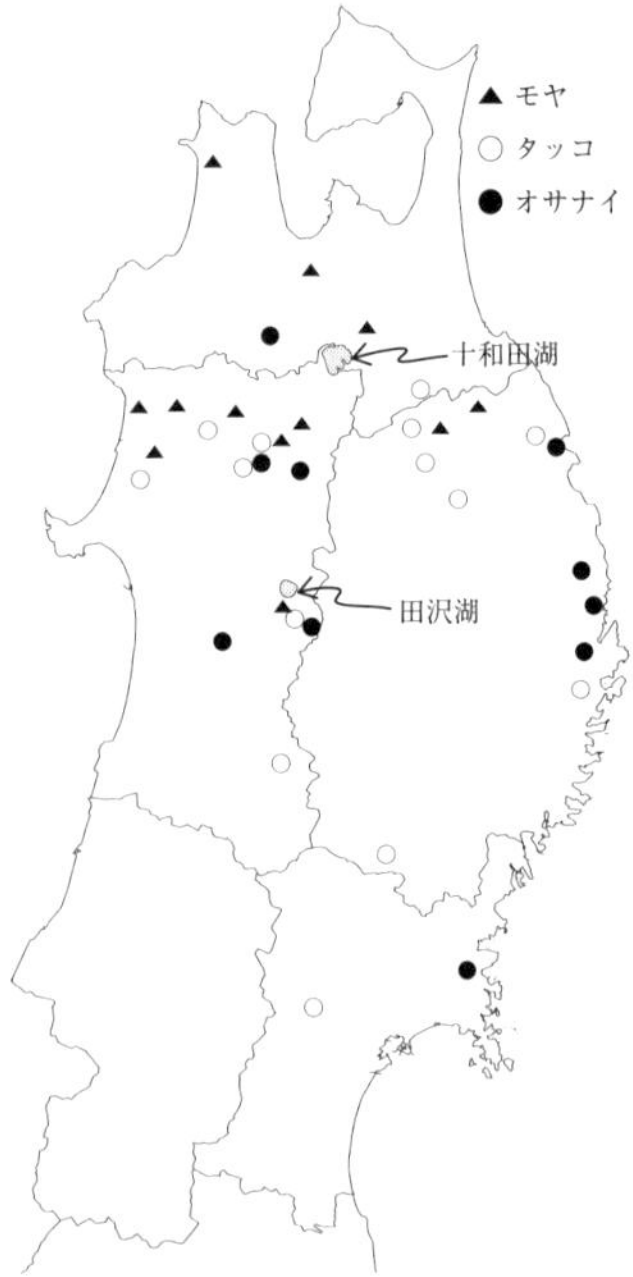

モヤ、タッコ、オサナイの分布図。わたしは山形県では、まだアイヌ語地名を一つも確認できていない。

なお、これらの詳しい住居表示上の位置は、既刊の拙著『アイヌ語地名の南限を探る』（二〇二〇年、河出書房新社）に記すとともに、すべての対象の写真または図版を掲載しておいた。興味をおもちの方は、こちらも参照していただけると幸いである。

　わたしが歩いたアイヌ語地名の対象地は右の三七ヵ所よりはずっと多く、それらについては『アイヌ語地名と日本列島人が来た道』（二〇一七年、同社）に紹介している。いま、そのうちのナイ（アイヌ語で川の意）とペッ（同前、日本語では原則としてべと訛っている）の付く例のみ計一三六ヵ所を図示したものが次の地図になる。

　二つをご覧いただくとわかるように、わたしの取材によるかぎり、アイヌ語地名は東北地方の北部三県と宮城県の北部三分の一くらいの範囲にしか存在しない。この理解は金田一氏はもちろん、山田氏よりもさらに狭い。なぜ、両氏の指摘をあえてせばめてあるか、両氏の結論のどこに問題があるのかは、右の二点の拙著に延々と述べておいた。要約はむつかしいので、ここでは紹介をひかえさせていただく。

7　アイヌ語は日本語へ合流しなかった

既述のように、アイヌ語地名の分布は列島の全域に及ぶとする説は、明治時代に始まり、今日に至るまで絶えることなく現れつづけている。あるいは、アイヌ語地名論の大半は、いまでもこれであるかもしれない。

何によらず見解の相違ということはあるだろうが、わたしが、そのような立場に対して批判的であるのは結論そのものへの疑問からというより、その研究手法によっている。それらは、基本的にはみな言葉合わせに終始している印象を受ける。机の一方にアイヌ語辞典、他方に地図か地名辞典を置き、似た語をさがしていくやり方である。関東以西にもアイヌ語地名が存在するとした指摘が、人が納得できるような実証にもとづいてなされている例を、わたしはまだ目にしたことがない。

アイヌ語に由来することが確実か、ほぼ確実な地名は、東北地方の青森、岩手、秋田三県および宮城県の北部三分の一ほどの範囲に合わせて、おそらく数千単位で分布しているだろう。

ところが、これより南西で、そう判断しうる地名を、わたしはどうしても見つけられないでいる。山形県にあってさえ、それは変わらない。すぐ北の秋田県南部には、かなり多く、東側の宮城県北部にも少数ながら散見されるのに、山形県では「突然全く希薄になる」（山田秀三氏の表現）どころか、ふいに消えてしまうのである。

ただし、山形北部については丹念にさがせば、見つかることはあり得る。山田氏は同県北東部の、

・尾花沢市鶴子《つるこ》字紅内《くれない》

のクレナイをアイヌ語「フレ・ナイ（赤い・川）」の訛りだとしていた。わたしは現地調査の結果、その指摘には否定的だが、これとは別にアイヌ語地名が残っていても不思議ではないと思っている。しかし、いずれであれ、南限線がもっと南へ下がって福島県とか関東地方にまで移っていくことはないだろう。

　本州におけるアイヌ語地名の分布域と、非分布域とのあいだに、かなり明瞭なというより、むしろ明瞭すぎる線が引けるのは、なぜだろうか。

　これは結局、アイヌ民族は南限線より南側では村落社会（いわゆるコタン）を形成したことがない、いいかえれば地名を残すほど濃密に分布したことがないと考えるほかあるまい。

　それでは、ある時代より前には、東北地方の北部は、もっぱらアイヌ民族の世界だったのだろうか。これについては、はっきりしたことはいえない。彼らは、いつのころかに、北海道から南下してきて、すでに住んでいた和人（あいまいな概念だが、いまはこう記しておく）と地域を住み分けながら、自らの言語で地名を付けたかもしれないからである。つまり、アイヌはアイヌで、和人は和人で、それぞれの言語による地名を用い、その痕跡が現在に残った可能性を否定できないことになる。

　とにかく、アイヌ語地名の分布域から考えて、アイヌはかつて列島の全域で暮らす先住民族だったが、後来の弥生系民族に追われて北へ北へと移動していったなどという見方は全く成り立たないといえる。彼らは北方から南下してきたのであり、その逆では決してなかった。しかも、北海道においてさえ、アイヌが主たる居住民族であったのは、そんなに古い時代からではなく、例えば弥生時代よりあとだったこともあり得る。

そうなると、現今の日本語へ流入した何本もの言語の支流の中に、アイヌ語は含まれていないとみるのが自然である。

アイヌ語には、

- 泊《とま》り（船泊り、港）―トマリ（同上）
- 殿《との》（貴人の館、転じて男性に対する敬称）―トノ（役人）
- 骨―ポネ（日本語と同義）

青森県東津軽郡今別町袰月（ほろづき）の海岸線。一部が欠けているが、きれいな円形をなしており、それをアイヌ語でポロ・ツキ（大きな盃）と呼んだのである。ただし、ツキは日本語からの借用であった。

- 磯―イソ（日本語とほぼ同義）
- 坏《つき》、杯《つき》（食物を盛る器。サカヅキのツキ）―トゥキ、ツキ（盃《さかづき》）
- 箕《み》（穀物の実と殻《から》を分別するための農具）―ムイ（日本語と同義）

など、日本語からの借用語が少なくない。

それはカムイ（神）、オンカミ（拝む）、ヌサ（幣）のように信仰生活へも及んでいた可能性がある。

一方、日本語がアイヌ語から借用した語彙は、

- ラッコ（カワウソに似た海獣）―ラッコ（アイヌ語と同義）
- ルイペ（凍った魚を、そのままで食べる料理）―ルイベ（アイヌ語と同義）

など少ないうえに、基層語にはほとんど影響を与えてい

ないようである。すなわち、アイヌ語は日本語へ合流しなかったことになる。

8　琉球語には謎が多い

自然人類学者、埴原和郎《はにはらかずろう》氏（一九二七―二〇〇四年）が平成二年（一九九〇）に発表した「二重構造モデル」と呼ばれる学説がある。ただし同氏は、それを「一つの考え方、仮説にすぎない」としていた。その骨子は、

・日本列島には縄文時代、古いタイプのアジア人（原アジア人）にルーツをもつ人種集団が住んでいた。

・そこへ大陸から、寒冷適応を受けた北東アジアの集団（水稲耕作に代表される弥生文化を列島にもちこんだ人びと＝引用者）が渡来してくる。それは縄文末期に始まり、弥生時代に急に増加、七世紀までのほぼ一〇〇〇年にわたってつづいた。

・渡来系の遺伝子は徐々に拡散したが、その混血は彼らが統一国家をつくった近畿地方から離れるにつれて薄くなる。混血は北海道と南西諸島ではほとんど、あるいはわずかしか起こらなかった。つまり、これらの地域には縄文系の特徴を濃厚に残す集団が住んで近代に至った。

と、まとめられると思う。

これは要するに、アイヌ人・南西諸島人同系論にほかならない。つまり、南北二つの民族集団は、ともに列島の先住民である縄文人の血を濃密に受け継いでいるとする考え方である。

前にも名前を挙げた梅原猛氏なども、この説に全面的に寄りかかって、とくにアイヌこそが原日本人であると主張しつづけていた。その結果、

「アイヌ語が日本語の祖語、縄文語を残す言語であることは間違いない」（二〇〇六年二月二十一日

付け『朝日新聞』所載「反時代的密語」より）

と結論することになる。

しかし、埴原氏のモデルに対しては今日、批判的な研究者が少なくないようである。例えば、分子人類学者、篠田謙一氏は『ＤＮＡで語る日本人起源論』（二〇一五年、岩波書店）の中で、

「多くの研究者にとっては、多層性は認めるものの、二重構造説の提示するシナリオの多くは受け入れがたく、縄文人や弥生人の起源については不明であるというのが現状の認識でしょう」（一二三ページ）

と述べている。

アイヌ語地名の分布状況から考えて、アイヌ人と本土の縄文人のあいだには何らの直接的な関係はないという卑見は、すでに記したとおりである。

一方、南西諸島の地名は、東北地方の北部のみならず、その南西側の本州や四国、九州本土などとは非常に違っている印象を受ける。一例が「カネク」である。この地名は、同諸島には次のように散見している。

まず、沖縄本島では、

- 南城《なんじょう》市佐敷《さしき》字兼久
- 中頭《なかがみ》郡嘉手納《かでな》町字兼久
- 中頭郡西原町字兼久
- 国頭《くにがみ》郡大宜味《おおぎみ》村字大兼久《がねく》
- 名護市の旧大兼久（現在の同市城《ぐすく》のあたり）

鹿児島県の奄美大島には、

・奄美市笠利《かさり》町大字中金久《なかがねく》
・奄美市笠利町大字外金久
・奄美市名瀬《なぜ》金久町
・大島郡大和村大字大金久
同県の徳之島に、
・大島郡天城町大字兼久
などがある。

小学館の『日本国語大辞典』はカネクという語について、

「浜の砂地または泥地で、村を作ることのできる低地。奄美大島以南の島々でいう」

と説明している。

これに当たる言葉も地名も、鹿児島県の種子島、屋久島より北には存在しないのではないか。それは、先に紹介したモヤ、タッコ、オサナイなどのように、今日につながる日本語とは別の言語に由来する語彙らしく思われる。

グスクも、おそらくこれと同じであろう。グスクは漢字で書く場合、周知のように、まず例外なく「城《ぐすく》」が用いられている。このことからグスクとは、軍事施設の跡だとずっと考えられてきた。ところが、既述の『神と村』の著者、仲松弥秀氏が多数のグスクを現地調査した結果では、とてもそうはいえないことが判明したのである。

たしかに、南西諸島で「二百から三百におよぶと思われる」グスクの中には「城的に変化した」ものもあるが、その数は「十指以下ではないか」としている。残りは、

「北は奄美諸島から南は八重山諸島までのグスクを踏査した結果、古代に祖先たちの共同墓所（風葬

所）だった場所ということがわかった」のである。

このグスクも、琉球語（南西諸島の言語）独自の語彙に間違いあるまい。すなわち、そのままではむろん、どう分解しても通常の日本語で「共同墓所」の意味になることはなさそうである。

琉球語には、このような例が少なくない。これは、なぜなのか。考えられることは、琉球語も、のちに日本語となる言語へ流れ込んだ複数の支流の一本で、もとはほかの支流とは別種の言語だった可能性である。

ただし、その割には、現在の琉球語には、いま使われている日本語では了解不能の語彙が多すぎる印象を受ける。あるいは、琉球語は古い時代から、ほかの支流言語のように混合に参入したのではなく、沖縄史でいうグスク時代（一一—一五世紀ごろ）の前後に、本土の日本語から大量の語彙を受け入れたため、日本語に近い言語の姿になったのかもしれない。

もっとも、そうであるとするなら、文法が日本語と基本的に同じらしいのは、なぜなのかという疑問は残る。

南西諸島の住民と、その言語については、もっとはっきりした資料が集まらないと、確かなことは

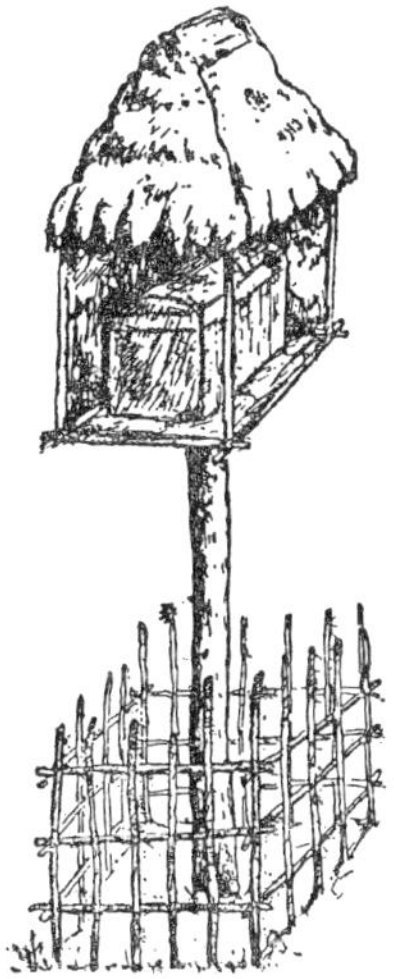

現沖縄県名護市久志に一九世紀まであったモガリ（風葬）の施設。野犬などの被害を避けるため柱の上に置いていた。（伊波普猷「南島古代の葬制」より）

いえないのではないか。

9 縄文語は、そのまま地名に残っている

前記、小泉保氏の『縄文語の発見』(一九九八年、青土社)によると、日本語の系統論は大きく次の三つに分けられるという。

①同祖論　日本語はあるXという言語とその起源を同じくしている、という見方。

②重層論　日本語はあるXという言語にYという言語が積み重なってできた、とする見方。これには(a)二つの言語が重なったとする二重層説、(b)三つ以上の言語がつぎつぎにかぶさって形成されたという多重層説―がある。

③国内形成論　縄文時代の言語から原日本語ともいうべき弥生語ができあがったとする説。

卑見は、右の②のうちの多重層説になる。ただし、その混合が起きたのは縄文時代にかぎっていない。もっと前から始まっていた可能性も含めてのことである。

小泉氏は、国内形成論に立っていた。そこには、

「縄文語への探索をはばむものは何か。それは弥生語が縄文語に入れ替わったという、いわれのない『弥生語交替説』である。この場合の弥生語は奈良時代の先代に当たる言語を意味すると考えてよい。弥生語こそが原日本語であり、弥生語が縄文語を制圧したという憶測は、いまもなお日本語の歴史を考究する際の大きな障害になっている。この憶測の欠陥は、弥生語自体の成立が明確にされていないことと、縄文語と交替したという想定が思い込みの域を出ていないということにある」(一三二ページ)

との理解がある。同氏の立場は要約すれば、

「周辺言語との同系性を証明する比較方法の手がかりがつかめないとするならば、日本語は、日本列島が孤立して以来一万年の間に、この島国の中で形成されたと考えなければならない」（一五五ページ）

となるだろう。

右の「孤立」の意味がよくわからないが、どうも寒冷期には陸つづきであった大陸と、海で隔てられたことを指しているらしい。しかし、温暖化にともなう海進によって、かつての陸の廊下が海没したからといって、列島が孤立したわけではない。それに、南西諸島は氷河期でも大陸とつながってはいなかった。

縄文語から弥生語すなわち原日本語が形成されたという小泉氏の指摘には、わたしもうなずけるところはある。ただ、その前提に立って、縄文語を復元する方法として、「日本語の方言についての比較言語学的考察」（一三三ページ）を用いていることに対しては疑問をおぼえる。それは、「南の琉球列島から北の東北地方に至る同系の方言群」から特定の語彙をえらび、その祖語を再現する手法である。

例えば、トンボの方言分布を、

- 東北岩手　アケズ
- 本州中央部　トンボ
- 九州宮崎　アケズ
- 沖縄本島　アケージュー

としたうえで、「トンボ」が新しい名称で、「アケズ」が古形であることは明白である、とする。これは、辺陬に言葉の古形が残る、といういわゆる方言周圏論にもとづく推論である。そうして、ほかの地方の方言も広く分析対象にしながら、ついに「アゲンヅ」なる音にたどりつく。氏によれば、「この語形こそ諸方言に分派する以前の原日本語の姿を映し出している」ということになる。つまり、アケズは縄文時代にはアゲンヅの音をもつ語だったとしているのである。

しかし、特定の言語理論にもとづいて、このような音韻変化が起きたであろうと推測を重ねながら、ある語の「祖語」を再構成する方法には問題があると思う。さらに、アケズがトンボの古形であったとしても、それが縄文語だったとするためには、別の証拠がいるのではないか。

卑見では、証拠は地名の中にしかない。これが言いすぎだとしても、地名が縄文語を再現するうえで最良の材料であることは揺るがないと思う。地名は言葉の記録としては非常に保守的であり、いったん定着すると、たとえ意味は忘却されても化石のように長く残ることが珍しくない。それは、記紀万葉や『風土記』に見える地名のかなりの部分（おそらく半分以上）が今日まで、たいした変化もせず伝えられている事実からも一端をうかがうことができる。

これまで本書で延々と述べてきたことは、その可能性をさぐろうとする、ささやかな試みである。その締めくくりに次のコラムで、地名を用いる点では変わらないが、いままでとはちょっと違った方法を紹介しておきたい。

＊

コラム⑨　神武天皇の橿原宮とイチイガシ

奈良盆地の南部、奈良県橿原《かしはら》市は昭和三十一年（一九五六）、高市郡八木町、今井町、畝傍《うねび》町、真《ま》

菅《すげ》村、鴨公《かもきみ》村、金橋《かなはし》村、新沢《にいざわ》村、磯城《しき》郡耳成《みみなし》村が合併して発足した。それまで、この近隣には「橿原」という名の自治体はもちろん、地名もなかった。

それなのに、新しく生まれた市が「橿原」を名乗ったのは、地内に神武天皇を祀った橿原神宮があったからである。しかし、その橿原神宮も、創建はごく新しく明治二十三年（一八九〇）のことであった。この神社は、なぜ「橿原」を称することになったのだろうか。そもそも、カシハラとは何のことだろうか。

前の方の問いに答えるのは、むつかしくない。『日本書紀』（七二〇年に成立）の「神武紀」には、天皇が即位に当たって、

「夫《か》の畝傍山の東南《たつみのすみ》の橿原の地《ところ》は、蓋《けだ》し国の墺区《もなかのくしら》か。治《みやこつく》るべし」

とのたまって、翌年すなわち神武元年に「橿原宮《かしはらのみや》」と名づけた新宮で即位したとされている。そうして、七六年後に神武は、橿原宮で崩御する。紀によれば、一二七歳であった。遺体は「畝傍山東北陵」に葬られた。

この記載によって、明治期に創建された神武を祀った神社に「橿原」の名が冠せられたのである。神宮の社地は、紀にあるとおり畝傍山（一九九メートル）の「東南」がえらばれた。正確にいえば、南南東五〇〇メートルほどに当たる。

一方、神武天皇陵は、やはり紀にもとづいて「東北」に設定された。こちらは入り口のあたりで、畝傍山の北北東五〇〇メートルくらいになる。ただし、現在地に定まるまでに江戸初期以来、六ヵ所もの比定地が学者、尊皇家、思想家らから提起されていた。何しろ実在したはずがない人物の墓をさがすのだから、だれもがうなずけるところなどなかなか現れない。

いまの場所に決まったのは文久三年（一八六三）のことだが、それまでは現今の第二代綏靖《すいぜい》天皇陵

が神武陵とされていたのである。

ともあれ、初代天皇の宮も陵も、わが国屈指の聖地へと成長していく。そのピークは皇紀二六〇〇年、つまり昭和十五年（一九四〇）ごろであったろう。紀が記す年代を忠実にたどっていくと、神武天皇が橿原宮で即位したのは紀元前六六〇年二月十一日となる。それから数えて二六〇〇年目が昭和十五年であった。ちなみに、二月十一日が戦前は紀元節、戦後は建国記念の日とされているのは、神武が即位した一月一日を西暦になおすと、その年の二月十一日になるからである。

皇紀二六〇〇年が、ことのほか盛大に祝われたのは、日中戦争のさなかであるばかりか、まもなく欧米相手の大戦争（太平洋戦争）へ突入必至の時代相を背景に、国威発揚の必要があったことが大きい。

その記念の年を前に、橿原神宮の外苑工事が行われることになる。神宮の東側の土地を二・三メートルも掘って平らにし、そこに野球場、陸上競技場、相撲場、病院などの施設を建設しようというのである。場所は、いまの橿原公苑の一帯である。

その工事中に、現場から縄文土器の厚い層が見つかる。のちに橿原遺跡と呼ばれることになる、縄文時代晩期を中心とする遺跡群であった。出土遺物の詳細は、ここではぶくが、興味ぶかいことに、発掘地域からだけでも何本ものイチイガシの巨木の樹根が姿を現し、この周辺にイチイガシの樹叢が存在したことが確認されたのである。この木の実（どんぐり）も大量に見つかっている。それについて、発掘に参加した考古学者の樋口清之氏（一九〇九―九七年）は、「日本古典の信憑性」（『現代神道研究集成　第九巻』一九九八年、神社新報社）の中で次のように述べている。

「私どもでは三人でかかえなければならないほどの大きな櫟樫《いちいがし》の大樹叢がここにあったのです。大和歴史館に一つだけ保存してありますが、ここの発掘にあたりこの根を掘り上げるのに苦労した。水を

畝傍山から神武陵（左下）にかけての模型。橿原神宮は左上の方角になる。（橿原市大久保町「おおくぼまちづくり館」の展示より）

含んでいて重く、半炭化していて非常に固いのであります。櫟樫の根を調べた結果、遺跡のあった前からこの木がはえていたと推定された。つまり約二千六百年前の縄文土器時代以前にこの木ははえていて、後にその麓に人が住むようになったのであるが、やがて堆積し、或る時期に水路の不安定で有名な飛鳥川の流れによって上の部分はなくなり、地下に残った根は炭化していたために残ったと思われます。いわばこの地は樫原＝橿原であると云うことが出来ましょう」

イチイガシはブナ科コナラ属の常緑高木で、成長すれば高さ三〇メートル、幹の直径二メートルに達する。本州では関東以西の太平洋側、四国、九州などの暖帯が分布域である。実《み》は、カシ類では珍しくアクがないために、そのままで食料になる。

なお、弥生時代より前の編年は、その後、樋口氏が右の文章を書いたときの考え方より少なくとも五〇〇年ばかりはさかのぼるとする見方が、考古学界の主流となっている。それにしたがえば、縄文晩期は三二〇〇年前―二八〇〇年前としてよいだろう。

要するに、いまから三〇〇〇年ほども前の縄文晩期には現橿原公苑のあたりは、イチイガシの巨木が立ち並ぶ飛鳥川沿いの微高地だったといえる。当時の人びとが、そこを「カシハラ」と呼んだということは十分にあり得る。

というより、ほかに地名の由来は考えにくいのではないか。

神武天皇が畝傍山の南東麓の「橿原の地」に宮を築造したと

期のことであったろう。

ただ、縄文晩期とか弥生時代中期までということはあるまい。おそらく弥生時代の後期か古墳時代前の神話が何らかの史実を背景につくられたとしても、それが実年代でいつごろのことか決しがたい。

　そのころカシの林は、すでに消滅していたに違いない。宮を造営しようとする以上、鬱蒼とした樹林の中をえらぶとは思えないからである。それでも、そこは相変わらずカシハラと呼ばれつづけていた。だからこそ、その地名が紀や、そのもとになった文献群が成立した六—八世紀の記録に使われたのである。

　しかし、カシハラなる地名は、いつのころかに忘却されてしまう。江戸時代や近代になってからの、どんな辞書、文献にも畝傍山の麓のカシハラの地名は見えないのである。それが神社の名として復活したのは、前記のとおり明治二十三年のことであった。

　右に述べた経緯を振り返れば、カシハラは縄文時代の晩期以前に付けられた地名である可能性が、きわめて高いことになる。そうだとすると、カシ（樫＝橿）もハラ（原）も縄文語だということになるはずである。

おわりに

本書を終えるに当たって、地名研究の有効性について、さらにひとこと付け加えておきたい。

茨城県常陸大宮市鷲子《とりのこ》と栃木県那須郡那珂川町矢又《やまた》とにまたがって鷲子山（四六三メートル）という、そう高くはない山がある。山頂のすぐそばの鷲子山上《さんじょう》神社は、少なくとも関東地方の北部で暮らす人びとには、わりとよく知られている。

この「トリノコ」とは、いったい何のことだろうか。国語学や古代史学の専門家に訊いても、おそらく答えられる人は皆無であろう。口はばったい言い分ながら、従来の学問では手も足も出ないのではないか。しかし、地名研究の手順をきちんと踏めば、その意味するところは合理的な疑いをさしはさめない程度に明らかにすることができる。

まず、このトリは本文の第七章5節などで述べたように、「境」を指す言葉である。といっても、文献だけが信頼できる言語資料だと信じきっている学者には、この指摘自体にうなずけまい。だが、本文で記したように、

• 各地の鳥居（鳥井）峠の名と位置

・耳取の地名と位置
・神社の鳥居の原義
などから、たとえどんな文献にもトリに境の意があるとは載っていなくても、もっと前にはそのような語義があったことは確実だろうと思われる。
トリノコは、この推測を裏づける有力な補強証拠になる。鷲子山は現に茨城・栃木県境にそびえているからである。これは昨日、今日のことではない。八世紀に成立した『常陸国風土記』の「那賀郡」の条に、
「那賀の郡　東は大海、南は香島・茨城の郡、西は新治《にひばり》の郡と下野《しもつけ》の国との堺なる大き山、北は久慈の郡なり」（現漢文、読み下しは岩波書店の「日本古典文学大系」版による）
と見えるが、右の「大き山」が鷲子山を含む鷲子山塊を指していることは疑いあるまい。つまり、常陸国（茨城県）と下野国（栃木県）との境に位置したからこそ、トリの名を付けて呼ばれるようになったのである。

鷲子山上神社の鳥居のあたり。社殿も社地も、すべて茨城県と栃木県にまたがっている。

それではノコとは何のことか。ノは所有、所属を意味する助詞のノである。「新治の郡」とか「下野の国」などのノである。
コはやや難解だが、わたしは「郷《ごう》」の訛りだと思う。郷がコと転訛する例は、たまにあるらしい。
・山形県西置賜《おきたま》郡飯豊《いいで》町手《て》ノ子《こ》
の「テノコ」は、「出《で》の郷《ごう》（出村、枝郷のこと）」が原義だとする説が当たっているのではないか。

・長野県北佐久郡立科《たてしな》町芦田字和子《わご》の「ワゴ」は、古い文献には「和郷」と書かれていた。

結局、鷲子山麓の地名「鷲子」とは、「トリの郷」すなわち「境の村」の意になる。なお、トリノコは古くは「鳥子」と書いていたが、江戸時代の前期に文字が「鷲子」と変えられた。

郷は、中国から輸入された、いわゆる郷里《ごうり》制によってつくられた言葉だから、その使用は八世紀前半ごろより前にはさかのぼるまい。一方、トリは中央の文献では境を指す語としては使われていない。換言すれば、日本に文献が現れる六世紀ごろより前の言葉であることを示している。要するに、北関東に残るトリノコという地名一つから、これだけのことがわかるのである。

地名は失われたものが多いといっても、なお数千万が存在しつづけている。これを言語研究に利用しない手はあるまい。

本書は一好事家による地名論である。内容には結構ややこしいところがあり、どれだけの方に迎えられるのか疑わしい。それを承知のうえで河出書房新社から出版していただけることになった。ありがたいお話である。これを進めていただいた同社編集部の西口徹氏をはじめ関係されたみなさま、ことに煩雑な校閲作業に当たられた森明子氏に、この場をお借りして深く感謝申し上げます。

令和四年秋

筒井　功

＊この作品は書き下ろしです。

筒井 功

（つつい・いさお）

1944年、高知市生まれ。民俗研究者。元・共同通信社記者。著書に『漂泊の民サンカを追って』『サンカの真実 三角寛の虚構』『サンカ社会の深層をさぐる』『風呂と日本人』『サンカと犯罪』『葬儀の民俗学』『日本の地名』『新・忘れられた日本人』『サンカの起源』『猿まわし 被差別の民俗学』『東京の地名』『ウナギと日本人』『「青」の民俗学』『殺牛・殺馬の民俗学』『忘れられた日本の村』（のち増補版）『日本の「アジール」を訪ねて』『アイヌ語地名と日本列島人が来た道』『賤民と差別の起源』『村の奇譚 里の遺風』『差別と弾圧の事件史』『アイヌ語地名の南限を探る』『利根川民俗誌』『忍びの者 その正体』などがある。第20回旅の文化賞受賞。

縄文語への道

古代地名をたどって

二〇二二年一二月二〇日 初版印刷
二〇二二年一二月三〇日 初版発行

著　者——筒井 功
発行者——小野寺優
発行所——株式会社河出書房新社
〒一五一-〇〇五一
東京都渋谷区千駄ヶ谷二-三二-二
電　話——〇三-三四〇四-一二〇一〔営業〕
〇三-三四〇四-八六一一〔編集〕
https://www.kawade.co.jp/

組　版——株式会社ステラ
印　刷——モリモト印刷株式会社
製　本——小泉製本株式会社

ISBN978-4-309-22875-4
Printed in Japan

筒井 功・著

利根川民俗誌

日本の原風景を歩く

坂東太郎・利根川沿岸は、
歴史と民俗の宝庫である。
赤松宗旦『利根川図志』を
引き継ぎ、柳田国男の故地・
布川から上流へ、そして、
下流の潮来、銚子へ。
日本の原郷を訪ね取材した
フィールド紀行。図版多数。

河出書房新社

筒井 功・著

忍びの者 その正体

忍者の民俗を追って

忍者は本当にいたのか——。
嗅ぎ・草調儀、方形土塁…
といった観点から、文献に加え、
猿飼村の伝承や言い伝えなどを
丹念に取材し、忍びの実態を明らかに。
「草の民俗学」書き下ろし。図版多数。

河出書房新社

筒井 功・著

忘れられた日本の村〈増補版〉

たたら村、マタギの里、
断崖の漁村・御火浦、
阿国踊りを今に伝える
新潟柏崎の「綾子舞い」の里、
天皇の即位に麻の礼服を貢納
し続ける徳島の山奥の村など、
九つの不思議な村の探訪紀行。

河出書房新社